組織の思想史

知的探求のマイルストーン

A History of Organizational Idea
Milestones

The Functions of the Executive / Administrative Behavior
Organizations / Organizations in Action
The Social Psychology of Organizing

高橋伸夫
TAKAHASHI NOBUO

日本経済新聞出版

まえがき

「組織論」

日本ではごくシンプルにそう呼ばれている学問分野がある。経済学の一分野に産業組織論があるので、それと区別するために経営組織論と呼ばれることもあるが、普通はシンプルに組織論と呼ばれる。日本には組織論を探究するために、これまたごくシンプルな名前の組織学会があり、1959年設立で、現在、経営学系の学会としては、日本最大の会員数を誇っている。

組織論は、20世紀中にほぼ主要な概念が出揃い、体系が構築されたといっていいが、21世紀に入っても発展は続いており、いまや組織論の全体をカバーするような教科書を書くことは至難の業である。それ以前に、もともと組織論が持っていたその学際的な性格が災い（？）して、そもそもどこまでが組織論なのかを線引きすること自体が難しい。そして、21世紀に次々と出現している新しい研究業績を見ていると、論文を書かんがために、隙間を探して書かれた枝葉の研究が多い印象をぬぐい切れない。

しかし、「組織とは何か」。その原点ともいえるリサーチ・クエスチョンにまで立ち返れば、その探究の道筋には、何冊かの難解な古典が、まるで里程標（マイルストーン）のようにほぼ10年おきに現れてきた。本書では、20世紀に出現した「組織論の里程標」とでも呼ぶべき5冊の古典を、現代からの目線で深読みし、「組織とは何か」に答えていきたい。そうすることで、読者は組織論の太い幹の部分を、ある意味効率的に理解することができるはずだ。そうすれば、その「組織論の幹」に自由に枝を生やし、どんどん好きなだけ葉を茂らせることができる。

ただし、予告しておくが、本書はかなりマニアックである。そして、本書を読めば、この5冊の古典に対する、これまでの表面的な理解が、かなりの部分で間違っていたり、誤解だったりしていたことが分かるはずだ。ところが、不思議なことに（かつ、ありがたいことに）、5冊の古典は芯の部分ではぶれていない。5冊で一貫して「組織とは何か」を探究し続けてきたことが分かる。

　21世紀に、この後の幹を継ぐ者は出てくるのか。あるいはもう既にどこかに出現しているのか。流行に押し流されることなく、流れを横切り泳ぐ勇者たちを、読者も読後は私と一緒になって探してほしい。

　　　　2024年11月

　　　　　　　　　　　　　　　　　　　　　　　高橋伸夫

組織の思想史　知的探究のマイルストーン　目次

まえがき …………………………………………………………………… 3

第1章　組織を意識し始めた人たち

1. 組織論 ……………………………………………………………… 9

2. 科学的管理法 ……………………………………………………… 11

3. 管理論 ……………………………………………………………… 26

4. 官僚制 ……………………………………………………………… 32

5. 超企業・組織論 …………………………………………………… 45

第2章　合目的的システム【バーナード】

1. 近代組織論の創始者バーナード ………………………………… 54

2. 協働システムに関する予備的考察（第1部） ………………… 58

3. 公式組織の理論と構造（第2部） ……………………………… 81

4. 公式組織の諸要素（第3部） …………………………………… 91

5. 協働システムにおける組織の機能（第4部） ………………… 111

6. 近代組織論の創始者 ……………………………………………… 115

第3章　合目的性が合理性に化ける【サイモン】

1. 意思決定＝問題解決 ……………………………………… 116

2. 限定された合理性 ………………………………………… 118

3.「限定された合理性」はどこにある? ……………… 123

4.『経営行動』の中の「合理性」概念 ……………… 131

5. ゲーム理論との微妙な距離感 ……………………… 152

付録：各版の関係 ………………………………………… 163

第4章　特定性と予測可能性【マーチ＝サイモン】

1.『オーガニゼーションズ』の組織観:特定性 …… 170

2.『オーガニゼーションズ』とはどんな本か ……… 172

3. 構成に隠された先行研究 ……………………………… 178

4.『オーガニゼーションズ』の主張 ………………… 187

5.『オーガニゼーションズ』の成り立ちと時代背景 ………… 221

第5章　合目的的組織のテクニカル・コア【トンプソン】

1. 隠れたモチーフ …………………………………………… 228

2. チャンドラーの『戦略と組織構造』……………… 233

3. チャンドラーをモチーフにして（第Ⅰ部）……… 238

4. サイモン等をモチーフにして（第Ⅱ部）………… 264

5. コンティンジェンシー理論との共時性 ………… 275

第6章 相互連結行動から始まる目的共有【ワイク】

1. とにかく難解 ……………………………………………… 283

2. 行為の中に組織を見出す（第1章・第2章）………… 285

3. 因果ループを見出せれば組織が見えてくる
   （第3章）………………………………………………… 291

4. 相互連結行動サイクルを組み立てる（第4章）……… 296

5. 組織化の進化論メタファー（第5章〜第9章）……… 304

6. 環境の有意味化でよかったのか? …………………… 310

7. 有意味化では、歴史も合理性も回顧的に作られる …… 315

終章 合目的的組織ができるまで

1. ほぼ10年おきに出現した
   組織論重要文献5冊 …………………………………… 336

2. 合目的的組織のバーナード＝サイモン理論 ………… 337

3. 社会学者トンプソンと心理学者ワイクの挑戦 ……… 344

4. 合理性は回顧的 ………………………………………… 347

5. 共通目的を持った合目的的組織ができるまで ……… 352

あ と が き ……………………………………………………… 353

参 考 文 献 ……………………………………………………… 356

事 項 索 引 ……………………………………………………… 372

人名・著作・媒体索引 ………………………………………… 382

企業・組織索引 ………………………………………………… 386

―[第 **1** 章]―

組織を意識し始めた人たち

▼

1 │ 組織論

　組織論の分野で、長年、金字塔的業績と称賛されてきた本がある。1958年に出版されたマーチ＝サイモンの『オーガニゼーションズ（*Organizations*）』――日本語にすれば『組織論』――である。1993年に「第2版への序文」を足しただけの第2版（March & Simon, 1993）が出版され、この第2版は私が翻訳した。その冒頭は次のような初版と同じ文章で始まる。

　　本書は公式組織の理論についての本である。［公式組織とは何か、］用語の定義をするよりは、例をあげた方が簡単で、かつ多分有用である。USスチール株式会社は公式組織であり、赤十字も、街角の食料雑貨店も、ニューヨーク州高速道路局も公式組織である（March & Simon, 1993, p.20 邦訳p.2;［　　］内は筆者が補足）。

ただし「公式組織（formal organization）」という呼び方をしているのは、この最初のページだけで、その後は、特にことわりもなく「組織（organization）」になってしまうので、要するに、私企業も公企業も、営利企業も非営利企業も、大企業も小企業も、みんな組織だと言いたいのだろう。しかし、本当にそうだろうか。引用部分を読んで、何も疑問に思わなかった読者に、あえて問いたい。本当にそうだろうか？

ちなみに、ここに出てくる US スチール（U.S.Steel; United States Steel Corporation）は、1901 年に、カーネギー製鋼会社、フェデラル・スチール社、ナショナル・スチール社の 3 つの地域的結合企業を中核に 10 社が経営統合してできた会社で、『オーガニゼーションズ』初版出版時（1958 年）には、世界最大の巨大な鉄鋼総合一貫企業だった。その後、世界ランキング的にはずいぶんと順位を下げたが、今でも米国で最大規模の製鉄会社であることには違いはない。2023 年に日本製鉄が買収に名乗りを上げ、その途端、政治的反発を買ったほどの米国を代表する巨大企業である。

US スチール社は、一時期エネルギー事業に手を出し、会社名も 1986 年に USX と変更したが、2001 年にはエネルギー事業を売却して、再び US スチールに名前を戻している。なので、『オーガニゼーションズ』第 2 版出版当時（1993 年）は USX だったはずなのだが、なぜか直されていない（March & Simon, 1993, 邦訳 p.2 訳者注 1）。逆に言えば、そんな社名変更などものともせず、US スチールといえば、米国では誰もが知る有名な会社だということなのだろう。しかし、だからといって、どうしてそれが組織だといえるのか。

そもそも、組織論で扱っている「組織」とはいったい何なの

か？　その問いに答えるために本書はある。より正確に言えば、その問いに答える形で、20世紀に発展・形成されてきた「組織論」を整理してみたい。

まずは、その起源だが、マーチ＝サイモンの『オーガニゼーションズ』では、その第2章「『古典的』組織論」で、古典的または伝統的な組織論を次の2つの大きな流れに分けて整理している（March & Simon, 1993, p.31 邦訳 p.16）。

①時間研究と動作研究に代表される科学的管理法を起源としたもの
②部門間分業・調整問題に関わる管理論

より正確に言えば、実は①②とも、最初から組織を論じようとしたわけではないが、それぞれの関心事について論じる中で、組織を意識し始めた人たちの系譜ということになろうか。

2 ｜ 科学的管理法

(1) テイラーの時間研究

テイラー（Frederick W. Taylor; 1856-1915）は、科学的管理法を看板に掲げて20世紀初頭に米国で活躍した技術者である。その著作としてよく挙げられるものは、単行本としては、ともに1911年にハーパー社（Harper & Brothers）から出版された次の2冊である。

① 1903年に米国機械学会（The American Society of Mechanical Engineers; ASME）が発行する『米国機械学会誌（*Transactions*

of the American Society of Mechanical Engineers)』に144ページもの
論文（Taylor, 1903）として発表され、後に1911年にそのまま
切り出されて単行本になった『工場管理（*Shop management*)』
②『科学的管理法の原理（*The principles of scientific management*)』
（Taylor, 1911）

　この他、テイラーの死（1915年没）後30年以上もたった1947
年になって、この①『工場管理』、②『科学的管理法の原理』他
を合本して『科学的管理法（*Scientific management*)』と名づけられ
た本（Taylor, 1947）が、やはりハーパー社から出版されている。
テイラーのこれらの著作が、工場の管理、より正確に言えば、工
場における人間の管理を扱ったものであることに間違いはないが、
はたして組織を扱ったものだったのだろうか。

　テイラーは時間研究（time study）で有名で、今でも工場などで
は、作業者の横で観測者が要素作業ごとの所要時間をストップウ
ォッチ（長針が1回転1分で、1分が100等分されているデシマ
ル・ミニッツ［decimal minutes］時計が使われる）で測定したり
する。これで個々の要素作業の所要時間を具体的に測定し、平均
値を計算して、さらにその値に熟練度や努力度、疲労度などを調
整する係数をかけて、標準作業時間を算出する（高橋, 2015b,
p.240）。まさに「時間」研究というわけだ。

　このことは『オーガニゼーションズ』でも紹介されている。時
間研究とは、複雑な課業の標準時間を設定するために、複雑な課
業を基本動作に要素分解し、各基本動作の単位時間に関する膨大
なデータを収集、分析するもので、単位時間を合計すれば、課業
の標準時間を算出できる（March & Simon, 1993, p.34 邦訳p.20）。

その典型例の一つが、『オーガニゼーションズ』でも紹介しているウェスティングハウス・エレクトリック社の時間研究専門家3人が書いた（March & Simon, 1993, 邦訳 p.18 訳者注5）『時間研究による作業標準決定法（*Time and motion study and formulas for wage incentives*）』（Lowry, Maynard, & Stegemerten, 1940, pp.357-426）である。たとえば、非鉄金属を旋盤にかける課業（ch.34: pp.379-415）の旋盤操作の細かい記述は（p.388）、

①部品を持ち上げて機械に運びなさい
②中間部品をチャック（＝旋盤のつかみ）に定置しなさい
③18インチ旋盤の独立チャックを締め付けなさい

　　　　　⋮

と始まる全部で183個の細かい操作（detail operations）からなっている。しかし、このように精密な行動記述でも、たとえば「①部品を持ち上げて機械に運びなさい」という指示は、色々なやり方で実行できる。そこで、さらに①に許される時間をたとえば0.0049時間（≒18秒）とすることで、この時間標準を使って実行方法選択の自由を制限するのである（March & Simon, 1993, p.33 邦訳 p.19）。

(2) ギルブレス夫妻の動作研究

それに対して、一時期、テイラーとは師弟関係（テイラーが「師」）にあったといわれるギルブレス夫妻（Frank and Lilian Gilbreth）は、動作研究（motion study）で有名だった。実際、テイラーは、ギルブレス（Frank B. Gilbreth; 1868-1924）がレンガ積

み職人の各動作について分析と研究を行い、不必要な動作は省き、遅い動作は速い動作と取り替え、分業の仕方、作業の内容に至るまで動作研究（motion study）を行い、1人毎時120個しか積めなかったものを1人毎時350個も積めるようになったという紹介までしている（Taylor, 1911, pp.77-81 邦訳pp.282-285）。

ちなみに夫フランクはもともとレンガ積み職人で55歳のとき心筋梗塞で急死したが、妻リリアン（Lilian M. Gilbreth; 1878-1972）は長寿で93歳まで生きた。リリアンも動作研究の専門家で、1915年に博士号を取得し、1935年にはパデュー大学初の女性教授に就任している。しかも彼女は、二人の間の12人の子供を育て上げ、その中の2人（息子と娘）による共著の自伝的な小説とその続編は『1ダースなら安くなる』（1950年）、『続・1ダースなら安くなる』（1952年）と映画化までされている（どちらも20世紀フォックス）。

『オーガニゼーションズ』では、なぜかこれを方法研究（methods study）と呼んでいるが、ギルブレス夫妻といえば普通は動作研究であり、特に有名なのは、手作業の単位動作を表す記号であるサーブリッグ（therblig）——ギルブレス（Gilbreth）の綴りを逆から読んだもの——である。サーブリッグの原型は、1915年に米国機械学会のニューヨークの地方大会で発表された論文 "Motion study for crippled soldier"（*Journal of the American Society of Mechanical Engineers*, 1915 に収録）に登場する。この論文は、後に書籍（Gilbreth & Gilbreth, 1917）の第7章（pp.131-157）としても収録されているが、そこでは "therblig" という用語は用いられていない。16種の要素が列挙されているだけである（Gilbreth & Gilbreth, 1917, p.138）。後になって「つかみ続ける（hold）」と「考

える（plan）」が追加されて18種になった（March & Simon, 1993, 邦訳pp.21-22訳者注12）。

　ギルブレス夫妻の研究に由来する動作節約の例として、『オーガニゼーションズ』では、バーンズ（Ralph M. Barnes）の『動作・時間研究（*Motion and time study*）』の第3版（1949）から、動作節約の原則（principles of motion economy）を長々と引用して紹介している（March & Simon, 1993, pp.39-40 邦訳pp.26-28）。ただし、次の3分類22原則は、既にバーンズの初版（Barnes, 1937）から存在していた（March & Simon, 1993, 邦訳p.26訳者注25）。

①人体の使用に関する動作節約原則としては、原則1「両手の動作は同時に始め、また同時に終わるべきである」〜原則8「円滑で自動的な動作をするには、リズムは不可欠であり、作業はできるだけ楽で自然なリズムを持つようにすべきである」の8原則（Barnes, 1937, ch.11）。

②作業場の整備に関する動作節約原則としては、原則9「工具と材料はすべて定位置あるいは固定位置に用意すべきである」〜原則16「作業者が良い姿勢を保てる型と高さの椅子を各作業者に供与すべきである」の8原則（Barnes, 1937, ch.12）。

③工具および設備の設計に関する動作節約原則としては、原則17「治具、取付具、足操作の装置を用いた方が一層便利になされうる仕事からは、手を解放すべきである」（治具とは、工作物を固定して、きりなどの切削工具を工作物に正しく当て、正確・迅速に加工するために用いる道具。「治具」は当て字で、"jig"の意訳と音訳を兼ねている）〜原則22「レバー、十字のクロスバー、輪状のハンドホイールは、姿勢を変えず

に、最大の機械効率を得られる位置に置くべきである」の6原則（Barnes, 1937, ch.13）。

しかし、テイラーとギルブレス夫妻は、途中で袂を分かち、「学派」的にも、時間研究派と動作研究派の2派は、1910〜1930年頃には、互いに批判し合っていた時期もあるほどで（Maynard, Stegemerten, & Schwab, 1948, ch.1）、本来は、両者を一緒くたに議論することは適切ではない（March & Simon, 1993, 邦訳p.21 訳者注13）。ただし、『オーガニゼーションズ』が書かれた頃には、両者はめでたく融合していた。

たとえば、『メソッド・タイム設定法（*Methods-time measurement*)』（Maynard, Stegemerten, & Schwab, 1948）である。これは、ある程度の工業的応用例もあり、少なくとも比較的単純な組み立て手作業等については実用的と思われる時間標準設定方式（March & Simon, 1993, p.35 邦訳pp.20-21）として引用されている。サイモン自身も実験（Guetzkow & Simon, 1955）で使ったことがあるもので、時間研究と動作研究の良いところを一つにまとめた作業工学（methods engineering）の立場をとっていた。つまり、メソッド・タイム設定法は作業方法と時間を同時に考える手法とされる（March & Simon, 1993, 邦訳pp.21-22 訳者注15）。

もう少し具体的に説明すると、メソッド・タイム設定法では、手をのばす、移動する、まわす、つかむ、定置する、分離する、手を放す、という7つの動作（motion）を考えていた（ch.4）。これはサーブリッグとは異なるもので、実際、「手をのばす（reach）」はサーブリッグにはない。なぜ新しく作ったかというと、サーブリッグの「空荷運び（transport empty）」と「荷運び（transport loaded）」の違いがあいまいだったからで、たとえば、手にハサミを持ったまま手をのばす場合は、どちらに分類するか、人によって違ったので、両者を合わせて「手をのばす」としている（ch.5）（March & Simon, 1993, 邦訳 p.22 訳者注16）。

そして、7つの動作ごとにデータを集めて時間データ表を作成するが、その際、条件で場合分けしたうえで、移動距離ごとにかかる時間を計測している。たとえば、「手をのばす」については、始点・終点で手が動いているかどうかで3つ、手をのばす対象の状態で5つに場合分けされる（ch.5）。つまり同じ動作でも、条件と移動距離によって所要時間が異なるので、それを測定して、より正確な所要時間を求めようとしたわけである。ちなみに移動距離の求め方は、とても数行では要約し切れないほど緻密で複雑である（March & Simon, 1993, 邦訳 pp.22-23 訳者注17）。

(3) 科学的管理法とは何だったのか？

こうして、科学的管理法といえば、どうしてもこうした緻密な手法の方に目が行きがちになる。『オーガニゼーションズ』もそうだった。しかし、テイラーが、なぜ科学的管理法を唱えるに至ったのかという原点については認識しておくべきだろう。

○ 組織的怠業の除去を目指したテイラー

実は当時、米国・英国の工場では、工員が故意にゆっくり仕事をし、1日分の仕事量が増えないようにする怠業（soldiering）と呼ばれる現象が見られたという。この怠業を除去することができれば、労使の繁栄をもたらすことになるとテイラーは考えた（Taylor, 1911, pp.13-15 邦訳 pp.230-231）。怠業の原因として、テイ

ラーは2つ挙げている。一つは自然的怠業（natural soldiering）、つまり人間はその本能として楽をしたがるから怠業するのだというもの。そしてもう一つの原因が、組織的怠業（systematic soldiering）だった（Taylor, 1903, p.1349）。

　組織的怠業が起こる理由を単純化すると次のようになる（高橋, 2015b, pp.239-240）。当時の工場では、あらかじめ工賃単価を決めておいて、出来高に応じて賃金が支払われる出来高払い制で賃金が支払われていた。当然のことながら、工員が習熟して精を出して働くと、出来高も賃金もどんどん増えることになる。それを嫌った経営者側が、人件費を抑えるために工賃単価の引き下げを何度かしてしまったらしい。

　だが、そんなことをされれば、「だったら、こんなにせっせと働かず、工賃単価を維持して、ゆっくりしたペースで働いた方がいい」と工員も考えるようになる。とはいえ、自分だけがゆっくり働いても、周りの工員が精を出して働いてしまえば、結局、工賃単価は引き下げられてしまうので、工員たちは皆で一緒に怠業していたのである。それゆえ、これを組織的怠業と呼んだわけだ。

　テイラーはこの組織的怠業に対処するために、科学的管理法（scientific management）を提唱したのである。つまり、そもそもの科学的管理法の「科学的」とは、次のような意味となる。

①「科学的に」目標となる課業を設定する。その際、目分量式の非効率な動作をやめて、科学をもってして、最も速くて最も良い方法へと代えていくことが目指される（Taylor, 1911, pp.23-25 邦訳pp.239-241）。
②この「科学的に」設定された課業を指図通りの時間内に正し

くなし終えたときには、普通の賃金よりも30％から100％の割増賃金をもらうようにして（Taylor, 1911, p.27 邦訳p.252）、精を出して働いて出来高を増したばっかりに工賃単価が引き下げられたりするような事態を防ぐ。

　要するに、工賃単価を恣意的にではなく、科学的に決めれば、組織的怠業は解消できるとテイラーは考えたわけだ。だから「科学的」管理法なのである。ただし、①と②の「その後」は対照的である。既に見てきたように、①の科学的に課業を設定する手法の方は、『オーガニゼーションズ』でも長々と取り上げられるほど発展を続け、今でもインダストリアル・エンジニアリング（industrial engineering; IE）として、立派に生き続けている（藤本, 2001, p.145）。それに対して、②はうまく機能せず、すぐに廃れてしまった。

○ 賃金・奨励給では解決しない

　テイラーが提唱した②の仕組みは、差別的出来高給制度（differential piece rate system）と呼ばれることが多い。これはテイラーの死後に出版された合本（Taylor, 1947）で、パーソン（Harlow S. Person）が書いた「前書き（Foreword）」に出てくるもので（Taylor, 1947, Foreword, p.xii）、実はテイラー自身（Taylor, 1903）は、出来高差別給（differential rate system of piece work あるいは短く differential rate piece work）と呼んでいた。

　では、なぜ出来高差別給はうまく機能しなかったのか。その理由をマーチ＝サイモンはこう分析している。まず、科学的管理法では、時間研究に基づいた奨励給（incentive payments）が労働者

の動機づけで効果があると仮定されていたが、マーチ＝サイモン
によれば、そうした仮定は常に単純すぎ、しばしば間違いである。
実際、時間研究・動作研究は、労働者に、奨励給（incentive pay）
の最大化こそが長期的利益になると説いたものの、成功には程遠
かった。マーチ＝サイモンは、その記録（Viteles, 1953, chs.2-3）も
挙げている（March & Simon, 1993, p.38 邦訳p.24）。つまり、現実
には、奨励給（wage incentive）の動機づけ効果自体に重大な疑問
があり、その証拠もあるのだ。

　そして、マーチ＝サイモンは、『オーガニゼーションズ』の第3
章の結論を先取りして次のように要約している（March & Simon,
1993, p.38 邦訳p.25）。

⒜賃金は、全体として数ある報酬のうちの一つにすぎない。
⒝賃金の効用関数は、「満足」概念を反映すれば不連続かもし
　れず、線型でもあるいは単調でさえもないかもしれない。
⒞この効用は、要求水準の変化につれて時とともに変化し、そ
　のため奨励給の効果は安定しない。

分かりにくいと思うので、それぞれ私なりに例を挙げてみよう。

⒜賃金がもらえなくても一生懸命何かに取り組んだ（＝賃金以
　外になんらかの「報酬」があった）経験を多くの人がしてい
　る（本書でも、後で、内発的動機づけとして登場する）。
⒝突然「10倍の賃金を支払うから」と言われたら、何かとてつ
　もなく危険で責任の重いことを押し付けられるのではないか
　との警戒感から、一気に仕事が楽しくなくなるかもしれない。

(c)それまで賃金の額に何の不満もなかったのに、羽振りの良い（高給取りの）学生時代の友人に会ったとたん、それと比べて自分の賃金は安すぎると（＝賃金の要求水準が高くなった）、猛烈な不満を持つようになるかもしれない。

つまり、ことは簡単ではなく、賃金だけで動機づけを行うことは本質的に無理なのである。そのうえ、団体交渉の存在や奨励給制度に対する労働組合の概して冷淡な態度が、奨励給制度の効果をさらに分かりにくくする（March & Simon, 1993, p.38 邦訳 p.24）。

いずれにせよ、科学的管理法の名の下で、成功している IE 的手法だけに注目してしまうと、テイラーの志や思想みたいなものは、すっぽりと抜け落ちてしまうことになる。マーチ＝サイモンとてご同様で、テイラーとその後継者たちを、「技術者の視点でルーチン的仕事の効率的な組織と管理のための処方箋を与えている」グループであるとし、ざっくり次の3つの処方箋に整理してしまった（March & Simon, 1993, pp.38-39 邦訳 p.25）。

(i)職務遂行の「唯一最善の方法」を見つけるために、時間研究・動作研究を用いよ。ここで最善の方法とは、1日の平均生産率を最大にする方法を意味する。

(ii)最善の方法かつ適切なペースで職務を遂行するように、労働者に奨励給を与えよ。一般的に、労働者が標準生産量を満たしたならば、1日の賃率を超えてボーナスを支給せよ。

(iii)方法、機械の速度、課業の優先順位等、労働者の課業を取り巻く諸条件を確立するために、特化した専門家（ファンクショナル職長）を用いよ。

マーチ＝サイモンのこの整理の仕方は間違いではなく、確かに、この3つが組織と管理の処方箋となったのは事実である。このうち、(i)は先ほどの「科学的」の①、(ii)は②に対応している。ただし同時に、実践されると色々な問題を引き起こし、いずれも研究者たちからは批判の対象となった。その批判が、その後の組織論の研究テーマにつながったのは皮肉ではある。

たとえば、コンティンジェンシー理論は(i)の「唯一最善の方法」を明確に批判していたし（これについては、本書第5章の最後の第5節を参照のこと）、ワーク・モチベーション理論は(ii)に対する批判、すなわち、今述べてきたような賃金による動機づけの失敗と反省から生まれたといえる。

◯ ファンクショナル職長制とマトリックス組織

残る(iii)については、テイラーの主張に関しての補足説明が必要だろう。高橋（2004, ch.2）をベースに、その主張を簡単に説明しておこう。実は、テイラーは工場での組織を考察して、それまでの万能職長1人に代えて専門職長8人、

⒜計画室で計画を立てて指示を出す①手順担当、②指導票担当、③原価・時間担当

⒝指導票を実行する方法を工具に示し、仕事が適当な速度で行われるように監督する④準備担当、⑤速度担当、⑥検査担当、⑦修繕担当

⒞全体の規律の維持に当たる⑧工場規律担当

に分担させ、それぞれが工具に直接指示・命令を出すことを提案したのである。これが(iii)に出てきたファンクショナル職長制（functional foremanship）である（Taylor, 1947, p.104 邦訳 p.125）。

テイラーの提案理由は、もしこれだけの仕事を一人でできる万能職長がいたとしたら、そんな人は支配人か工場長になれるのであって、そもそもそんな人材は少ない（Taylor, 1947, pp.92-93 邦訳 p.116）。だから現実的に考えれば、管理の仕事は多くの専門職長で分担した方がいい……というわけである。しかし、実際に8人もの専門職長からばらばらの指示・命令が直接来れば、現場は混乱するだろう。事実、この試みはうまくいかなかったといわれている。

それとは対照的に、同時期にフランスで活躍した経営者ファヨールは、その管理原則の4番目として「命令の一元性」の原則を掲げ、任意の活動について1担当者はただ1人の責任者からしか命令を受け取ってはならないと言っていた。要するに、上司は1人にすべきだというのである。こうしてファンクショナル職長制の失敗もあって、命令の一元性の原則は金科玉条のごとく君臨し、日本でも、命令の一元性を守るべきだと批判が行われていた（裏を返せば、日本企業はこの原則を守っていなかったことになるが……）。

ところが、1970年代になると、米国では、今度はその原則に反して2人以上の上司を持つマトリックス組織が脚光を浴びるようになる（Davis & Lawrence, 1977）。その発端は、1969年にアポロ11号を月面に着陸させ、人類を月に立たせたあの米国のアポロ計画である。米国のNASA（National Aeronautics and Space Administration; 航空宇宙局）は、このアポロ計画に関係した米国の航空宇宙産業

の企業に対して、プロジェクト・マネジャー制の導入を勧めたのである。プロジェクト別にマネジャーが置かれた結果、従来の縦割りの職能別のピラミッド型組織に、プロジェクト・チームという横串を刺したような編成が行われるようになった。

これはプロジェクト組織とも呼ばれ、もともとは一時的に設置されるもので、プロジェクトが完了すれば解散する性質のものであった。それが恒常的に持続されるようになったのがマトリックス組織である。マトリックスというのは数学の「行列」の意味もあるが、図1-1のような形状を指して、そう呼ばれた。

しかし、こうなると、現場では、職能別部門で見たときの上司とプロジェクト・マネジャーの2人の上司が恒常的に存在することになってしまう。そこで、このマトリックス組織に関しては、

図1-1　マトリックス組織の概念図

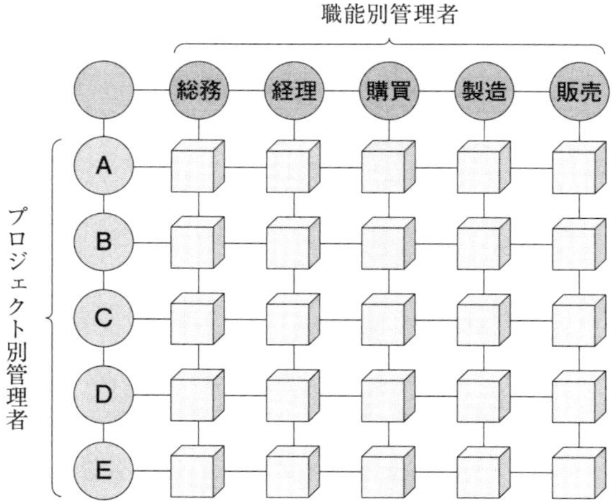

（出所）高橋（2004）p.70, 図2

命令の一元性の原則に反した組織——これを「ツーボス・モデル（2-boss model）」と呼んだ——であると明確にしたのが、デイビス＝ローレンスだったのである。

このローレンスとは、当時既にコンティンジェンシー理論で有名になっていたあのローレンス（Paul R. Lawrence; 1922-2011）である（詳しくは本書第5章第5節参照のこと）。そのローレンスが、「多元的命令系統を組み入れた組織なら、それが構造に限らず、支持メカニズムであれ、組織文化であれ、行動パターンであれ、どんなものでもマトリックス組織である」と定義したのである（Davis & Lawrence, 1977, p.3 邦訳p.6）。

そして、「日本ではマトリックスの構造や行動は、すでに日常の組織の中に自然な形で溶け込んでいるので、とりたてて公式のマトリックス構造を作り上げ、それに公式の名称をつける必要がない」（Davis & Lawrence, 1977, p.55 邦訳p.90）と、日本はマトリックス的で素晴らしいとまで褒めてしまった（それまで日本の経営学者たちはさんざん批判してきたのに……）。

実際、1983年に、私が日本企業を調査し、「貴社では、そのように決定した活動計画を実行する際に、実行する部門とその上司との間の権限関係はどのようになっているでしょうか。次のうちどちらか一つをお選びください」と質問すると、従来のピラミッド型組織——これを「ワンボス・モデル（1-boss model）」と呼んだ——の図を選んだ会社は63.6％にとどまり、命令の一元性の原則に反したツーボス・モデルの図を選んだ会社が36.4％にも及んだのである（Takahashi, 1986）。

ところで、今出てきたファヨールって誰？　管理原則って何？それについては、次の2つ目の源流である管理論での登場となる。

26　3 ｜ 管理論

(1) 経営管理論の始祖ファヨール

マーチ＝サイモンは、科学的管理法と並ぶもう一つの流れである管理論の良い例として、ギューリック＝アーウィック編の論文集『管理科学論文集（*Papers on the science of administration*）』（Gulick & Urwick, 1937）を挙げている（March & Simon, 1993, p.31 邦訳 p.16）。ちなみに父親が宣教師だったギューリック（Luther Gulick; 1892-1993）は、生まれが日本の大阪だったらしい。

そんなギューリックとアーウィック（Lyndall Urwick; 1891-1983）が、約20年後の1956年に、ジャーナル *Administrative Science Quarterly*（通称 *ASQ*）（訳せば『季刊管理科学』）を創刊することになる。*ASQ* の初代編集長は、本書第5章で登場するトンプソンである。そして、本書第6章で登場するワイクも、後に *ASQ* の編集長を務めることになる。

さて、話を本題に戻そう。ギューリック＝アーウィック編の『管理科学論文集』は、全11章からなり、全部で195ページある論文集である。とはいうものの、実は、そのうち第1章のギューリックによる「組織論ノート（Notes on the theory of organization）」（pp.1-45）と第2章のアーウィックによる「技術的問題としての組織（Organization as a technical problem）」（pp.47-88）だけで88ページにもなる。要するに、共編著者2人による2つの章——しかも組織に関する章——だけで本全体のページ数のほぼ半分を占めていたことになる。

他にはファヨール（Fayol, H.）の1923年の講演内容（もともとはフランス語だった）の英訳（第4章 pp.99-114）とファヨールに

関してアーウィックが1934年に行った講義録（第5章 pp.115-130）などが含まれている（March & Simon, 1993, 邦訳 p.16 訳者注1）。このような構成からも分かるように、この論文集は、フランスのファヨールにあやかった論文集なのである。残念ながら『オーガニゼーションズ』では、ファヨールは、名前が一度挙げられたきりで（March & Simon, 1993, p.41 邦訳 p.28）、ほぼ無視された形になっているが。

　このアンリ・ファヨール（Henri Fayol; 1841-1925）こそが、経営管理論の始祖とされるフランスの経営者だったのである。昔は英語読みしてヘンリー・フェイヨールと呼んだ人もいたが、今はほとんどの人がフランス語読みでアンリ・ファヨールと呼んでいる。ただし、フランス人が発音すると「オンリ・ファヨル」に聞こえるので、本当にフランス語読みといえるかどうかは怪しいが。

　もともと鉱山技師だったファヨールは、1888年に当時のフランスの大企業であるコマントリ・フルシャンボー・ドゥカズヴィル鉱山会社（La Société de Commentry-Fourchambault et Decazeville）、通称、コマンボール社（La Société Comambault）の社長に就任し、経営危機に直面していた同社を立ち直らせた専門経営者である。1916年に、論文 "Administration Industrielle et Générale," *Bulletin de la Société de l'Industrie Minérale*, 3˚ livraison de 1916（『鉱業協会会報』1916年度第3分冊）を発表し、これが1917年に同名の本『産業ならびに一般の管理（Dunod et Pinat）』として出版された。これが経営管理論の最初の書物といわれ、本が出版された翌1918年、ファヨールは30年務めたコマンボール社の社長を退任する。それは第一次世界大戦（1914〜1918年）が終結した年でもあった。

　退任するまで、ファヨールが経営者として何をしてきたのかは、

佐々木（1984）をもとにして高橋（1995, ch.6）が年表風に整理・要約している。結論だけを述べれば、専門経営者であるファヨールは社長在任中に、①減資、増資、社債発行によって資金を調達し、②企業を合併・買収し、③不採算部門は事業分割して売却し、④研究開発による多角化を行う、という現代でも行われている財務、合併・買収、事業分割、多角化を駆使して、20世紀初頭に傾いていたコマンボール社を見事に再生したのである。

　こうした華やかな経営者としての活躍の末に到達したのが、経営管理論の最初の書物といわれる『産業ならびに一般の管理』だった。それでは『産業ならびに一般の管理』には何が書かれていたのだろうか。意外なことに、実は「組織」について書かれた書物だったのである。ファヨールの功績については、『オーガニゼーションズ』では無視されているので、以下、高橋（1995, ch.6）をベースに紹介しておこう。

(2) 管理的職能とは何か？

　ファヨールの『産業ならびに一般の管理』によれば、「経営する」とは、企業が自由に処分するすべての資産から可能な最大の利益を引き出す目的のために、次の6つの本質的な職能の運びを確かなものにすることだという（Fayol, 1917, pp.1-5 邦訳 p.17-22）。

　①技術的職能（生産、製造、加工）
　②商業的職能（購買、販売、交換）
　③財務的職能（資本の調達と管理）
　④保全的職能（財産と従業員の保護）
　⑤会計的職能（財産目録、貸借対照表、原価、統計、など）

⑥管理的職能（予測、組織、命令、調整、統制）

　より正確に言えば、企業の活動はこのような6グループつまり6職能に分類できるという。このうち、①〜⑤の5つの職能はいずれも管理ではない。ファヨールに言わせれば、規模の大小によらず、工業・商業・政治・宗教・その他によらず、すべての事業の経営において、管理は非常に重要な役割を果たすにもかかわらず、それまでは管理をきちんと定義してこなかったのである。
　そこでファヨールは、管理を次のように要素で定義した。すなわち、「管理する（administrer）」とは、予測し（prévoir）、組織し（organiser）、命令し（commander）、調整（coordonner）し、統制する（contrôler）ことである。こうした仕事が職能⑥「管理的職能」を構成するわけだ。その他の職能①〜⑤が材料と機械に働きかけるのに対して、⑥管理的職能は従業員に働きかけるという点で、その他の5つの職能とははっきり区別されている。

(3) 管理原則
　このようにファヨールは、人間の組織の管理を明確に意識していた。実際、ファヨールは、自分が最もよく用いた「管理原則（principes d'administration）」として次の14原則を挙げているが（Fayol, 1917, pp.41-76 邦訳pp.19-47）、いずれの原則も従業員とそれが構成する組織に関するものだったことが分かる（原則名だけでは分かりにくいものについては［　］内に補足説明をつけた）。

　①分業
　②権限―責任

③規律［企業とその担当者（agent）との間で確立された約定に
　応じて実現された敬意の外的な兆候である服従・精励・活
　動・態度］
④命令の一元性［任意の活動について1担当者（agent）はただ
　1人の責任者（chef）からしか命令を受け取ってはならない］
⑤指揮の一元性［同一目的の作業全体にはただ1人の責任者と
　ただ1つの計画］
⑥個人的利益の全体的利益への従属
⑦報酬
⑧権限の集中［集権と分権］
⑨階層組織［上位権限者から下位の担当者に至る責任者の系列］
⑩秩序［適材適所と適所適材］
⑪公正［従業員を取り扱う際の好意と確立された約定の実現に
　よりもたらされる］
⑫従業員の安定［担当者が新しい職務に精通し、よく遂行する
　ようになるには時間が必要である］
⑬イニシアティブ［計画を立案し成功させることは最高の満足の
　一つなので、計画を立案し、提案し、実行する可能性と自由］
⑭従業員の団結

　さらに、自らは鉱山技師の出だったファヨールは、管理を教育
することの必要性を説き、それができないのは公に認められた管
理の教理がないからであるとも主張していた（Fayol, 1917, p.15 邦
訳 p.35）。面白いことに、ファヨールの唱える管理の教育が実現
したのは、フランスでよりも米国でだったかもしれない。米国で
は、ファヨールは、既出のギューリック＝アーウィック編の論文

集『管理科学論文集』のような形で紹介され、さらに管理原則も、より教科書的に整理されて、米国で経営学教育に用いられるようになり、急速に普及していったからである。

その過程で、最初は列挙されていただけだった管理的職能の諸要素が、1950年代には、順序があり、繰り返されるものだとして「管理サイクル」に図式化されるようになった。これなどは管理の教育の普及という点では象徴的な出来事であろう。なにしろ、現在でも、ファヨールのことは知らなくても、管理サイクルのことなら知っているという実務家は多いはずだから。頻繁に目にする有名なものとしては、「計画（plan）→実施（do）→点検・統制（see）」のプラン・ドゥ・シー、あるいは「計画（plan）→実施（do）→点検（check）→処置（act）」のPDCAサイクルがある。

実は、それらと比べれば知名度はぐっと落ちるが、既に、前出のギューリック＝アーウィック編の論文集『管理科学論文集』（Gulick & Urwick, 1937）の中でも、ギューリックは第1章「組織論ノート」で、「経営者の仕事とは何？　経営者は何をしている？　答えはPOSDCORBだ」として、ファヨールの『産業ならびに一般の管理』（Fayol, 1917）に由来すると明言した7つの要素：計画（planning）、組織（organizing）、人事（staffing）、指揮（directing）、調整（coordinating）、報告（reporting）、予算（budgeting）の頭文字を取ってPOSDCORBと呼んでいた（Gulick & Urwick, 1937, p.13）。

こうして、管理サイクルや管理原則といったファヨールを源流とする管理論は米国で普及し、1950年代までには主流となっていった。その代表的な教科書といえるのが、クーンツ＝オドンネルの書いたそのまんまのタイトルの本『経営原則（*Principles of management*)』（Koontz & O'Donnell, 1955）である。

この『経営原則』の共著者の一人であるクーンツ（Harold D. Koontz; 1909-1984）は、1961年に発表した論文（Koontz, 1961）の中で、テイラーやファヨールたちから始まった経営管理論も、いまやさまざまなアプローチが生い茂って絡み合ったジャングルだ（Koontz, 1961, p.174）と評したうえで、自らの属する学派を「管理過程学派（management process school）」だと名乗った。こうして、ファヨール流の管理論は、管理過程学派または管理過程論と呼ばれるようになったのである。

4 ｜ 官僚制

⑴ ウェーバー

さて、日本の多くの読者は、以上のような米国中心主義の「組織論」の源流のお話には多少なりとも違和感を覚えるのではないだろうか。組織論といえばドイツの社会学者マックス・ウェーバー（Max Weber; 1864-1920）だろう。ウェーバーの官僚制（bureaucracy）の話は、どこに飛んで行ったのだ……と。ちなみに「ウェーバー」は英語読みで、ドイツ語読みでは「ヴェーバー」なのだが、発音しにくいので、ここでは英語読みにさせていただく。

実はマーチ＝サイモンも、さすがにウェーバーの話は無視できなかったようで、『オーガニゼーションズ』第3章「動機的制約：組織内決定」に、「ただしある意味では、ウェーバーにはこの章よりも前章（筆者注：第2章「『古典的』組織論」）がふさわしい」（March & Simon, 1993, p.55 邦訳p.48）と付言したうえでウェーバ

ーが登場する。

　実際、活動時期で比べても、テイラー（1856-1915）もファヨール（1841-1925）も、そしてウェーバー（1864-1920）も、活躍したのは20世紀初頭の約20年間で、時期的にもほぼ重なっている。にもかかわらず米国中心主義の『オーガニゼーションズ』では、既に紹介した通り、フランスのファヨールは米国のギューリック＝アーウィック編の論文集がらみで一度名前だけ登場したのみだったし、これから紹介するドイツのウェーバーも、実は、マートン他の米国社会学との絡みでのみ登場する。

(2) 官僚制のイメージ

○ 安易な官僚制批判

　ところで、一般的には、官僚制と聞くと「お役所仕事」「硬直的」といった負のイメージを抱きがちだが、それでいいのだろうか。負のイメージに引きずられていると、色々と解釈に誤解が生じる原因になり、「どうせ官僚制批判なんでしょ」と中身も理解せずに、官僚制の負のイメージを強化するだけの悪循環にはまってしまう。それは『オーガニゼーションズ』も同様だった。

　しかし、ちょっと考えてみれば分かることだが、そもそもお役所に限らず、会社等の窓口で、「規則規則と言ってないで、もっと柔軟に対応しろ！」などと担当者を恫喝するような人は、ロクな人間ではない。言っていることを分かりやすく翻訳すれば、「規則に反することは知っているが、自分だけは特別扱いしろ！」と言っているのと同じではないか（高橋, 2016b, p.16）。

　「上司を出せ！」とか言われて、上司の所に連れて行ったら、「仕方ないですね、今回だけですよ」とか上司が言っちゃって対

応も変わってしまう……というのでは、公平性に欠けるだろう。これでは、他の顧客はたまったものではない。公的なお役所ならなおさらだ。ごね得は許すな……という話をもっと理屈っぽく説いたのが、『オーガニゼーションズ』第3章で紹介されている米国の社会学者マートン（Robert K. Merton; 1910-2003）だった（残念ながら、マーチ＝サイモンは、そんな風には紹介していないが）。

◯ マートンが言いたかったこと

　マートン（Merton, 1940, pp.565-566 邦訳p.186）は、官僚制の特質の一つとして、人間関係の非人格化を挙げていた。そして、職員はできるだけ人格的関係を持たないようにし、範疇化をするので、個々のケースの特殊性がしばしば無視されるとした（March & Simon, 1993, 邦訳p.50 訳者注8）。分かりやすく言えば、顧客側が個人的で人格的な扱いを望んでいても、職員はできるだけ人格的関係を持たないようにし、範疇化することで、えこひいきせずに公平に扱おうとしているというのである。

　ここで範疇化（categorization）とは、マートン（Merton, 1940, p.561 邦訳p.180）によれば、個々の問題や事例を基準に基づいて分類し、それに従って処理することである（March & Simon, 1993, 邦訳p.51 訳者注12）。すなわち、各分類に紐づいた代替案を実行し、そのことで代替案探索を抑えることができる（March & Simon, 1993, 邦訳p.50 訳者注13）。こうしたアイデアは、本書第4章で紹介するマーチ＝サイモンのプログラムやそのレパートリーの概念に通じる先進的なアイデアである。

　その範疇に異議を唱えていいのは組織上位層だけだが、仮に顧

客の求めに応じて上位職員が改善行為を指示してしまえば、そのこと自体が非難を浴びるかもしれない。マートン（Merton, 1940, p.567 邦訳p.188）は、非人格的な扱いをしなければ、えこひいき等々の非難が必ず起こるとまで書いている（March & Simon, 1993, 邦訳pp.54-55 訳者注25）。なぜなら、別の顧客がその顧客のえこひいきの犠牲になっていると知覚するからで、『オーガニゼーションズ』でも、米国文化では「平等扱い」重視がこの知覚を助長するといっている（March & Simon, 1993, p.59 邦訳p.53）。

　ところが、その一方で、こうしたことを「硬直的」な「お役所仕事」と批判する人々も確実に存在するわけで、『オーガニゼーションズ』でも行動硬直性（rigidity of behavior）と呼んでいる。もっとも、行動硬直性の定義は「行動の高度な予測可能性」らしいので（March & Simon, 1993, 邦訳p.52 訳者注14）、ラベルと中身が一致していない。このマーチ＝サイモンのつけたラベルも官僚制批判に誘導しているように感じるのは私だけだろうか。

　いずれにせよ、こうした公平性を保証するために、マートンは、官僚制では、職員（official）は選挙ではなく、上司による任命か非人格的（impersonal）競争を通じて任命されるし（Merton, 1940, p.561 邦訳p.180）、規律ある行為と服務規程遵奉のインセンティブとして、勤続年数による昇進、年金、年功賃金が設計されている（Merton, 1940, p.564 邦訳p.184）とするのである（March & Simon, 1993, 邦訳p.51 訳者注9）。

　というわけで、『オーガニゼーションズ』は、マートンを引用する形で（ただしMarch & Simon, 1993, 邦訳pp.50-56の一連の訳者注でも指摘したように、引用は強引で内容的に正確ではない）、官僚制の光と影——官僚制の機能と逆機能——を論じたわけだ。

ちなみに「逆機能」は社会学ではdysfunctionの定訳らしいが、「機能不全」の方が適訳で意味が素直に理解できる。

(3) ウェーバーの官僚制

ただし、今引用したようなマートンの話は、実は、範疇化の概念を除けば、ウェーバーの『官僚制』(Weber, 1921-1922) に書いてあった話ばかりである。ウェーバーは、官僚制に特有な機能様式を6つ挙げていた (Weber, 1921-1922, pp.650-651 邦訳pp.7-10)。簡単にまとめてみると、

①規則によって一般的な形で秩序づけられた明確な権限の原則がある。
②上位者による下位者の監督という形で上下関係が明確に規定されるが、下位者からその上位者に訴えてもいい。
③職務執行は文書に基づいて行われる。
④職務活動は、通常、専門的訓練を前提とする。
⑤兼業ではなく、専業が求められる。
⑥職務遂行は規則に則って行われる。

そして、そこから官職は「天職 (Beruf)」であるとし、簡単にまとめると、次のような個人的地位の形をとるとした (Weber, 1921-1922, pp.651-655 邦訳pp.11-19)。

①被統治者と比べて、特に高い身分的な社会的尊敬を求め、大抵の場合、それを享受する。
②上位者によって任命されるのであり、選挙によって選ばれて

はいけない。

③地位は終身的である。

④能率給ではなく、職種等級に応じて、勤続年数で加算された固定的な俸給と老後の恩給が保障される。

⑤昇進は年功または試験による。

　官庁だけではなく、民間企業であっても、天職たる官職についたものは、「生活の保障とひきかえに特殊な職務誠実義務を負うこととみなされる」（Weber, 1921-1922, p.652 邦訳pp.11-12）というわけだ。そこに、『オーガニゼーションズ』がいう逆機能のような負の雰囲気はない。むしろ逆に、臨機応変といえば聞こえはいいが、機に乗じて私腹を肥やすような行為を許さず、その代わり、生活は保障するので、規則に則って、誠実かつ公平に職務を果たしてほしいと、「官僚」を良しとしていることが分かる。

(4) 鉄の檻

○ 官僚制の比喩としての鉄の檻

　ところで、ウェーバー発の官僚制の比喩としては「鉄の檻」も有名である。官僚制批判のキャッチ・コピーとして広く流布している。日本でも、私が大学の学部学生（ちなみに学部は商学部）だった1970年代後半には、少なくとも私は、講義でウェーバーによる官僚制の比喩として聞いた記憶がある。

　書籍でも同様で、たとえば、代表的なウェーバーの解説本である山之内（1997）でも、「ヴェーバーが『鉄の檻』と呼んだ近代の官僚制的秩序」（p.95）、「近代官僚制という『鉄の檻』」（p.96）、「官僚制の『鉄の檻』」（p.98）といった具合である。世間一般では、

こうした《鉄の檻＝官僚制》というイメージを前提にして、官僚制批判の出発点としたり、ウェーバー批判のシンボルとしたりすることが行われてきた（荒川, 2007）。たとえば、「鉄の檻（官僚制）」によって現代人を無気力な歯車と化す……といった類の言い方である。

これは日本だけの話ではない。米国の社会学者、ディマージオ（Paul J. DiMaggio）とパウエル（Walter W. Powell）が書いた有名な論文「鉄の檻再訪（The iron cage revisited）」（DiMaggio & Powell, 1983）も、タイトルからして、鉄の檻を前面に打ち出しているのだが、論文の最初のページに「官僚化のテンポが速まるにつれて、社会を研究する者は、鉄の檻のイメージに悩まされてきた」（DiMaggio & Powell, 1983, p.147）と書かれている（彼らが論文で論じたかった組織の「同型化（isomorphism）」についての解説は、安田・高橋［2007］に譲る）。

○ 鉄の檻は『プロ倫』に出てきた

そして、ディマージオ＝パウエルの論文は、ウェーバーの『プロテスタンティズムの倫理と資本主義の精神』（Weber, 1920）の最後の部分の紹介から始まるのだ。ちなみにこのウェーバーの本は書名が長すぎるので、私よりも少し上の世代の学生たちからは『プロ倫』と俗称されるようになっていた。その『プロ倫』の最後の部分に、「鉄の檻」というキーワードとともに、次のようなことが書かれていたのだ。

この秩序界は現在、圧倒的な力をもって、その機構の中に入りこんでくる一切の諸個人──直接経済的営利にたずさわる人々

だけではなく——の生活のスタイルを決定しているし、おそらく将来も、化石化した燃料の最後の一片が燃えつきるまで決定しつづけるだろう。バックスター（筆者注：Richard Baxter; 1615-1691 は 17 世紀英国のピューリタンの牧師）の見解によると、外物についての配慮は、ただ「いつでも脱ぐことのできる薄い外衣」のように聖徒の肩にかけられていなければならなかった。それなのに、運命は不幸にもこの外衣を鋼鉄のように堅い檻としてしまった。（中略）今日では、禁欲の精神は——最終的にか否か、誰が知ろう——この鉄の檻から抜け出してしまった（Weber, 1920, pp.203-204 邦訳 p.365）。

　日本語の翻訳を読んでも何を言っているのかさっぱり分からないが、『プロ倫』（Weber, 1920）の大塚訳（1988）の「訳者解説」によれば、ここには、次のようなエッセンスが詰め込まれているとされる。

　ウェーバーが注目するのは、キリスト教的な禁欲である。中世では、世俗を離れ、修道院にこもって神に仕える世俗外的禁欲の倫理だった。そこに宗教改革が起きて、世俗を離れて修道院にこもって信仰するのではなく、世俗の中で普通に生活しながら、キリスト教を信仰するという「ピュウリタニズムの世俗内的禁欲倫理」が広まっていった。つまり、世俗から切り離された修道院の生活が特別に聖意にかなうのではなく、むしろ「世俗そのもののただ中における聖潔な職業生活」（Weber, 1920, 大塚訳「訳者解説」p.401）こそが聖意にかなう大切な営みであり、われわれの世俗の職業そのものが神からの召命、天職（Beruf：先ほどのウェーバーの官僚制の話にも登場した）だと考えたのである。

こうして、禁欲的プロテスタント（ピューリタン）たちが営利を敵視していたヨーロッパで、このような行動様式を身につけた労働者が大量に存在していたことで、初めて資本主義的な産業経営が一般的に成立可能になった。ただし、こうしてひとたび資本主義の社会的機構ができてしまうと、今度は信仰のような内面的な力はもはや必要なくなり、やがて鋼鉄のようになったメカニズム「鉄の檻」が逆に世俗内的禁欲あるいは天職義務を外側から強制するようになる。そしていまや、精神を失った天職義務の行動様式だけが亡霊のように残存する……というのである（高橋, 2010b, pp.193-195）。

(5)「鉄の檻」はパーソンズの誤訳、原典では「殻」だった

えっ？　これって官僚制の話なの？と多くの読者は疑問に思ったのではないだろうか。それどころか、実は「鉄の檻」などという用語は、ウェーバーの『プロテスタンティズムの倫理と資本主義の精神』の原典には存在しなかったのである。その意外な顛末を、高橋（2013a, ch.1）をもとに要点だけ紹介しておこう。

○「鉄の檻」はパーソンズの誤訳だった

ウェーバーのドイツ語の原典にはなかった「鉄の檻」は、実は、米国の社会学者パーソンズ（Talcott Parsons; 1902-1979）による1930年の英訳（Parsons訳, Weber, 1920/1930）の中の英訳語 アイアン・ケイジ（iron cage; 鉄の檻）に由来するものだったのだ。ウェーバー自身が使っていたドイツ語の原語はゲホイゼ（Gehäuse）であり、独和辞典を見ても「檻」などという意味はない。しかも、ウェーバーは、比喩的にすら、ゲホイゼを「官僚制」の意味など

表1-1　ゲホイゼ（Gehäuse）は4カ所だけ

ウェーバー（1920）		パーソンズ訳（1930）		大塚訳（1991）	
p.37	Gehäuse	p.54	order of things	p.51	鉄の檻
p.203	Gehäuse	p.181	iron cage	p.365	鋼鉄のように堅い檻
p.204	Gehäuse	p.181	cage	p.365	鉄の檻
p.204	Gehäuse	p.182	cage	p.366	鉄の檻

（出所）筆者作成

では使っていなかった。

　原典（Weber, 1920）でゲホイゼ（Gehäuse）が登場するのは、たった4カ所だけである。それに対するパーソンズ訳の英語版（1930）と大塚訳の日本語版（1991）での訳語の関係は表1-1に示される通りである。

　すなわち、原典（Weber, 1920）ではゲホイゼ（Gehäuse）が4カ所に登場するが、パーソンズ訳（1930）で"iron cage"となっているのは原典の2カ所目に対応した1カ所だけであり、大塚訳（1991）では、逆に原典2カ所目を除いた3カ所が「鉄の檻」になっていた。

　実は、『プロ倫』（Weber, 1920）を最初に日本語に翻訳した梶山訳（ウェーバー, 1920/1938）では、ゲホイゼの訳は初出箇所で「外枠（環境）」（p.33）と訳された後、3カ所で「外枠」（pp.244-245）と訳されていた。それがどのような経緯で「鉄の檻」になったのか？

　訳者である梶山力（1909-1941）は、肺結核の療養生活の中で訳業を行い、梶山訳『プロテスタンティズムの倫理と資本主義の精神』を1938年に有斐閣から出版した。しかし、この訳業で心身を消耗し、多くの註（大部分は第2章の註）が未訳のまま、

1941年にわずか32歳でこの世を去ってしまった（梶山訳・安藤編, 1994, pp.4-5）。

　その後、同門で先輩でもある大塚久雄（1907-1996）が、これら欠落した註を訳出し、また梶山の訳文を改訳して、岩波文庫から、梶山・大塚訳『プロテスタンティズムの倫理と資本主義の精神』として、1955年に上巻（梶山・大塚訳, ウェーバー, 1920/1955）、1962年に下巻（梶山・大塚訳, ウェーバー, 1920/1962）が出版された。しかし、そこでもまだゲホイゼは「外枠」のままだったのである（梶山・大塚訳, 1955, 上巻p.50; 1962, 下巻p.246）。つまり、私が学生時代（1970年代後半）に買った——あえて「読んだ」とは言わない——岩波文庫の『プロ倫』には、「鉄の檻」などなかったのだ（今頃になって読んで確認した）。

　ところが、ミッツマン（Arthur Mitzman; 1931-2021）によるウェーバーの伝記『鉄の檻（*The iron cage: An historical interpretation of Max Weber*）』（Mitzman, 1970）が出版されると、パーソンズによる英訳語アイアン・ケイジが飛躍的に有名になる（荒川, 2001; 2007）。ミッツマンの『鉄の檻』の日本語訳の出版は1975年であり、1970年代後半に大学生だった私が「鉄の檻」という言葉を耳にしたのは、まさにこのタイミングだったわけだ。

　『プロ倫』でゲホイゼの訳語が「鉄の檻」になったのは、それからさらに10年以上も後のことである。1988年に大塚久雄の単独訳になったときに、大塚訳（ヴェーバー, 1920/1988）では、パーソンズの英訳を採用し、ゲホイゼを「鉄の檻」と訳し換えた。こうして、英訳・日本語訳の翻訳を介して、「鉄の檻」概念があたかもウェーバー自身の用語であるかのように受容されてしまう歴史

的流れが生まれ、その流れに乗っかって、ウェーバー批判のシンボルとする議論も多くなってしまった。

○「鉄の檻」から「殻」へ

しかし、ここで注意しなくてはならないのは、パーソンズの訳語「鉄の檻」を書名にまで使っているミッツマン自身が、自著の本文中では「鉄の檻」を採用せず、「鋼鉄のように堅固な家」と訳していたことである。さらにわざわざ注で「この文章末尾の句を私はドイツ語の語義にしたがって変更した。原語はパーソンズの訳語"iron cage"を遥かに超えた意味をもっている」（Mitzman, 1970, p.172 邦訳p.160）とパーソンズ訳を批判していた。

それ以降、英語圏の研究者によって、「鉄の檻」という訳語は批判的に検討されてきたという。なかでも、「重荷」であると同時に生きるうえで「不可欠」なものとして、セイヤ（Derek Sayer; 1950-）が示した「かたつむりの殻（shell）」に代表されるように、"shell"と訳される例も多くなっているという。実は、もともとドイツ語のゲホイゼには「かたつむりの殻」という意味もある。セイヤは、「おそらくお荷物ではあるが、それなくしては生きることが不可能なものという両義的な意味において」鉄の檻よりもかたつむりの背中の殻の方が適切なアナロジーで、それと対比して「檻は外からの拘束であるにとどまる」（Sayer, 1991, p.144 邦訳p.175）としている。

荒川（2001; 2007）もまた、「殻」と訳した方がより適切だとしている。荒川は、ウェーバーの他の著作にも当たってゲホイゼの用法を網羅的に調べたうえで、一方では過酷な競争を繰り広げる外部からの「保護」、他方では内部での「抑圧」という二義があり、

それを「殻」概念で表しているのではないかと考察している。にもかかわらず「鉄の檻」と訳してしまっては、一方的に閉じ込められる単なる抑圧機構になってしまう。

横田（2011）も「殻」と訳し（p.352）、実はドイツの哲学者ヤスパース（Karl Jaspers; 1883-1969）も「殻（Gehäuse）」概念を使っていたのに、ウェーバーの方の「殻（Gehäuse）」が「鉄の檻」と訳されてしまったために、「ヤスパースの『殻』概念との重なりを覆い隠してきた」（p.377 注81）と指摘している。

『プロ倫』の英訳の方も、1930年のパーソンズによる英訳の後、21世紀に入って、コールバーグ（Stephen Kalberg）による新英訳が、何度か版を改めてマイナーな出版社から出版された後、最終的に2011年にOxford University Pressから出版されている（コールバーグの新英訳の版の関係は複雑なので、高橋［2013b］第1章の章末付録を参照のこと）。コールバーグの新英訳では、ゲホイゼは「鉄の檻」ではなく"casing"（包装）とより軽く改められている（Kalberg 訳, Weber, 1920/2011, p.177）。

◯ ウェーバーが「殻」で言いたかったこと

以上の予備知識を仕入れたうえで、再度、『プロ倫』の最後の部分をもう一度読み直してみよう。肩にかけられている「薄い外衣」が堅くなったのだから、なるほど、「殻」の方がずっと自然で、「鉄の檻」では不自然だ。さらに、訳語を「殻」にすることで、ずっと自然になるのは、その比喩のニュアンスである。つまり、天職義務の行動様式という殻は、確かに外側から天職義務を強制しているのであるが、他方で、いざとなれば、まるで「かたつむり」のように、天職義務の行動様式という殻を盾にして身を守り、信

仰も精神も持たずに、資本主義の世界で生きていくことを可能にしてくれているのである。

　もっと分かりやすく言うと、最初、人々は信仰心から一生懸命に働いていたのだが、やがて、その勤労意欲旺盛な人々を前提とした新しい社会——資本主義社会——が成立してしまうと、今度は、人々が一生懸命に働くことを求められるようになる（つまり抑圧・拘束）。もっとも、一生懸命働いていさえすれば、資本主義社会の中では、他人からとやかく言われることもなく大きな顔をして生きていけるので（つまり保護）、信仰心や精神なんかなくても、殻に守られて生きていけるのである。

　正確に言えば、「殻」が抑圧・拘束しているわけではない。人間の側が一方的に、護符としての「殻」の陰にしがみついているだけなのである。「それをやむなく引き受けるのではなく、みずから意欲する」姿がそこにあるのであり、それこそが、「禁欲的職業労働に没頭したピューリタンの、はるかなる末裔の姿に他ならない」（折原, 1969, p.294）。

5 ｜ 超企業・組織論

(1) 境界としての企業（隔離機能）

　さて、それでは本章冒頭の問いに戻ろう。私企業も公企業も、営利企業も非営利企業も、大企業も小企業も、みんな組織……本当にそうだろうか？　あなたは、何気なく企業と組織を同じものを指していると思い込んではいないだろうか？　実は「企業＝組織」ではないのだ。

　たとえば、銀行の支店の窓口に並んで働く女性行員は、銀行に

よってはほとんどが正社員ではなく、なかには人材派遣会社からの派遣社員を当てているケースもある。大きな会社の本社ビルの受付に座っている女性（いわゆる受付嬢）も、多くの場合、人材派遣会社からの派遣社員である。

本社ビルの奥のセキュリティー管理の厳しいコンピュータ・ルームで働いているシステム・エンジニアやオペレーターなどのコンピュータ技術者の多くは、実はコンピュータ会社の人間である。家電量販店の店員も、実はメーカーから派遣されていたりする。スーパーの中には、フロア・マネジャー以外は皆、派遣社員、パート・タイマー、アルバイトだという会社まである。メーカーの工場の生産ラインでは、下請企業の社員が働いていることも多い。

これは今に始まったことではない。これらは、実は高橋（2000, pp.1-2）で既に挙げていた例なのである。どの例でも、外から見れば一つの組織に見えるし、実態としても一つの組織として動いている。しかし、企業としては、本当はいくつもの企業に区切られているのである。

◯ 会社の発明

経営学の企業形態論のオーソドックスな言い方を踏襲すれば、企業形態は、経済形態として現実の企業を出資者の種類によって分類されるとともに、法律形態として法律で規定されている種類によっても分類され、「会社」はその一部だということになる。よくよく考えてみれば、まだ「発明」から1000年ちょっとしかたっていない会社が、有史以前から存在していたであろう組織と同じもののはずもなく、企業は組織とは違う概念なのである（高橋, 2000, p.4）。ここでは、高橋（1995, ch.8）をベースに、企業の起源

とその機能について整理しておこう。

　まず、会社はどうやって「発明」されたのか。大塚（1938, ch.3）によれば、次のようになる。まず10世紀イタリアで、今の合資会社の源といわれるコンメンダが「発明」された。コンメンダは「委託する」を意味するcommendareに由来するといわれる。海上商業が発達していた地中海沿岸のイタリアの商業都市ジェノバ、ベネチアで発生し、ジェノバではコンメンダ、ベネチアではコレガンティアと呼ばれた。

　当時、地中海沿岸およびハンザ領域で、渡り鳥的海商取引を行う資力のない商人に、貸主が1航海ごとに資本を委託し、営ませていた。これがコンメンダである。委託する資本は、ごく初期には現物の商品形態も多かったが、次第に貨幣形態が一般的となり、やがて今日の株式会社の株主同様の無機能でかつ有限責任的な出資関係（これを「コンメンダ」と呼ぶこともある）が確立されていった。15〜16世紀にはヨーロッパ各地で、このイタリアの制度の影響下でコンメンダが確立する。

　次いで、コンメンダの発生にやや遅れて、その影響下で、合名会社の源といわれるソキエタスが、イタリアの今度は陸上商業が発達していたフィレンツェやシェーナで発生した。たとえば、営業していた家父が死亡した場合、家族内で財産の分割が行われてしまうと、事業のうえでは大きな障害となる。そこで消費単位としては別会計の数人の息子たちが共同して父親の事業を相続し、共同相続団体を形成することで生産単位の維持を目指すことが行われた。

　このようにして生まれた「全財産をもってするソキエタス」は「一定貨幣額をもってするソキエタス」に次第に移行し、ソキエ

タスはコンメンダの影響も受けて、一定の存続期間を持つ会社契約の形式の上に設立されるようになったといわれる。

　以上の大塚（1938, ch.3）の説明はヨーロッパにおける歴史だったが、日本でも、三井家初代高利の死後に、その9人の実子・養子は遺産を分割相続せず、全相続財産を投じて、1710年に「大元方」と呼ばれる同族の事業全体を総括する機関を9家（後に11家となる）の三井同族により形成し、資本に対して各自持分権利を有し、無限責任制で各営業店の経営に当たったといわれる。つまり、洋の東西を問わず、知恵を絞って同様の形態を「発明」していたのである。

○ 境界で隔離

　こうした企業形態の持つ機能は「隔離」機能と一般化することもできる。たとえば、現代の法律における法人格の役割である。法人（juridical person）とは、生身の人間のような自然人以外のもので、法律上、自然人と同様に権利・義務の主体たりうることを認められたもののことである。会社は法人格を持つことで、会社の名において権利を取得し、義務を負うことができる。

　仮に法人でなければ、契約、訴訟、不動産登記をいちいち団体構成員の全部または一部の名で行わなければいけないわけだが、これでは煩雑かつ不安定なうえに大問題を抱えることになってしまう。実際、団体の財産の一部、たとえば不動産が出資者の名で登記されていると、この個人が負った債務のために、この不動産が差し押さえられ、人手に渡ることが起こりうる。これでは安定的活動は難しい。しかし、法人の名で登記できれば、このような不都合を回避できる。つまり法人とは、対外的な法律関係を単

純化・安定化するとともに、構成員や出資者の個人財産から分別された団体財産を作る財産関係分別のための法技術なのである（山田・河内・安永・松久, 2018, pp.61-62）。このことで、団体財産を構成員・出資者から隔離できるわけだ。

そして同時に、人間の寿命からの隔離も可能にしてくれる。法人と自然人の最も大きな違いは、自然人（生身の人間）には生物としての寿命があるが、法人には特に寿命はないということである。しかも会社では、持分払戻が禁止され、持分譲渡の形での脱退のみが認められることで、出資者の個人的事情によって資本金が左右されないような確定資本金制となっている。

たとえ出資者が死んで、出資者の持分について分割相続や相続税の問題が発生したとしても、会社の資産自体は法人のものなので、分割相続や相続税の問題は発生しない。それに対して寿命のある人間の財産は、死ねば遺産の分割相続や相続税の問題があって、後継者がそのまま継ぐことが難しい。だからソキエタスが生まれたわけだ。

投資家にとっても、出資だけする（つまり経営はしない）としても、ある限度で、事業上のリスクから隔離してもらわないと、危なくって出資なんかしてられない。だからコンメンダは生まれた。もし会社が倒産してしまった場合、出資者が自己の全財産を投じて債務の弁済・弁償に当たらねばならない（無限責任）というのであれば、出資額がどんなに少額であっても、その会社の事業上のリスクを限りなく背負い込むことになる。そこで、有限責任制が生まれた。

実際、(a)株式会社では、株主の損害は、株券が紙切れに変わるくらいで済む（いまや紙の株券が存在しない会社も多いので、今

となっては比喩的な表現だが）。より正確に言えば、出資者（株主）は出資額を限度として弁済・弁償の責任を負えばいいのであり、これを有限責任制と呼んでいるわけだ。しかも、(b)株主は株式を売却してしまえば、もはや株主ではない。つまり、出資者としての立場から自由に退出できる。この(a)(b)で、出資者を会社の事業リスクからある限度で隔離することができる。

　こうした企業のような境界を設定することで得られる隔離機能は重要である。サイモンの『意思決定の科学（第3版）』（Simon, 1977）によれば、そもそも多細胞生物の発達は、生物全体を取り巻く複雑で変動する外部環境から内部細胞を隔離することによって、内部細胞の環境（内部環境）を単純化し、安定化させるものだと解釈できるという。すなわち、多細胞生物は、内部環境を内部細胞に合わせて単純化・安定化することで、生物の各部を複雑かつ変動する外部環境に合わせて複雑化させる必要性を回避している。これが進化におけるホメオスタシスの意義なのである（Simon, 1977, p.25 邦訳 pp.33-34）。

　ここで「ホメオスタシス（homeostasis）」とは、『広辞苑（第7版）』（岩波書店, 2018）によれば、米国の生理学者キャノン（Walter B. Cannon; 1871-1945）が命名したもので、いわゆる恒常性である。「生物体の体内諸器官が、外部環境（気温・湿度など）の変化や主体的条件の変化（姿勢・運動など）に応じて、統一的・合目的的に体内環境（体温・血流量・血液成分など）を、ある一定範囲に保っている状態、および機能」（p.2715）のことである。

　この多細胞生物と同様のことが、会社という法的な境界を設定することで行われてきたわけだ。投資家、供給業者、顧客等との間に境界を引くことで、複雑で変動する外部環境（企業の外部は

市場と定義される）から内部環境を隔離し、単純化・安定化させてきた。その点で、会社制度は人類の英知の結晶なのである。

(2) システムとしての組織（結合機能）

　以上のように、「企業」は制度として定めた境界あるいは仕切りの概念なのであるが、それに対して「組織」は、実態として機能しているシステムあるいはネットワークの概念である（高橋, 2000, p.3）。本書でのこれからの展開の予告編として、一つの考え方を紹介しておこう。次の本書第2章に登場する、近代組織論の創始者バーナード（Barnard, 1938）の考え方である。バーナードは、まさに組織をシステムだと定義した人物だった。

　バーナードは、まず具体的な組織に対応する「協働システム」を考えた。協働システムとは「少なくても一つの明確な目的のために2人以上の人々が協働することによって、特殊なシステム的関係にある物的、生物的、個人的、社会的構成要素の複合体」（Barnard, 1938, p.65 邦訳 p.67）と定義されている。これはいわゆるヒト・モノ・カネ等からなる具体的な実体である。そのうえで、協働システムのすべての要素を協働的状況に結びつけているもの（サブシステム）を、バーナードは公式組織と呼んだのである。

　バーナードは、公式組織は物理学における重力場や電磁場に類似した構成概念だともいっている（Barnard, 1938, p.75 邦訳 p.78）。構成概念とは、その存在を仮定することによって複雑な現象が比較的単純に理解されることを目的として構成する概念である。こうして、バーナードは「公式組織（formal organization）」を「意識的に調整された二人以上の人間の諸活動または諸力のシステム」（Barnard, 1938, p.73 邦訳 p.76）と定義した。

そして、注目すべきは、バーナードが「貢献者（contributors）」と呼び、サイモンが「参加者（participants）」と呼んでいる組織メンバーの範囲なのである。バーナードもサイモンも、通常、われわれが組織メンバーと考える企業内部の経営者、従業員だけではなく、それに加えて、企業外部の投資家、供給業者、顧客までも組織メンバーに含めて考えていたのである。つまり、近代組織論では最初から、組織は企業の境界を超えた存在として構想されていたことになる。

企業と組織は違う概念なのだという事実をいったん認めてしまえば、私たちの理解力と構想力は格段に向上する。一段高いステージに達して、色々な真実が見えてくる。既に例に挙げたように、複数の企業が一つの組織として機能しているという光景は、いまや全く当たり前の光景なのである（高橋, 2000, p.3）。

これを組織のネットワークが企業の境界を超えて活動の範囲を広げていると見ることもできるし、あるいは、いくつもの企業を束ねるネットワークとして組織を見ることもできる。高橋（2000）は、こうした組織の見方に基づいた組織論を「超企業・組織論」と呼んだ。これは造語だが、「超企業」とは英語で言えば"transfirm"——これも造語だが——つまり「企業の境界を超えた」「多企業の」という意味なのである（高橋, 2000, pp.3-4）。そして、実は、近代組織論は最初から超企業・組織論だったわけである。

このように組織は企業という境界の内部に隔離された部分だけではないし、一般に、組織として結合している要素の範囲と企業とが一致することはほとんどないのである。われわれが日々暮らしているのは、図1-2のように、組織という一つのシステムが企

図1-2 システムとしての組織・境界としての企業

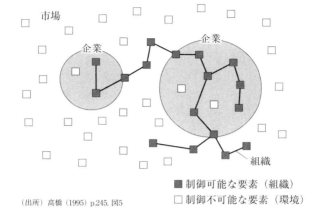

(出所) 高橋 (1995) p.245, 図5

■ 制御可能な要素（組織）
□ 制御不可能な要素（環境）

業の境界をまたいで活動している世界なのである。

本書でこれから取り上げる組織論の重要文献5冊について言えば、第5章のトンプソン以外は、全員が超企業・組織論的な組織観を持っていたことが分かるだろう。こちらがメジャー（多数派）なのである。

[第 2 章]

合目的的システム
【バーナード】

▼

1 │ 近代組織論の創始者バーナード

「組織とは何か」という問いに対して、真正面から答えようとしたのが、叩き上げの専門経営者バーナード（Chester I. Barnard; 1886-1961）である。バーナードは1886年11月7日生まれで1961年6月7日没。AT&T（米国電話電信会社）の子会社として1927年に新設されたニュージャージー・ベル電話会社の初代社長だった人物である。バーナードが優秀な経営者であったかどうかについては諸説あり、主著『経営者の役割』に関しても、忙しい仕事の合間に書いたという説（飯野, 1978, ch.1）もあれば、実は当時暇を持て余していたとする説（Hoopes, 2003, ch.6）もある。

客観的な事実だけを述べれば、バーナードがハーバード大学を中退してAT&Tに入社したのは1909年で、統計部外国語翻訳係に所属したが、彼を雇ったのは1歳年上の同じハーバード大学の先輩で、当時、統計主任をしていたギフォード（Walter S. Gifford; 1885-1966）だった。このギフォードの出世ぶりは素晴らしく、

1925年には早くもAT&Tの社長になる。それに引っ張られるように、バーナードも1927年に新設のニュージャージー・ベル電話会社の初代社長に就任し、1948年にギフォードがAT&Tの取締役会長になると、バーナードもニュージャージー・ベル電話会社の社長を辞任する（飯野, 1978, ch.1）。こうした経歴にどのような感想を持つのかは読者の感じ方次第だろう。

　何はともあれ、バーナードは1927〜1948年の約20年間、ニュージャージー・ベル電話会社の社長だったわけで、その社長在任期間のちょうど中頃の1937年に、母校ハーバード大学のローウェル研究所（Lowell Institute）で講義を行う機会を得る。講義のタイトルは"The functions of the executive"直訳すると「経営者の諸職能」とでもなろうか。

　実際、このタイトルが示す通り、当初バーナードは、本書第1章にも登場した管理過程論風の経験的に分類された管理職能論を講義するだけのつもりだったらしい。ところがすぐに、経営的職能を講義するには、組織そのものの本質に即したものでなければならないと気づき、組織論を通じて管理論を論じるという組織論的管理論へと展開したといわれる（飯野, 1978, ch.3）。

　この講義の内容をもとに翌1938年に出版された講義と同名の書物が*The functions of the executive*、邦訳『経営者の役割』である。本書第1章で取り上げた専門経営者ファヨールの場合は、『産業ならびに一般の管理』で経営を論じる際に、結果的に組織の話を書いていたわけだが、それに対してバーナードは、一歩踏み出して、組織の定義や存続条件を明示し、「組織とは何か」を真正面から議論したのである。その結果、バーナードは、『経営者の役割』で近代組織論の創始者としての評価を確立する。

こうして、いまや経営学の古典中の古典となった『経営者の役割』ではあるが、専門経営者が書いたとは思えないほどに、高度に抽象的で（例示もほとんどない）、かつ難解である。だが、バーナードの考えたことは意外なほどシンプルである。

今、われわれから見て「組織」に見えるものがあったとしよう。これをバーナードは協働システムと呼んだ。この「組織」を分解すれば分かるように、「組織」は多くの具体的な要素やサブシステム（＝より大きなシステムを構成する下位システム）から構成されている。それらが全体として一つの「組織」として機能しているように見えるということは、こうした要素やサブシステムを結びつけて一つのシステムとして機能させている「何か」があるはずだ。バーナードはそれを公式組織と呼んだのである。

バーナードの傑出したところは、その公式組織の成立条件や存続条件までをも大胆に提示したことにある。つまり、集団はどんな条件が揃ったときに「組織」に見えるのか、そして、それはどんな条件が揃えば長続きするのか、ということをバーナードなりに明らかにしたのである。あえて単純化して強調すれば、集団が一つの組織に見えるのは、それが烏合の衆（＝規律も統制もない群衆、または軍勢［広辞苑第7版］）ではなく、合目的的（＝一定の目的にかなっているさま［広辞苑第7版］）に動いているように見えるからだとバーナードは考えた。そのうえで、目的を達成すること、そして達成したら目的を更新・設定することで、その合目的的システム（purposive system）を存続・維持することこそが、経営的職能なのだとバーナードは看破したのだ。

このように『経営者の役割』は、協働システムや公式組織といったバーナードが自ら考え出した概念を体系立てるという性格の

書物だったわけだが、彼はプロの研究者ではない。そのせいもあってか、用語の使用法が不安定で、細部を見ていくと明らかに矛盾や錯誤としか思えない箇所も数多く見られる。何か文章を補って読まないと理解できない部分も多々ある。（そして、難解という評価が定着する。）

　こうしたことから、原著に完全に忠実な形で解説しようとするのは無謀な行為としかいいようがない。それでもやろうとすると、解説が論理的一貫性を保てなくなってしまう。そこで、私はかつて、『経営者の役割』の主張のエッセンスを、できる限り平易に現代風エピソードに翻案して『コア・テキスト　経営学入門』（高橋, 2007; 2020b）を書いたことがある。

　その内容はマニアックなまでに『経営者の役割』に符合させており、たとえば『コア・テキスト　経営学入門』の各章末にある「第〇章のまとめ」は、そのまま『経営者の役割』の第〇章のまとめになっている。さらに同書には、『経営者の役割』のいわば訳注（もし私が翻訳者だとしたらつけたであろう訳注）のかたまりとして「読解のための注釈」も付録としてつけた。この本書第2章は、以上の「第〇章のまとめ」と「読解のための注釈」をもとにして、解説として書き直したものである。

　実は、『経営者の役割』には、その後の組織論の原型といえるようなアイデアや構想が随所に盛り込まれている。そこで、この本書第2章では、バーナードのメインの主張だけではなく、そうしたアイデアや構想も拾いながら、バーナードの主張を『経営者の役割』の章立て通りに、順を追って解説していこう。ただし、バーナードの原典には、第1部の前に「序（Preface）」があり、さらに第1部にも第1章「緒論（Introduction）」があるが、どちらも

特に解説の必要がない導入部なので、ここでの解説は第1部第2章から始めることにする。

2 │ 協働システムに関する予備的考察 （第1部）

全体で4部構成の中の第1部「協働システムに関する予備的考察（Preliminary considerations concerning coöperative systems）」では、バーナードは協働すなわち協力して働くことの意味を考察している。本の構成的には、第2部で「組織とは何か」を考察するので、その準備として、この第1部の「予備的考察」があるわけだが、実は、後続の組織論研究者たちの研究の伏線となるようなアイデアや構想に溢れている諸章でもある。その意味では、学説史的には、『経営者の役割』の中で、もっと後世の研究者から注目されてもいい部分となっている。

まず第2章では、個人の行動に影響を与えるものを分析する。第3章では、個人をめぐる物理的な制約を考えることで有効な協働について考察している。第4章では、組織に参加することで、個人の選択（意思決定）が可能になる理由が説明される。そして、第5章では、組織の存続条件を組織の目的と参加者の満足の観点から明らかにし、第2部へとつなげていく。

ちなみに、既に気になっている読者もいると思うので触れておくと、バーナードは「協働」「協働的」を通常の cooperation, cooperative ではなく coöperation, coöperative と2つ目のoの上にドイツ語のウムラウトをつけてöと一貫して表記している。このことについて、1980年代半ば、私が東京大学教養学部で助手をして

いた頃、上司である林周二（1926-2021）——『流通革命』（林,
1962）で一世を風靡した統計学者——から理由を訊かれ、私が
「バーナードは外国語翻訳係にいたくらいですから、ドイツ語が
得意だったんじゃないですか」と軽いノリで返すと、組織学会に
行って訊いてきなさいと叱責されてしまった。

　これは業務命令かと思い、たまたますぐ後に開催された組織学
会の懇親会場で、恩師である高柳暁（1931-1998）に事情を説明
して、その場で『経営者の役割』の翻訳者である飯野春樹（1931-
1995）・山本安次郎（1904-1994）を紹介してもらい、緊張しなが
らも直接質問させてもらった。すると「当時はそうだったんじゃ
ないかな」とこれまた拍子抜けするような軽さで、ドイツ語起源
説はポンと一蹴されてしまった。

　それから30年後、私が『オーガニゼーションズ』の翻訳をして
いたとき、引用文献をチェックしていて気がついた。有名なセル
ズニックの『TVAと草の根』（Selznick, 1949）でも、一貫して
coöperation, coöperative が使われていたのである。なるほど、確か
に当時はそうだったのかもしれない。実際、最近になって（!?）、
改めて『新英和大辞典（第6版）』（研究社, 2002）でcooperationと
cooperativeを引いてみたら、それぞれ"*also* co-operation, coöperation"
と"*also* co-operative, coöperative"となっていて（p.547）、ウムラ
ウト付きもありだとされていた。

　そこでふと我に返った私は、手元にあった『新コンサイス独和辞
典』（三省堂, 1998）を引き始めた。不安は的中した。coöperation、
coöperative なんて独単語は見当たらず、cool の次は copyright まで
ポカンと空いているではないか。そして、前後が英語起源（外来
語）っぽい単語ばかりであることに気づいた私はピンときて、さ

らに独和辞典をめくり続けた。

「やっぱりだ。あった」

そう、そもそもドイツ語ならスペルはKから始まるKooperation, kooperativ だったのだ。そういえばマルクスの『資本論』だって *Das Kapital* だったじゃないか。なのに「ウムラウト＝ドイツ語」という思い込みから辞書すら引かず、若気の至りとはいえ、大先生相手にドイツ語起源説を披露して回っていたとは……。私は、恥ずかしさを通り越して、一人笑い出してしまった（既に鬼籍に入られているA先生もさぞかし大笑いのことだろう）。

ただし、セルズニックの本は『経営者の役割』の約10年後に出ていることには注意がいる。セルズニックがバーナードの影響を受けて、ウムラウトをつけて使っていたという可能性はあるのだ。実際、セルズニックは "coöperative action" の登場箇所でバーナードを引用している（Selznick, 1949, p.64）。英単語 cooperation の初出は15世紀らしいので、ひょっとするとウムラウトをつけた coöperation, coöperative はバーナードの造語で、それが広がったのかもしれない……と。懲りずに今度はそんな「新説」を妄想して、一人ニヤつく私がいる。

(1) 個人と組織（第2章）

本題に戻ろう。この第2章「個人と組織（The individual and organization）」で、バーナードは人間について、次のような指摘、主張を行っている。

①人間には、限られてはいるが合理的に選択する力がある。ただし、合理性には限界があるために、選択には可能性の限定、

つまり選択肢（選択の代替案）の限定が必要になる。実際、人間の特性としての社会的要因・非社会的要因（たとえば物的要因や生物的要因）がともに作用して、選択の可能性は狭い範囲に限定されている。

②組織の外にいるとき、人間は社会的要因・非社会的要因全体からなる独立した一つの個体である。しかし、組織の中では、組織的行動のシステムの一部にすぎない。言い換えれば、組織の中では、人間の特定の行動だけが認識されるのであり、個人の社会的要因・非社会的要因の全体を認識しているわけではない。

③個人的行動で、求める目的（結果）が達成されるとき、その行動を「有効的」という。行動は求める結果だけではなく、常に他の求めざる結果も伴うものだが、いずれにせよ、それらの結果が満足か不満足をもたらす。動機（欲求・衝動・欲望）が原因で引き起こされた行動が動機を満たすのであれば、その行動は「能率的」である。

このうち③は、組織の存続条件のことで、その予告編的な解説が、既に登場している。また②はちょっと分かりにくいので、例として、大学で開催されたゼミ対抗ソフトボール大会で、人数が足りなくて、たまたま近所のコンビニにいたところを頼まれて、当該ゼミとは関係もないのに、同じ大学・学部だからと助っ人参加させられた男子学生のことを考えてみよう（高橋, 2007, pp.33-34）。彼に求められているのは、たとえば打順が5番で二塁を守るという活動だけで、それさえちゃんとやってくれれば、チームは戦えるのだ。逆に言えば、ソフトボール・チームという組織にと

って、それ以外の人格的な要素は必要ないのである。これが、協働システムのサブシステムとして公式組織を定義する伏線となっている。

残る①は、サイモンの限定された合理性を彷彿とさせるが、実はこのように、既にバーナードが同様の議論を始めていた。①に至る経緯について、もう少し詳細に追ってみよう。

◯ 社会的要因とは相互連結行動

この第2章で、バーナードは、まず、人間の特性として次の3要因を挙げている。

- 物的要因
- 生物的要因
- 社会的要因

ただし、バーナード自身が「たとえ物的要因が生物的要因から区別されようとも、それらは、特定な有機体の中では不可分である」（Barnard, 1938, p.11 邦訳p.11）とわざわざ書いているほどなので、物的要因と生物的要因は、両者の間に無理に線引きする必要もなく、むしろ「非」社会的要因の例示として挙げられていると考えた方がいい。

それに対して、社会的要因はかなり異質である。バーナードは、社会的要因を「二つの人間有機体間の相互反応は、適応的行動の意図と意味に対する一連の応答である。この相互作用に特有な要因を『社会的要因』と名づけ、その関係を『社会的関係』と呼ぶ」（Barnard, 1938, p.11 邦訳p.12）と定義している。要するに物的要因・生物的要因がモノ（有機体も含む）だったのに対して、社会的関係とは、他者との関係性のようなものを指すのである。

定義の中に出てくる「人間有機体間の相互反応」というアイデアや「適応的行動の意図と意味」は、後に本書第6章で取り上げる『組織化の社会心理学』(Weick, 1979) の中で、ワイクが組織化の概念を議論する際に登場させた相互連結行動サイクルやその有意味化を彷彿とさせる。

実際、ワイクはこうしたアイデアを組み合わせて、本来、人間の相互連結行動サイクルは多義的であり、色々な意味に解釈可能なものだが、それを繰り返す中で、互いの行動を意味あるものに組み立てていくようになるのが組織化 (organizing) なのだと主張することになる (Weick, 1979, p.3 邦訳p.4)。もちろんバーナードはそんなことまでは明言していないし、ワイクの主張を理解するにはいろいろと準備が必要になるので、ここは焦らず、本書第6章まで待ってほしい。

○ 人間の選択力の限界と組織（目的）

ところで、バーナードの『経営者の役割』の邦訳第2章第1節には「2. 人間の特性」と題がつけられた項がある。実は、この項は、原典では「Ⅱ」と番号だけが振られている項 (Barnard, 1938, pp.13-15 邦訳pp.13-16) だった。このもともと無題の第Ⅱ項には、サイモンの限定された合理性を彷彿とさせる「選択力 (power of choice) には限界がある」(Barnard, 1938, p.14 邦訳p.14) といった類の重要な記述が散見され、実に興味深い。

ただし、ここでのバーナードの記述は全くの言葉足らずで、この部分の記述の真意が分かるのは第4章になってからである。第4章冒頭の第2章の議論を整理したくだりで、「個人には、限られてはいるが、重要な選択力 (capacity of choice) があるものと考え

た」（Barnard, 1938, p.38 邦訳 p.39）とあり、実は後になってサイモンが「限定された合理性（bounded rationality）」あるいは「合理性の限界（limits of rationality）」と呼んだアイデアと同様のことを意図していたらしいことが分かる（Takahashi, 2015a）。ただし「選択力に限界があるために、選択の可能性を限定する必要がある」という一文がどこにも書かれなかったために、この第2章の読解は難解を極めることになる。

　もっとも、そういうサイモンにしても、次の本書第3章で取り上げる『経営行動』（Simon, 1947）では似たような有様である。サイモンといえば、すぐに想起させるほどに重要な「限定された合理性」ではあるが、実は、『経営行動』の元の本文には、用語として一度も登場しないのである。にもかかわらず、ノーベル経済学賞受賞の2年前1976年に出版された第3版の索引では、"rationality"の項目の子項目として"bounded rationality"が3カ所で索引をつけられている。そこに書かれていることをつなぎ合わせると、「限定された合理性」は、次のような「それ」になる。

①「それ」は、個人の合理性の制約によってboundされている。
②「それ」は、ゲーム理論で仮定されているように「すべての代替案」と「それらのすべての結果」を知って「所与の価値」を最大化することはできない。
③「それ」に、その所与の状況の見地から合理的である行動はグループの見地からも合理的という意思決定の環境を与えることで、組織が補う。

　そこに垣間見える合理性は、ゲーム理論の経済人的合理性・客

観的合理性との違いを強調すれば、「限定された合理性」ということになるのだろうが、これでは、示唆はされているかもしれないが、定義にはなっていない。詳細は本書第3章に譲るが、「限定された合理性」の定義としてぴったり当てはまるのは、むしろバーナードの「限られてはいるが重要な選択力」の方なのである（Takahashi, 2015a）。

バーナードが既に「限られてはいるが重要な選択力」を主張していたという指摘（Takahashi, 2015a）に反発するサイモン信奉者（Velupillai, 2018, p.115）もいるが、試しに、この理解をもとにして『経営者の役割』第2章第1節の第Ⅱ項を読み返せば、どうしてバーナードが「意思決定の過程は主として選択を狭める技術である」（Barnard, 1938, p.14 邦訳p.14）という結論に到達したのかを理解できるであろう。

ちなみに、サイモン同様にバーナードも、その「選択を狭める技術」の一つが組織だと考えていたことは、これ以降の議論の展開で明らかになる。そして、着目すべきは、第Ⅱ項の(d)の冒頭で、「意思力（capacity of will）を行使しうるように選択条件を限定しようとすることを『目的（purpose）』の設定または到達という」（Barnard, 1938, p.14 邦訳p.15）と、「選択を狭める」には目的が重要だと認識していたことである。では、選択を狭めるのに、目的がどんな風に重要なのか？　それは次のバーナード第3章で明らかにされる。

(2) 協働システムにおける物的および生物的制約（第3章）

第3章「協働システムにおける物的および生物的制約（Physical and biological limitations in coöperative systems）」では、組織の社会

的要因や能率はとりあえず考えないことにして、環境の物理的要因に関する有効性について考えている。

○ 目的達成の制約

まず、個人の目的達成の制約について考えてみよう。個人が目的を達成しようとしても、個人の「能力」が「問題状況」に比べて不足していれば、目的は達成できない。この場合、個人の「能力」は簡単には変えられないので（特に短時間では）、「問題状況」を変えることが模索される。その際、①「問題状況」の一部でも要因を変化させることができ、かつ、②そのことで目的が達成できるのであれば、その要因が「制約」である。つまり、制約というのは達成しようとする目的によって決まる。

次に、誰かと協働が可能だという場合を考えてみよう。個人では変化させられなかった「能力」（体力、身体的特性、速さ、継続性・持続性、知覚等）も協働によって高めることができるかもしれない。このとき、仮に、個人では限界のあった能力を協働によって高めることで「問題状況」を克服できるのであれば、今度は協働そのものが「制約」になる。

たとえば、これは実話だが、マンションの定期的な排水管清掃の際、洗濯機の下に十分なスペースがないと洗濯機パンの排水管清掃をしてもらえないルールが、突然できた。そのため、自分で市販の防振かさ上げ台を買ってきて、洗濯機の下に設置してスペースを確保する必要がある（そうしろと清掃業者から言われた）。ところが、家電量販店に行って、かさ上げ台を買ってきたまではいいが、かさ上げ台を設置するには、洗濯機を持ち上げている間に、洗濯機の下に潜り込んで台を置くしかない。

これを一人でやるのは不可能だ。もし人間の腕が3〜4本あれば別だが、腕が2本しかない人間にとっては「能力」（身体的特性）的に無理なのだ。しかし、誰かもう一人を連れてきて、二人で協力してやる——どちらか一人が持ち上げている間に、もう一人が潜り込んで台を置く——のであればできるかもしれない。この場合は、協働が制約になっているのである。つまり、個人ではできないことも協働すればできるようになる、というのが協働を始める理由なのである。実際私の場合は、拝み倒して、業者の人に協力してもらった。

ただし、協働を始めることと、協働を維持することでは事情が全く異なる。環境の制約はたえず変わるし、目的は一度達成したらおしまいだからである。実際、洗濯機のかさ上げ台設置は、何度も繰り返す必要はなく、一度かさ上げ台を設置してしまったら、もうそれでおしまいである。つまり本来は、協働は利那的なものなのである。にもかかわらず協働を維持するというのであれば、それを可能にする何か（経営者等？）が必要になる。

◯ 目的達成を阻む問題状況と個人の能力の生物的制約

この第3章の議論を、第2章の話から引き継いで理解しようとすると、用語的に混乱するので注意がいる。見かけ上は、第2章で人間の特性として物的・生物的・社会的要因を挙げておいたうえで、この第3章では物的・生物的要因、次の第4章では社会的要因を取り上げるという構成になっているかのように見える。しかし、それに惑わされてしまっては理解を誤るので注意がいる。

実は、この第3章では、物的要因はもっぱら「環境の物的要因」を意味し、生物的要因は「個人の生物的能力」を意味するように

変質してしまっているのだ（Barnard, 1938, p.23 邦訳p.25）。これは第2章の物的・生物的要因とは別物で、明らかな用語法上の混乱である。ここでは、第2章の物的・生物的要因の話はいったん忘れた方がいい。つまり、生物的要因とは個人の「能力」の生物的制約のことであり、物的要因とは目的達成を阻む「問題状況」を構成する環境的制約であるという対応関係が、この第3章の議論の暗黙の前提となっているのである。

　こうした混乱を避けるため、ここでは、あえてバーナードの生物的要因、物的要因という用語は使わず（つまり、この2つの用語については第2章の意味だけにとどめておいて）、新しいラベル「問題状況」「能力」を使うことにする。この暗黙の前提を理解すれば、問題状況のせいで達成できない目的を達成するために協働が可能であれば（バーナードはこれを第二の経路［Series 2］と呼んでいる；第一の経路は協働の可能性がない場合）、次のような一連の経路で目的達成が可能になる（Barnard, 1938, p.25 邦訳p.27）ことも、【　】内のように解釈すれば、容易に理解できる。

①物的制約の識別【問題状況すなわち目的達成を阻む環境的制約を識別し】
②生物的制約の識別【個人の能力の生物的制約を識別し】
③協働的制約の認識【協働すれば個人の能力を超えて能力を高められることを知り】
④協働行為によって克服される物的制約【協働行為によって、個人の能力を超えた能力を発揮することで、問題状況の環境的制約を乗り越える】

先ほどの洗濯機のかさ上げ台設置の事例は生物的制約——人間の腕は2本しかない——の好例だった。しかし、いわゆる「力を合わせて」協働で能力を高めて乗り切るという意味では、次のような「抜け道での出来事」の事例（これも実話）の方が、より一般的だろう。

　まだ日本の道路があまり整備されていなかった頃のお話。まだ小さかった私は、伯父さん（当時、まだ独身で私をよくドライブに連れて行ってくれた）の車に乗せられて山道を走っていた。本当は海岸沿いの国道を走っているはずだったのだが、あまりにもひどい渋滞で、土地勘のある伯父さんは、近道とばかりに山道へと迂回することにしたのである。

　ところが、砂利道をしばらく登ると、ちょうど峠のあたりの狭い山道の真ん中に道をふさぐようにして1台の車が止まっていた。

　「おいおい冗談じゃないぞ。」

　伯父さんも車を止めた。私も車窓から身を乗り出して見てみると、その車の前に木が倒れていて道をふさいでいた。

　前の車の運転手は、車を降りて、倒木を動かそうとしているが、一人ではびくともしない。伯父さんも車を降りて、手伝い始める。それでも無理だ。やがて後続の車がやってきて、対向車もやってきた。運転手がみな車から降りてきて、大の大人が何人かで声を掛け合い、

　「せいの！　よっこいしょ」

と力を合わせてようやく倒木をどかせることに成功した。見ていた私も子供ながらに拍手ものである。伯父さんも、やれやれ

とばかりに車に戻ってきた（高橋, 2020b, p.50）。

　ところで、第1部のまとめの章である第5章の第2節で、制約に関する議論がまとめられているように、「制約は全体状況すなわち諸要因の結合（combination）から生ずる」（Barnard, 1938, p.50 邦訳p.52）のである。つまり、制約というのは、積み上げた積み木のようなものであり、うまいことどれか一つの積み木を外せば、積み木の山全体がつぶれる（＝制約が解消する）可能性もあるのである。もちろん、一つひとつ積み木を取り除いていくというやり方もあるが。

　また、この第3章では社会的要因を扱わないと3度繰り返して強調しているが（Barnard, 1938, p.23 邦訳p.24; pp.25-26 邦訳p.27; pp.36-47 邦訳p.38）、第2節以降、バーナードは協働の維持の議論を始めてしまうので、必然的に能率や社会的要因の話が入ってきてしまう。これでは一貫性がない。

○ 能力と問題状況のバランス

　ちなみにこの第3章での「問題状況」「能力」を使った両者のバランスの議論は、後のゴミ箱モデル（Cohen, March, & Olsen, 1972）のアイデアに相似している。ゴミ箱モデル（garbage can model）で「ゴミ箱」にたとえられているのは選択機会である。そして、まるでゴミ箱にゴミを投げ入れるように、流動的な参加者によってさまざまな種類の問題と解が勝手に作り出されては「選択機会」に投げ入れられる。こうして、その選択機会に投げ込まれた問題に対して、その解決に必要な量のエネルギーがたまったとき、あたかも満杯になったゴミ箱が片付けられるように、当該選択機会も

完結し、片付けられる。このとき「決定」が行われたものとして考えようというのがゴミ箱モデルである。

ゴミ箱モデルでは、このように問題の解決と決定とは別物なので、「問題状況」と「能力」とのバランスで、次の3タイプの決定が起こると考えられている。

(a)問題解決による決定（decision making by resolution）……選択機会は、ある期間、問題を抱えており、その間、参加者によってエネルギーが投入される（すなわち問題を解く作業が行われる）。問題解決に必要なエネルギー量が蓄積されれば、問題は解決され、決定が行われる。

(b)見過ごしによる決定（decision making by oversight）……新しく選択機会が出現したときに、その選択機会に問題が投入されないうちに、すぐに参加者によってエネルギーが投入されると決定が行われる。つまり他の選択機会に存在しているかもしれない問題を見過ごし、その選択機会に問題が投入されないうちに行ってしまう決定である。

(c)やり過ごしによる決定（decision making by flight）……問題のエネルギー必要量が大きいと、選択機会に問題が投入されたままで解決されずにいることになる。しかし、もし問題がその選択機会を出ていってしまえば、エネルギー必要量が減り、決定が可能になるかもしれない。もっとも、このときの決定ではその出ていった問題は解決されたわけではなく、ただ他の選択機会に飛び移っただけである。つまり、問題をやり過ごしているうちに、問題の方が選択機会から出ていってしまい、決定に至るのである。

先ほどの「抜け道での出来事」は通常の「問題解決による決定」といっていいが、実はこの話には、次のような続きがあった。そこでは、今度はゴミ箱モデルの「やり過ごしによる決定」「見過ごしによる決定」が見て取れる。

　ところが、それでも車は動けない。実は、倒木をどかせる作業をしている間に、あたりには車の渋滞ができてしまって、こんな狭い山道を今度は10台以上の車がふさいでしまったのである。
　「やれやれ困っちゃったな。」
　すると、後ろの方の車から、一人の若者が降りてきて、運転席の伯父さんに話しかけてきた。
　「あのー、僕が交通整理をしますので、それにしたがっていただけますか。」
　「もちろん！　やってもらうと助かるよ〜。」
　若者は対向車側の運転手にも声をかけて、まるで警察官がやるように、結構じょうずに交通整理を始めた。次々と渋滞を車が抜け始め、伯父さんの車もなんとか対向車の横を通り抜け、そのままスムーズに山道を下り始めた。
　「伯父ちゃん。あの人はどうなるの？」
　「ご苦労様なことだな。この車も止めるわけにいかないし（止めたらまた渋滞になってしまう）、あのまま自分が最後の一人になるまで交通整理を続けないといけないだろうな。」（高橋, 2020b, pp.50-51）

つまり、伯父さんがやり過ごしているうちに、しびれを切らした若者が問題を引き取ってくれたわけだが、多分、そのときはまだ若者は「自分が最後の一人になるまで交通整理を続けないといけなくなる」という別の問題が発生することを見過ごしていて、交通整理を自ら買って出てしまったわけだ。

ところで、(c)「やり過ごしによる決定」の名づけ親は私である。時をさかのぼること1982年、私は、コンピュータ・シミュレーション上であればともかく、こんな意思決定モードが本当に現実に存在するのかを調査したくなった。だが、当時は直訳「飛ばしによる決定」が使われていて、これではさっぱり意味が分からない。「やり過ごす」という言葉を思いつくまでに5年もかかった。

この言葉を使えば、「指示が出されても、やり過ごしているうちに、立ち消えになることがありますか」と簡単かつ分かりやすい質問でゴミ箱モデル的現象の有無を確認できる。ところが、この質問は分かりやすすぎて、今度は企業の現場から猛反発をくらった。こんな質問に「はい」と答える奴がいたら、社内で大問題になるというのである。それでもめげずに方々で拝み倒して、ようやく調査に漕ぎ着けたのが1991年。急いで論文にまとめて投稿し、組織学会の『組織科学』に論文（高橋, 1992c）を掲載してもらったのが1992年。ちょうど10年かかったことになる。文字通りの構想10年だった。その後、1万人程度のホワイトカラーを調査したが、先ほどの質問には、50％強の人が素直に「はい」と答えている（高橋, 2006a）。

ちなみに『広辞苑（第7版）』によれば、「やりすごす」とは、「①うしろから来たものを前へ行き過ぎさせる。②ある状態が経過するにまかせる。厄介な物事と関係を持たないですます。③限

度を超えてする」（p.2973）といった意味になる。私がいう「やり過ごす」は②なのだが——というか最近は巷でもほぼ②の意味でしか使われなくなったが——、当時の『広辞苑（第4版）』（1991）には②はなく、私も①の応用として「やり過ごす」を使っていた。②の意味が加わったのは、第5版（1998）以降である。

　実際、拙著『できる社員は「やり過ごす」』（高橋, 1996）を私から献本された林周二——本章で既にご登場いただいている——から「やり過ごす」とは「やりすぎる」（③）の意味かと訊かれ、「違いますよ。車を運転していて、高速道路なんかで『後続車をやり過ごす』とか言うじゃないですか。そちらに近い意味です」と自作の例文を挙げ、③ではなく①の意味に近いと答えた記憶がある。それに対して林は「私は車を運転しないから（免許を持っていないから）」と返し、日本の文化に造詣が深い林ほどの知識人でも、年配の方にとっては一般的な用法ではないのだなと感じたことを今でも覚えている（Takahashi, 2023）。

　実は46万部超も売れてブームにもなった1994年の大ベストセラー『知の技法』に、私が書いた章（高橋, 1994）の冒頭のページの冒頭の節が「上司の指示をやり過ごす!?」だった。このページは当時テレビのNHKニュースでも取り上げられた。さらに、そこまで部数はいかないが、前出の拙著『できる社員は「やり過ごす」』も当時スマッシュ・ヒットし、マスコミにも取り上げられ、文庫化（高橋, 2002b）もされた。『広辞苑』に②の意味が加わったことに多少なりとも貢献できたのであれば、まさに望外の喜びである。

(3) 協働システムにおける心理的および社会的要因（第4章）

第4章「協働システムにおける心理的および社会的要因（Psychological and social factors in systems of coöperation）」は、たったの8ページしかない。ところが短いにもかかわらず、内容がこなれていないうえに、無茶苦茶に言葉が足らず、説明不足で、実に難解である。後の組織論で編み出されるいくつかの概念やアイデアで補ってやらないと理解すること自体が困難である。バーナードの概念体系が未熟で、そこまでの完成度には達していなかったためだが、逆に言えば、後の組織論の概念やアイデアの原型は、既にバーナードも持っていたということでもある。バーナードが言いたかったのは、次のようなことだろう。

人間には、限られてはいるが合理的に選択する力がある。ただし、合理性には限界があるために、選択には可能性の限定、つまり選択肢（選択の代替案）の限定が必要になる（以上は第2章のまとめより）。その際に組織が重要な役割を果たしてくれることになる。実際、選択をするときに人間が置かれている状況によっても代替案は限定されるが、それとは別に経験や記憶によっても限定される。それは、人間が組織や社会の働きかけを受けてきたことで、社会的要因が人間の心理の内側に体現し、選択の際に使われる「状況定義」（後のマーチ＝サイモンの用語）を形成しているからである。

バーナードは第4章第2節で、社会的要因として、次の①〜⑤を列挙している（Barnard, 1938, pp.40-44 邦訳 pp.42-45）。

①協働システム内の個人間相互作用……無意識のうちに、参加する他の人々との相互作用を行う地位を受け入れたことにな

る。

②個人・集団間相互作用……①に加えて、無意識のうちに、それを構成する個人間の相互作用のたんなる合計以上の何かである集団との相互作用を行う地位を受け入れたことになる。

③協働的影響の対象としての個人

④社会的目的と協働の有効性……協働システムは目的を必要とする。その目的の観点から有効性を考える。

⑤個人的動機と協働の能率……協働の能率は、参加者個人の能率の合成物である。協働システムの能率はそのシステムの存続能力の唯一の尺度である。

このうち④⑤は、次のバーナード第5章で詳しく扱うことになるが、いずれにせよ、われわれが他の人間に対して影響を及ぼそうとするとき、次の2つの考え方がある。

⒜人間を制御可能な客体とみなす考え方（詳しくはバーナード第12章）

⒝人間は自ら欲求を満たすべき主体とみなす考え方（詳しくはバーナード第11章）

○ 心理的要因とはマーチ＝サイモンの状況定義のこと

バーナード第4章での議論の形式的な位置づけは、前章第3章では「心理的要因ならびに社会的要因を除外して協働システムを論じてきた」（Barnard, 1938, p.38 邦訳p.39）ので、第4章では第3章で除外していた心理的要因と社会的要因を議論しようというものである。ただし、ここで問題なのは、もともとバーナード第2

章で人間の特性として挙げていたのは物的・生物的・社会的要因の3つであり、バーナード第3章でも社会的要因を除外すると3回言明しているのにもかかわらず、この第4章にきて、タイトルと冒頭でいきなり4つ目の心理的要因が加わってしまっているように外形的に見えてしまうことである。

実は、心理的要因（psychological factors）自体はここで初めて登場したわけではない。バーナード自身が第4章の冒頭で定義を再掲している部分（Barnard, 1938, p.38 邦訳p.39）にも明示されているように、バーナード第2章において既に登場している。しかしそれは4つ目の「要因」としてではなかった。

> いわゆる個人の行動は心理的要因の結果である。「心理的要因」
> という言葉は、個人の経歴を決定し、さらに現在の環境との関
> 連から個人の現状を決定している物的、生物的、社会的要因の
> 結合物（combination）、合成物（resultants）、残基（residues）を
> 意味する（Barnard, 1938, p.13 邦訳p.14）。

こんなところで「要因」という言葉を使うから、紛らわしくて混乱を招くわけだが、おそらくバーナード自身も混乱して整理がついていなかったのであろう。この「心理的要因」の定義の意味するところは、この直後に、さらにバーナード第2章の議論を整理したくだりで、「個人には、限られてはいるが重要な選択力（restricted but important capacity of choice）があるものと考えた」（Barnard, 1938, p.38 邦訳p.39）とあることで、ある程度謎が解ける。つまりバーナード第2章の解説でも触れたが、「選択力に限界があるために、選択の可能性を限定する必要がある」という一文

を付加すれば、後になってサイモンが「限定された合理性（bounded rationality）」あるいは「合理性の限界（limits of rationality）」と呼んだアイデアと同等のものといっていい。

　こうした理解をもとにしてバーナード第2章・第4章を読み解けば、バーナードが心理的要因と呼んでいたものは、後にマーチ＝サイモンが「状況定義」と呼ぶことになる概念と基本的に同じものであることに気がつく。マーチ＝サイモンは、次の2つの基本的特質を組み込んだ「合理的選択の理論（theory of rational choice）」を提示している（March & Simon, 1993, p.160 邦訳p.177）。

①選択は常に、現実状況の限定的で近似的で単純化された「モデル」について行われる。このモデルは選択者の「状況定義（definition of the situation）」と呼ばれる。
②状況定義の諸要素は「所与」ではなく――すなわち、理論のデータとはみなさない――、それ自体が心理学的・社会学的過程の結果であり、その過程には選択者自身の活動とその環境内の他者の活動が含まれる。

　この状況定義こそが、バーナードがいうところの物的・生物的・社会的要因の3つの人間の特性が結びついて心の中に残ったもの、すなわち心理的要因なのである。これが選択の可能性を限定しているからこそ、選択力に限界があっても、人間は選択をすることができるのである。そして、サイモンらと同様にバーナードも、その「選択を狭める技術」の一つが組織だと考えていたことになる。つまり心理的要因とは第4の要因なのではなく、組織の参加者の心の中に形成されて残っている「選択の可能性を限

定」した選択モデルのことなのである。

○ 内発的動機づけとの関係

ところで、バーナードは、(a)人間を制御可能な客体とみなす考え方、(b)人間は自ら欲求を満たすべき主体とみなす考え方があると繰り返し述べている（Barnard, 1938, p.40 邦訳 p.41; p.42 邦訳 pp.43-44）。これは『経営者の役割』の構成上では、それぞれ(a)が第12章「権威の理論」、(b)が第11章「誘因の経済」への伏線となっているわけだが（Barnard, 1938, p.42 邦訳 p.44 脚注2）、後に内発的動機づけの理論でデシ（Deci, 1975）が展開している考え方とも符合している。その意味では動機づけの理論の枠組みとして先駆的である。

後でバーナード第11章の解説のところにも登場するデシ（Edward L. Deci; 1942-）の内発的動機づけの理論では、(a)人間を制御可能な客体とみなす考え方、(b)人間は自ら欲求を満たすべき主体とみなす考え方、が内発的動機づけに及ぼす影響について、外的報酬（たとえば金銭的報酬）の効果として次のようにまとめられている（Deci, 1975, Propositions I, II, and III）。

①ある人の有能さと自己決定の感覚が高くなれば、その人の満足感は増加する。逆に、有能さと自己決定の感覚が低くなれば、その人の満足感は減少する。

②あらゆる外的報酬は2つの側面を持っている。すなわち、(a)それを提供することで、受け手の行動を統制し、特定の活動に従事させ続けることを狙いとしている統制的側面（controlling aspect）と、(b)報酬の受け手に彼もしくは彼女が

自己決定的で有能であることを伝える情報的側面（informational aspect）である。(i)もし受け手にとって統制的側面がより顕現的であれば、自己決定の感覚が弱まり、外的報酬を獲得するために活動に従事していると知覚し始める。(ii)もし情報的側面がより顕現的であれば、自己決定と有能さの感覚が強まる。

　要するに②の(a)(b)にあるように、(a)人間を制御可能な客体とみなす考え方と、(b)人間は自ら欲求を満たすべき主体とみなす考え方とでは、考え方が違うので、とられる方法・手段が違ってくるとデシは考えたのである。もちろん、デシは内発的動機づけの主唱者なので、デシが押していたのは(b)のアプローチだった。ただし、自己決定の感覚と職務満足との関係については、疑似相関であることを示す調査結果・データ（高橋・大川・稲水・秋池, 2013; Takahashi, Ohkawa, & Inamizu, 2014）もあるので注意がいる（とはいえ、内発的動機づけ自体を否定するものではない）。

(4) 協働行為の諸原則（第5章）

　第5章「協働行為の諸原則（The principles of coöperative action)」でバーナードが主張していることは、組織を存続させるには参加者個人の負担と満足が釣り合っていなくてはならないということである。つまり組織の能率は、参加者個人の能率にかかっている。しかし、参加者を満足させるということ以上のなんらかの組織の目的が、組織運営には必要である。協働する以上は組織の目的を受け入れ、その観点から有効性を考えることが協働行為には必要になるからである。しかも、ひとたび目的が達成され

てしまえば、その目的は無意味になるので、組織の運営には目的を次々と変更していくことが必要になる。

　ただし、この第5章は色々と問題のある章でもある。前の第4章のタイトルと冒頭で物的・生物的・社会的要因の3つに加えていきなり4つ目の心理的要因が加わっていたように見えるのと同様に、この第5章の冒頭の文章では、今度は「心理的」に代わって「物的、生物的、個人的および社会的な諸要素や諸要因が、一つでも欠けているような協働システムはない」と「個人的」要因が加わってしまっている。実は、次の第6章の冒頭の文章でも同様である。バーナードのこうしたルーズな用語法は読者を混乱させるだけである。また第1節の4つの例証は、組織の例証ではないうえに、「欠けている」ことを記述するために差別的な表現や内容を含み、現代では不適切である。

　この第5章は第1部の最後の章ということで、前の諸章をまとめる章という位置づけらしいが、能率と有効性だけに絞った方が、説明が分かりやすかったのではないだろうか。たとえば、確かにバーナード第3章では制約の話をしていたので、第2節で物的・生物的・社会的要因の組み合わせで制約が生じるという話をしたくなる気持ちは分からなくはないが、第2節の前半でストーリーが錯綜する原因となってしまっている。少なくとも第5章が、タイトルのように「協働行為の諸原則」に整理するのが目的の章であれば、こうした記述は不要である。

3 ｜ 公式組織の理論と構造（第2部）

　第2部「公式組織の理論と構造（The theory and structure of

formal organizations）」では、『経営者の役割』の本題である「組織とは何か」が追求される。この第2部は同書の中核をなし、ある意味最も革新的で、新しい概念が展開される部でもある。だが、裏を返せば、バーナード自身が原稿の改訂を何度も繰り返した部分でもあり、出版時でもまだ用語や概念が混乱・錯綜したままで、字面を追うだけだと難解極まりないことになってしまっている。しかし、混乱・錯綜を整理しながら読解すれば、バーナードの主張自体は実にシンプルで、洗練されていて、決して難しくない。

　まず第6章で組織に共通しているものに着目することで公式組織の定義が彫塑される。第7章では公式組織の成立条件と存続条件、第8章では公式組織が大きくなる際に単位組織から複合組織になっていくこと、そして第9章では公式組織の時間的空間的周辺に非公式組織が存在していることが説かれる。

(1) 公式組織の定義（第6章）

　第6章「公式組織の定義（The definition of formal organization）」は、具体的な組織から、共通している組織像を抽出し、題目通り、それを公式組織として定義するための章である。具体的な組織は個性的でさまざまな側面を持っている。しかし組織である以上、組織に共通した側面も持っているはずである。それを「公式組織（formal organization）」と呼ぼうというわけだ。

　言い換えれば、組織のすべてのサブシステムに共通し、これら他のすべてのサブシステムを全体の具体的な協働的状況に結合するものが公式組織なのである（Barnard, 1938, pp.73-74 邦訳 p.76）。実際、組織メンバーとなった人間に対しても、組織は肉体全部や全人格を求めているわけではなく、その一部もしくは機能・活動

の一部を求めているだけであり、それを組み立てて組織として活動しているわけだから。

本書第1章でも触れたが、ここで、バーナードが、この公式組織を、組織現象を説明するための「構成概念」だと位置づけていることには注意がいる（Barnard, 1938, p.75 邦訳 p.78）。邦訳では「構成概念（construct）」が、「概念的な構成体」と誤訳されており、翻訳だけを読んでいる読者には、そのバーナードの主張にすら気づかない可能性が大なので、改めて注意を喚起したい。構成概念とは、その存在を仮定することによって複雑な現象が比較的単純に理解されることを目的として構成する概念のことである。

構成概念の印象的な例としては遺伝子がある（高橋, 2016b, pp.186-187）。オーストリアの僧侶で植物学者のメンデル（Gregor J. Mendel）は、1865年にエンドウでの実験から遺伝因子の存在を論じ、デンマークの遺伝学者で植物生理学者のヨハンセン（Wilhelm L. Johannsen）がこの因子を遺伝子（gene）と呼ぶことを1909年に提唱した。つまり、遺伝子の存在を仮定すると、遺伝がうまく説明できることは分かったのである。言い換えれば、当初、遺伝子は構成概念だったのだ。

その後も、遺伝子は構成概念としてのみ存在し続け、米国の遺伝学者モーガン（Thomas H. Morgan）のショウジョウバエ遺伝学の業績（1933年ノーベル医学生理学賞受賞）があったにもかかわらず遺伝子の正体は謎のままだった。

ところが、1953年、ワトソン（James D. Watson）とクリック（Francis H. C. Crick）が、遺伝子の本体であるDNA（デオキシリボ核酸）の二重らせん構造（ワトソン＝クリック・モデル）を解明したことで、一気に遺伝子の正体が明らかになった。二人はこ

れで、1962年ノーベル医学生理学賞を受賞するわけだが、デオキシリボ核酸（DNA）の長い二重鎖が長大なループになったものが染色体で、DNAの長い鎖の一部分ずつが遺伝子として機能することが分かったのである。このあたりのいきさつ・かけひきは、光と影だけではすまない裏の裏まであって面白いが（中屋敷, 2022, ch.4）、要は、構成概念だった遺伝子が、実体としても存在していることが、ようやく分かったのである。

　話を構成概念に戻そう。バーナードが、公式組織は構成概念であると明言している以上、少なくともこの段階では、公式組織は人の集団のようななんらかの実体を指しているのではなく、この公式組織が存在するということ自体が、バーナードの「中心的仮説」（Barnard, 1938, p.73 邦訳 p.76）なのである。つまり、公式組織は、それが存在すれば組織に関連する現象が説明できるようになるという意味で構成概念であり、「二人以上の人々の意識的に調整された活動や諸力のシステム」（Barnard, 1938, p.73 邦訳 p.75）と定義される。

　このバーナードの有名な公式組織の定義の中にある「人々」は、通常、組織のメンバーと呼ばれる人々だけではなく、顧客、部品・原材料の供給業者、出資者（Barnard, 1938, pp.74-77 邦訳 pp.77-80）、今日的に言えば「ステークホルダー（stakeholder; 利害関係者）」まで含めた広い概念である。これをバーナード自身は「貢献者（contributor）」と呼んでいたが、後にサイモンは「参加者（participant）」と呼ぶことになるので、本書ではサイモンに倣い「参加者」と呼ぶことにするが、本書第1章でも述べた通り、バーナードの組織論は、超企業・組織論だったのである。そして、公式組織が成立・存続することは、バーナード的には、組織がシ

ステムとして維持されることを意味していた。

⑵ 公式組織の理論 (第7章)

　第7章「公式組織の理論（The theory of formal organization)」では、公式組織の成立条件と存続条件が挙げられる。いずれも実にシンプルである。人間だけの集団を考えてみても、それが烏合の衆ではなく、組織に見えるのは、メンバーが合目的的に動いているように見えるからであろう。そこでバーナードは、まず「⑴相互にコミュニケーションできる人々がいて、彼らに⑵貢献意欲があって、⑶共通目的を達成しようとするとき」、公式組織が成立していると考えた（Barnard, 1938, p.82 邦訳 p.85)。こうして、バーナードは、コミュニケーション（communication)、共通目的（common purpose)、貢献意欲（willingness to serve）の3つを公式組織の成立条件だと大胆に提示したのである。つまり、公式組織は、共通目的とそれへの貢献意欲の点で、ただの集団とは明らかな違いがあると指摘したわけだ。

　であれば、公式組織が一瞬の存在ではなく、さらにある程度の時間、存続するためには、共通目的に関してはその有効性（effectiveness)、貢献意欲に関しては能率（efficiency）が必要であると、バーナードは考えを進めた。そして、短期的には有効性・能率のどちらかだけでもいいが、寿命が長くなればなるほど両方が必要になると、公式組織の存続条件として有効性、能率を提示したのである。そこに至った経緯を追いかけてみよう。

◯ 第7章は原稿としての完成度が低いので、読み方には注意がいる

　ここで注意がいるのは、この章では、タイトルにも入っている

「公式組織」という用語が、なぜかほとんど使われず、代わりに「組織」が用いられているということである。「公式組織」が登場するのはわずか4回、しかもpp.84-85（邦訳pp.87-88）の狭い範囲に限られ、そこには「公式的協働システム（formal coöperative system）」なる用語まで出現する。これらが修正漏れであり、この章の「組織」が「公式組織」を指していることは間違いないので、ここでは「公式組織」に統一して説明する。

また、公式組織成立の3条件について、章の冒頭で3条件に整理した際には「貢献意欲（willingness to serve）」だったものが（Barnard, 1938, p.82 邦訳p.85）、項のタイトルでは「協働意欲（willingness to coöperate）」に（Barnard, 1938, p.83 邦訳p.87）、「共通目的（common purpose）」はただの「目的（purpose）」になってしまっている（Barnard, 1938, p.86 邦訳p.89）。

ここらへんでも原稿としての完成度・統合度の低さを感じさせるわけだが、章の冒頭が、いきなり公式組織の成立条件から始まる書き方といい、この第7章の完成度は草稿の域を出ていないのではないかと疑われる。にもかかわらず、内容的にはきわめて重要な章であり、バーナード理論の中核をなしている。

○ コミュニケーションのある集団が組織になるには

もっとも、公式組織の成立条件と存続条件の構成諸条件は、一つの例外を除けば、これまでの章で何度となく登場しており、この第7章では、既に登場し考察してきた諸条件を成立条件、存続条件の形でまとめたといった方が正しいのかもしれない。その一つの例外とは、章の冒頭で成立条件の最初に挙げられているコミュニケーションである。

そのせいか、バーナードが説明する順番は、②貢献意欲、③共通目的、①コミュニケーションと、コミュニケーションの解説が最後に簡単に行われている。またその解説の中身も、脚注まで含め"observable feeling"——翻訳では「以心伝心」と訳されている——というバーナードの造語（Barnard, 1938, p.90脚注5 邦訳p.94注5）について多くを割いていることも興味深い。というか、ほとんどコミュニケーションについては説明していないのである。

実際、組織ではない烏合の衆でも、コミュニケーション自体は行われているわけで、組織としての取り立てての特徴には見えない。しかし、そうしたコミュニケーションだけは行われている烏合の衆のような集団でも、それに共通目的とそれへの貢献意欲が生まれることで、組織に変貌するのだとバーナードは考えていたのではないだろうか。たとえば、次のような例である。

　　大学近くの駅のホームで、たまたま同じ授業をとっていた二人の学生、A君とB君が、帰りの電車を待つ間に世間話をしていた。電車が来れば、いつものように、A君は上りの電車に乗り、B君は下りの電車に乗るつもりでいた。もし何事もなければ……。

　　ところが、たまたまホームを歩いていた酔っ払いが、二人の見ている目の前でホームから線路に転落してしまった。さあ大変である。幸い電車は来ていないが、この酔っ払いはとても一人ではホームまで這い上がれそうにない。

　　「おい！　助けるぞ！」

　　二人はそう声をかけ合うと、A君がホームから線路に飛び降りて、酔っ払いのお尻を押し、B君がホームの上から酔っ払い

の手を引っ張って、なんとか酔っ払いをホームの上に引き上げることに成功した。このときの二人のきびきびとした「組織的活動」に対して、周囲の人からは思わず拍手が起きた……（高橋, 2010a, p.115）。

　このときの二人は「組織」に見える。バーナードが主張するように、①コミュニケーション、②貢献意欲、③共通目的、の3条件が揃って満たされたとき、われわれはそこに「組織」を見るのである。そして、これが良い例だが、A君とB君は同じ大学で同じ授業に出ている顔見知りであるし、実際、直前まで世間話をしていたので、①コミュニケーションもとれていたが、酔っ払いが転落するまでは、明らかに「組織」ではなかった。
　そんな二人に、線路に落ちた人を助けなきゃという③共通目的が降ってきて、その共通目的に向かって危険も顧みずに行動しようとする②貢献意欲が湧いたときに、ごく短命だが公式組織が成立したのである（高橋, 2015b, pp.299-300）。ただし、これでは本当に危険なので、線路に飛び降りる前に、とりあえず、電車を止めるためにホームに設置されている列車非常停止ボタンを押してほしいが。

(3) 複合公式組織の構造（第8章）

　第8章「複合公式組織の構造（The structure of complex formal organizations）」では、複合組織が、なぜ、どのように作られるのかを説いている。ただし、内容は常識的である。まず、コミュニケーション上の限界があるために、公式組織は通常15人以下、多くは5〜6人からなる単位組織によって構成される。そして、複

数の単位組織が一つの複合組織として結合される際には、コミュニケーション上の必要性から、共通の上位リーダーが必要とされる。すなわち、すべての大きな公式組織は小さな単位公式組織からなる複合公式組織であり、複合公式組織は、①既存の単位公式組織をいくつか結びつけるか、あるいは、②新しい単位組織を作って既存の複合公式組織に付加するかのどちらかの方法で成長する。

　この章では、第1節は、国家や教会のように、それをサブシステムとして包含する公式組織がもはや存在しないという意味で最上位の公式組織「完全組織」「最高組織」の話が中心になっているが、この章の後半とのつながりがよく分からない。この章の中心は、後半の第2節・第3節で、単位組織から複合組織が作られると主張されているのだが、単位組織（unit organization）を表す用語として単純組織（simple organization）や基本組織（basic organization）なども登場し、紛らわしい。

(4) 非公式組織は非・公式組織にあらず（第9章）

　バーナード第6章では、唐突に公式組織の定義が登場した印象を受けたが、なぜバーナードが構成概念としての組織に「公式」組織という名前を与えたのかは、この第9章「非公式組織およびその公式組織との関係（Informal organizations and their relation to formal organizations）」で想像がつくことになる。公式組織の周りには、あるいは公式組織が成立する前段階では、共通の目的は持たないが、相互に個人的なコミュニケーションを持っているような人々の集団が存在していることが多い。

　先ほどの例で、酔っ払いを助けた、同じ大学で同じ授業に出て

いて、顔見知りで話をすることもあるA君とB君もそうだった。この具体的な「非公式組織」は、意識的に調整されてはいないが、人々の態度や理解、習慣を醸成することで、人々の間に斉一な心的状態を作り出す。

実は、バーナードが「公式組織（formal organization）」という用語を使い始める前に、既に1930年代には「非公式組織（informal organization）」という用語が使われていたのである。それはバーナード自身が脚注（Barnard, 1938, p.121脚注5 邦訳p.128注5）に明記しているように、ある意味バーナードとも近いハーバード大学の人間関係論の論者たちによってであり、通常の用語法通りに、「公式ではない非公式の組織」というほどの意味であった。文字通りの「非公式組織」だったのであり、構成概念でしかない公式組織とは異なり、具体的に観察可能な人間の集団を指していた。

にもかかわらず、バーナードはこの第9章で、そんな俗っぽい「非公式組織」と対峙させながら構成概念としての公式組織を取り上げてしまったので、せっかくの公式組織の概念が、バーナード第6章の定義から脱線し始める。「公式組織の過程から直接生ずる公式制度と、非公式組織の過程から生ずる非公式制度」（Barnard, 1938, p.116 邦訳pp.121-122）といった記述に至っては何をか言わんやで、バーナード第6章・第7章で苦労して練り上げた公式組織の概念が、これでは台無しである。論理的な思考を行う読者を混乱に陥れるだけで、この章は書くべきではなかった（公式組織の名前の由来だけにとどめておけばよかったのに）。

あえて、バーナード第9章での記述を整理すれば、図2-1の通りになる。要するに、バーナードの公式組織の概念と人間関係論の「非公式組織」の概念とは背反な関係にはなく、一部オーバー

図2-1　公式組織と非公式組織の概念の重なり

(出所) 高橋 (2007) p.267, 図1

ラップしているのである。つまり、

「非・公式組織 ≠ 非公式組織」

ということである。実際、バーナードが、せいぜい数時間の短命で名前もないような組織が無数にある (Barnard, 1938, p.4 邦訳 p.4) と記述する際、そのほとんどは公式のものであるはずもなく、「非公式組織」だと考えるべきだが、バーナードの定義によれば、そこにも公式組織の成立を主張できるのである。『経営者の役割』の中で、どうしても非公式組織を取り上げたかったのであれば、バーナードは、「公式組織」とは別の名称を与えるべきであった。

4 ｜ 公式組織の諸要素 (第3部)

第3部「公式組織の諸要素 (The elements of formal organizations)」では、組織の中では何が起きているのかが議論される。第10章は分業と専門化についての考察。第11章は、「人はなぜ働くのか」について論じているが、後のワーク・モチベーションの論点を先取りしている。第12章の「人はなぜ命令に従うのか」では、権限受容説が唱えられるが、こうした権威現象が、第13章で扱われる

組織の中での意思決定の過程・連鎖の基盤をなしている。

　第13章は、後にサイモンが展開する、意思決定を中心にした組織論の萌芽ともいえる考え方、概念が随所に散見されて興味深い。そして、こうした意思決定の連鎖のようなものは、実は、第14章で説かれるように、機会主義的に、次から次へと戦略的要因を探索して意思決定していくことから連鎖が生まれると主張されている。

(1) 専門化の基礎と種類（第10章）

　第10章「専門化の基礎と種類（The bases and kinds of specializations）」での専門化の議論は、後のサイモンらの議論と比べるとまだ稚拙であるが、主張自体は同じといっていい。すなわち、組織は作業が実施される場所や作業が行われる時間などで専門化される。組織の有効性のほとんどは、協働行為の正しい時間的・空間的順序を発見し、工夫するという専門化の革新に依存している。そして、複合組織の一般目的は複合組織を構成する各単位組織に割り当てる特定目的にまで分割されねばならない。

　第10章の最後近くに私見（原典ではa final observation）として述べられている「複合組織におけるあらゆる単位組織は一つの専門化であるから、複合組織の一般目的は組織の各単位に対する特定目的に分割されねばならない」（Barnard, 1938, p.137 邦訳p.143）は複合組織の構造を理解するうえで、重要である。

(2) 誘因の経済（第11章）

　第11章「誘因の経済（The economy of incentives）」は、いわゆるワーク・モチベーションに関する章である。簡単にまとめれば、

当時、金銭的・物質的誘因が非常に強調されていたが、これらは生理的に必要な水準を超えてしまえば弱い誘因にしかならず、それでも最も効果的だと考えるのは幻想であり、他の動機の力を借りる必要があるということ（Barnard, 1938, pp.143-144 邦訳pp.149-150）。そして他の動機には、威信、パワー、昇進（Barnard, 1938, p.145 邦訳p.151）、誇りなど（Barnard, 1938, p.146 邦訳p.152）があるということである。後に組織行動論の分野で開花することになる諸理論の議論を先取りしており、バーナードの専門経営者としての観察力の鋭さを示している。ここで、後の諸理論と関連づけておこう。

◯ 金銭的・物質的誘因の限界

本書第1章でも触れたように、20世紀初頭に米国で始められたテイラーの科学的管理法では、定められた標準を達成した場合には高い工賃単価、標準を達成できなかった場合には低い工賃単価という差別的出来高給制度が提唱されており、『経営者の役割』が書かれた当時も、金銭的・物質的誘因が強調されていた。

しかし現実には、テイラーの差別的出来高給制度はうまく機能しなかった。バーナードが指摘した通り、金銭的・物質的誘因は生理的に必要な水準を超えてしまえば弱い誘因にしかならないのであり、にもかかわらず、それでも最も効果的だと考えるのは幻想なのである。

しかも、標準を与えられた作業者の側としては、要は、その「事前に設定された標準」さえクリアできるように働けばいいのである。本書第4章で紹介する期待理論を提唱したブルームも、「多くの場合、作業者の可能性をはるかに下回る遂行レベルで十分に

職務を維持できるのである」(Vroom, 1964, p.182 邦訳 p.210) と期待理論の限界に触れている。要するに、いずれにせよ、金銭的・物質的誘因とモチベーションの間には線形の関係は存在せず、金銭的・物質的誘因を与えれば与えただけモチベーションが高まるなどということはないのだ。

　また、バーナードが、他の動機の力を借りる必要があると主張し、その例として威信、パワー、昇進、誇りなどを挙げていたことも実に興味深い。約20年後の1950年代末に登場するハーズバーグ (Frederick Herzberg; 1923-2000) の動機づけ衛生理論 (motivation-hygiene theory) では、米国ピッツバーグ市の企業9社の技術者と会計担当者、約200人を対象にした横断的な面接調査の結果、達成、達成に対する承認、仕事そのもの、責任、昇進が職務満足事象として挙がり、「動機づけ要因」と呼ばれたのである。それに対して、会社の方針と管理、監督、給与、対人関係、作業条件は、職務不満足をもたらすように作用するだけで、その逆はほとんどなかったために、もっぱら職務不満足を予防するための環境的要因だとして「衛生要因」と呼ばれた (Herzberg, Mausner, & Snyderman, 1959)。

(3) 権威の理論 (第12章)

　第12章「権威の理論 (The theory of authority)」では、権威あるいは権限が扱われている。英語の authority は日本語では権威とも権限とも訳される。しかし権限という日本語は、そもそも上司から行使を許されている権利の範囲を強く示唆しており、管理者が自分の担当する職務の一部を権限とともに部下に与える権限委譲の考え方が前提になっているといってもいい。たとえば、課長が

部下に命令できる権限は、部長から権限委譲されていると考えているのである。こうした考え方は、権限委譲説あるいは公式権限説と呼ばれる。

　それに対して、バーナードが唱え、後にサイモンらによって継承された考え方は権限受容説と呼ばれ、「一つの命令が権威をもつかどうかの意思決定は受令者の側にあり、権威者すなわち発令者の側にあるのではない」（Barnard, 1938, p.163 邦訳p.171）と考えるのである。言い方を変えると、実は、権威を行使するときには上司は部下を納得させようと努めるのではなく、単に部下の黙認を得ようとのみするということになる（Simon, 1976, p.11 邦訳p.15）。この権威こそが、意思決定の連鎖の基盤なのである。そのことをもう少し詳しく見ていこう。

◯ 無差別圏（受諾圏）

　バーナード（Barnard, 1938, pp.167-170 邦 訳pp.175-178）は、各々の組織メンバーには「無差別圏（zone of indifference）」が存在し、その圏内では命令の内容は意識的に反問することなく受容しうるのだと考えた。つまり代替案レベルでは無差別圏が存在し、その圏内にある代替案に対してはその内容については無差別に命令を受け入れると考えたのである。

　たとえば、全国各地に事業所があり、転勤して回ることが常であるような企業では、代替案である転勤先は通常は無差別圏に属し、「A市へ転勤」「B市へ転勤」「C市へ転勤」……などの転勤先については比較的無差別である。この考え方はサイモンにも「受諾圏（zone of acceptance または area of acceptance）」という概念で受け継がれていく（Simon, 1947）。

それでは無差別圏あるいは受諾圏はどのようにして設定されるのであろうか。バーナードは「このような命令は組織と関係を持ったとき、既に当初から一般に予期された範囲内にある」（Barnard, 1938, p.169 邦訳p.177）としている。この約30年後、トンプソンはそれをある種の契約だと考えた。本書第5章でも取り上げる『オーガニゼーション・イン・アクション』（Thompson, 1967）では、1節を「誘因／貢献の契約」に割き（Thompson, 1967, pp.105-108 邦訳pp.149-152）、その中で、個人が組織に何を貢献し、何を受け取るのか、そして組織が個人に何を貢献し、何を受け取るのかについて、誘因／貢献の契約を行って、個人ごとに異質性が現れることを抑えようとすると主張した。その際、組織はメンバーの可能な行動代替案のレパートリーの中から限られたものだけを、バーナードの無差別圏あるいはサイモンの受諾圏として要求し、これによって、組織に自由裁量の余地がもたらされると考えた（Thompson, 1967, pp.105-106 邦訳p.149）。

なお、『経営者の役割』の翻訳ではzone of indifferenceのことを「無関心圏」と訳しているが、これは誤訳といってもいいかもしれない。実際、「命令がAまたはB、CまたはDなど、どこへ行けというものであっても、それはindifferenceな事である。したがって、A、B、C、Dその他の地方へ行くということはzone of indifferenceの中にある」（Barnard, 1938, p.169 邦訳p.177）という用法を見ても、indifferenceは経済学で普通に使う「無差別」の意味で用いられており、zone of indifference も「無差別圏」と訳すべきである。

○ 意思決定連鎖の基盤としての権威

バーナードの権威の話は、上司から部下への伝達という場面だ

けで終わっているが、実は、バーナードが主張するように、「一つの命令が権威をもつかどうかの意思決定は受令者の側にあり、権威者すなわち発令者の側にあるのではない」（Barnard, 1938, p.163 邦訳p.171）のであれば、上から下への伝達の場面に限らず、水平的に伝達される場合にも、あるいは下から上に伝達される場合にさえも権威の現象は生じうることになる。

　たとえば、会社の社長は社長秘書が整理・伝達する伝言、スケジュールや面会予約をなんら批判的な検討や考慮をすることもなしに受容しているが、それは社長秘書の伝達が権威あるものとして社長に受容されていることを意味している。

　すなわち、権限受容説の立場に立てば、サイモンがいうように、権威とは伝達の性格であり、「なんら批判的な検討や考慮をすることなしに示唆を受容するというすべての状況を意味するものと理解しよう」（Simon, 1976, p.128 邦訳p.166）ということになる。一般に、組織メンバーは「伝達された他人の意思決定によって、彼自身の選択が導かれることを許容し（すなわち、他人の意思決定が彼自身の選択の前提として役立つ）、これらの前提の便宜性について、彼自身の側で考えることをしないという一般的な規則を彼自身で設定している」（Simon, 1976, p.125 邦訳p.161）。この権威こそが、組織内の意思決定の過程・連鎖の基盤となっているのである。

⑷ 意思決定の環境（第13章）

　第13章「意思決定の環境（The environment of decision）」では、組織の中での意思決定の過程・連鎖が扱われている。分かりやすく言えば、組織の中の意思決定には、無意識的・自動的・反応的

なものもあれば、熟考・計算・思考の過程を伴っているものもある。後者の意思決定の場合、それよりも前の多くの補助決定をもとにして意思決定が行われる。この組織的意思決定の場合には、たとえ最終的な意思決定が一人の個人によって行われるものであったとしても、こうした補助決定の多くが異なる人に委譲されていることが多い。

ただし、組織に貢献するかどうかという意思決定の場合には、そもそも個人が決めることなので、他人に委譲することは通常ありえない。つまり、後にサイモンがいう参加の決定に関しては、あくまでも個人の意思決定になるのである。こうして、後にサイモンが展開する意思決定を中心にした組織論の原型ともいえるアイデア、概念がこの第13章の随所に散見され、『経営者の役割』で既に登場していたことは、驚きである。そのことを見ていこう。

◯ プログラム化された意思決定

まずは、第13章冒頭の次の文章である。

個人の行為を区別すれば、原理的には、熟考、計算、思考の結果である行為と、無意識的、自動的、反応的で、現在あるいは過去の内的もしくは外的情況の結果である行為とに分けうるであろう。一般に前者の行為に先行する過程は、どのようなものであれ、最後には「意思決定（decision）」と名づけうるものに帰着する（Barnard, 1938, p.185 邦訳 p.193）。

これをサイモン流に言い換えれば、個人の行為はプログラム化されたものとプログラム化されていないものとに分けられ、プロ

グラム化されていない行為に先行する過程は最後に「意思決定」と名づけうるものに帰着する……と既にバーナードが着想していたことになる。バーナードの影響をどの程度受けていたかは定かではないが、サイモンはプログラムという概念を手にしてから10年以上かけて、一連の著作の中で、プログラム概念を援用しながら、徐々に同様のアイデアを練り上げていく。

そもそもプログラムという概念が使われるようになるのは、世界初の汎用（＝プログラム可能）デジタル電子計算機ENIACが完成のお披露目をした1946年以降であり（本書第4章参照のこと）、サイモンの『経営行動』（Simon, 1947）はタイミング的に早すぎた。組織論でプログラム概念が使われるようになるのは、私が知る限りはマーチ＝サイモンの『オーガニゼーションズ』（March & Simon, 1958）以降である。そこから始まって、サイモンは『意思決定の科学』（Simon, 1960）で、「プログラム化された（programmed）」「プログラム化されない（nonprogrammed）」という概念を使うようになり、『意思決定の科学（第3版）』（Simon, 1977）に至ると、programed, nonprogramed というようにスペルが変わり、"m"を重ねずに1つにするようになった（March & Simon, 1993, 邦訳p.216脚注2）。

では、なぜプログラム概念が有用なのか。サイモンによれば、意思決定は意思決定前提という一種の刺激に対する反応としてとらえることができる。ただし、刺激に対する反応といっても、そのタイプはさまざまで、サイモンは、バーナード同様に、常軌的な手続きやルールといったプログラムが作られている意思決定を「プログラム化された意思決定（programed decision）」と呼び、一般的問題解決過程に頼らざるをえない意思決定を「プログラム化

されない意思決定（nonprogramed decision）」と分けて呼んだ。そして、両者は連続体の両極をなしていると考えたのである（Simon, 1977, pp.45-46 邦訳 pp.62-63）。

後者の「プログラム化されない意思決定」の極では、問題や刺激が稀にしか起こらず例外的なために、システムはこれを処理する特定の手続きを持ち合わせていない。そのため、刺激によって想起される問題解決活動（problem-solving activity）は、利用可能な行動の代替案ないしはその行動の諸結果を発見することを目的とした探索を含むことになる。つまり、一般的な問題解決過程になる。

それに対して、もう一方の「プログラム化された意思決定」の極ではかなり様子が異なる。問題や刺激が、繰り返して経験される種類のものなので、このように反復性のある問題あるいは刺激に対しては、固定的な反応を形成することができ、選択が単純化されていく。より正確に言えば、探索と選択の過程の短縮が可能になる。そしてついには、それ以前の同種の刺激があったときに開発・学習されていた適切な高度に複雑かつ体系化された反応の集合が、刺激によってすぐに想起されるようになる。つまり、その繰り返し発生する問題や刺激に対して、ある反応の集合がルーチン化・常軌化され、ルーチンな手続きが作り出されていくのである（March & Simon, 1958, pp.139-142 邦訳 pp.212-216）。

こうした考え方は、実は、本書第3章で取り上げるサイモンの最初の著書『経営行動』（Simon, 1947, ch.5）にも既に見られていたのだが、説明は要領を得なかった。しかし、その頃開発されたコンピュータの分野から「プログラム」という用語を借用することによって、10年後の『オーガニゼーションズ』（March &

Simon, 1958, ch.6）では、格段に分かりやすい説明をできるように
なったのである。そして、『意思決定の科学』に至り、「人類は幾
世紀もの間、比較的反復的で良く構造化された環境から提起され
る問題に対し、組織内に予測可能なプログラム化された反応を開
発・保守するような技術を驚くほど蓄積してきた」とまで主張す
るようになる（Simon, 1977, p.51 邦訳 p.69）。

○ サイモン流の意思決定の連鎖との関連

　次に注目されるのは、新しい意思決定が行われるときには、以
前の条件下での以前の意思決定の結果は、既に客観的事実となっ
ていて、新しい意思決定の一要素として扱われる（Barnard, 1938,
p.195 邦訳 p.204）といったように、バーナードが、既に意思決定
の連鎖のようなものを考えていたことである。後にサイモンが意
思決定前提（decisional premise）と呼ぶものも、バーナードは補
助決定（subsidiary decision）と呼んでいた（Barnard, 1938, p.188 邦
訳 p.197）。

　このアイデアを洗練していったサイモンによれば、人間の選択
について、全体として長々とした過程の最後の瞬間の「決定」に
だけ注意を向けるのではなく、それに先行する探索、分析等を含
めた複雑な過程の全体に注意を向けることが必要である。そのた
め、分析の最小単位を意思決定（decision）にではなく、そこに至
るまでに登場する意思決定前提（premise）に置くことを主張する。
こうすることで、意思決定を「諸前提から結論を引き出す過程」
（Simon, 1976, p.xii 邦訳序文 p.8）として扱うことができるようにす
るのである。組織の意思決定過程を意思決定の連鎖としてとらえ
れば、ここでいう意思決定前提は当該意思決定の前に行われた意

思決定の結果ということになる。

◯ 個人的意思決定／組織的意思決定

実は、バーナードは意思決定を2種類に分類し、一つは「個人的意思決定（personal decisions）」、もう一つを「組織的意思決定（organization decisions）」と呼んでいる（Barnard, 1938, pp.187-188 邦訳pp.195-196）。しかし、これはかなり誤解を招くネーミングである。なぜなら、意思決定を行うのが個人か組織かが、この分類に決定的に重要ではないからである。

正確に言えば、バーナードのいう「組織的意思決定」でも、個人が一人で行っていてもかまわないのである。実は、組織的意思決定とは、そのプロセスの一部がしばしば委譲されうる（Barnard, 1938, p.188 邦訳p.196）という性格を指しているにすぎない。つまり何人でするかにかかわらず、非個人的で組織的（impersonal and organizational）な意思決定（Barnard, 1938, p.188 邦訳p.196）ということである。それに対して、「個人的意思決定」の方は、個人が組織に貢献するかどうかの意思決定であり（Barnard, 1938, p.187 邦訳pp.195-196）、通常は他人には委譲しえない（Barnard, 1938, p.188 邦訳pp.196-197）、いわば私的なという意味での「個人的」意思決定なのである。この第13章の最後で、バーナードは「組織の中の意思決定の過程」を社会的過程、「個人の中の意思決定の過程」を社会的に条件づけられた心理的過程としていることが、そのことをよく表している（Barnard, 1938, pp.198-199 邦訳p.208）。

ところで、本書第4章で取り上げるマーチ＝サイモンの『オーガニゼーションズ』では、従業員の意思決定を次のように2つに分類している（March & Simon, 1993, p.67 邦訳p.64）。①組織に参

加し続けるか、あるいは組織を離れるか、という「参加の決定」。②経営側が求める率（rate）で生産するか、あるいはそれを拒否するか、という「生産の決定」。そのうえで、ワーク・モチベーションの文献では、離職・欠勤（参加の決定）と生産性（生産の決定）とを区別しないために、議論に混乱が生じていたと指摘した（March & Simon, 1993, p.67 邦訳 p.64）。そして、この2種類の決定を区別すれば、離職・欠勤（参加の決定）と職務満足との間には関係があったが、生産性（生産の決定）と職務満足との間には一貫した関係がないことが分かったときれいに整理することができると主張したのである。

　ここで注目すべきは、マーチ＝サイモンの「参加の決定」「生産の決定」の代わりに、バーナードの「個人的意思決定」「組織的意思決定」を使うと、この命題は、より自明になるということである。すなわち、個人の職務満足は、私的な個人的意思決定（離職・欠勤）とは関係するが、生産性に影響する公的な組織的意思決定とは一貫した関係がなかった……となる。

　こう整理すると、マーチ＝サイモンの主張は、バーナード的には「人は組織の中で意思決定をする際には公私を使い分けている」という主張にも読み替えられるわけで、それはそうだろうという納得感がある。実際、バーナードがいうように「組織行為に貢献する個人には一種の二重人格（dual personality）、すなわち私的人格（private personality）と組織人格（organization personality）とが要求される」（Barnard, 1938, p.188 邦訳 p.196）からである。現実問題として、仕事に不満があって、今日辞めようか、明日辞めようかと日々思い悩んでいるような人であっても、目の前の仕事だけは、支障が出ないようにと働いているのが常であろう。つま

り、バーナードの概念整理の方が、マーチ＝サイモンのそれよりも有用だったのである。

(5) 機会主義の理論（第14章）

第14章「機会主義の理論（The theory of opportunism）」は、第17章「管理責任の性質」が組織の道徳的要因を扱うのに対して、その反対物として機会主義的要因を取り扱う（Barnard, 1938, p.201 邦訳p.210）と位置づけられている……と書かれても意味がさっぱり分からないと思うので、そもそも機会主義とは何なのかというあたりから説明を始めよう。

○ 機会主義そして戦略的要因

1970年代以降、というかウィリアムソン（Oliver E. Williamson; 1932-2020）の『市場と企業組織』（Williamson, 1975）以降、機会主義（opportunism）あるいは機会主義的行動といったときには、それはしばしば、機に乗じて自分に有利に運ぶように行動することを意味し、あまり良い意味では使われないことが多い。バーナードの場合も、この第14章で、上述のように、機会主義的要因は道徳的要因 —— 組織の未来に関係した見通し（foresight）（Barnard, 1938, p.201 邦訳p.210）—— の反対物であると位置づけているので、そのような印象を強化するに違いない。

ただし、驚いたことに、あの『広辞苑（第7版）』にさえ「機会主義」はいまだに載っていない。バーナードもウィリアムソンも、翻訳者は単純にopportunity（機会）にism（主義）が付いているから機会主義と単語を当てたのだろうが、これは翻訳者による造語であり、機会主義はそもそも日本語として認知されていないの

だ。そのため、英和辞典で opportunism を引いてみても「機会主義」は出てこない。『新英和大辞典（第6版）』でも「（政治上などの）便宜［日和見、ご都合］主義；便宜主義的行動」（p.1739）となっている。要するに、opportunism の訳語としては、本来は、日和見主義、ご都合主義、便宜主義といったあたりが候補だったことになる。

『広辞苑（第7版)』によれば、

- 「日和見主義」……「形勢をうかがって、自分の都合のよい方につこうと二股をかけること。政治運動や労働運動で用いられることが多い」（p.2500）
- 「御都合主義」……「定見をもたず、そのときどきの都合によって行動する仕方を、さげすんでいう語」（p.1073）
- 「便宜主義」……「根本的な処置をせず、間に合せですますやり方」（p.2651）

とあるので、「機に乗じて自分に有利に運ぶように行動する」という私の「機会主義」の説明に一番近いのは「日和見主義」ということになる。つまり、いまさら言ってもしょうがないことだが、バーナードの翻訳者もウィリアムソンの翻訳者も——いずれも京都大学系の研究者たちなので、ウィリアムソンの訳語はバーナードの訳語を踏襲した可能性が高い——そもそも翻訳であるならば、造語などせずに opportunism は「日和見主義」と訳すべきだったのかもしれない。

とはいえ、機会主義は、バーナードやウィリアムソンの紹介の中では定着してしまっているので、本書の中でも機会主義のまま

行かせてもらう。当のウィリアムソンご本人は「機会主義（opportunism）」を次のように定義していた。

> 機会主義は、経済主体は自己の利益を考慮することによって動かされるという伝統的な仮定を、戦略的行動の余地も含めるように拡張したものである。戦略的行動とは、自己の利益を悪賢いやり方で追求することにかかわっており、種々の代替的な契約上の関係の中から選択を行う問題に対して、深い意味をもつものである（Williamson, 1975, p.26 邦訳 p.44）。

ここで着目すべき用語は「戦略的」である。実は、これから見ていくように、バーナードも「戦略的」という用語を使っているが、経営学分野で、戦略という用語が今のような経営戦略的な意味で使われるようになるのは1960年代以降なので、バーナードの時代には経営戦略的な意味で「戦略的」と使うことはなかったのである。また、ウィリアムソンがいうような「悪賢い」というニュアンスもなかったようだ。そのことを念頭に、バーナードのいっていることを追いかけてみよう。

まず、バーナードは、達成しようとする目的によって制約が決まると考えていた。バーナードはコモンズ（Commons, 1934）の影響も受けて次のように主張する。

> もしわれわれが目的達成という見地から、このシステムないし情況の一群に接近すれば（むしろこのように接近するときにのみ）、諸要素ないし諸部分はつぎの二種類に区別されるようになる。すなわち、他の要因が不変のままならば、その要因を取

り除くか、あるいは変化させると、めざす目的を達成するような要因と、不変のままの他の要因とである。前者はしばしば制約的要因（limiting factors）と呼ばれ、後者は補完的要因（complementary factors）と呼ばれる（Barnard, 1938, pp.202-203 邦訳p.212）。

本書第6章で取り上げるワイク（Weick, 1979）の環境有意味化（enactment）にも通じる発想をしていたわけである。そして、コモンズの次の部分（Commons, 1934, p.629）を引用する。

しかし制約的要因と補完的要因はたえず交代している。制約的要因であったものは、それがひとたびコントロールされると補完的要因となり、他の要因が制約的要因となる（Barnard, 1938, p.204 邦訳p.214）。

バーナードは、制約的要因のことを別の言い方で戦略的要因（strategic factor）とも呼び、環境に直面する現場では組織の機会主義的要因つまり戦略的要因が重要視されると考えた（Barnard, 1938, pp.209-211 邦訳pp.220-222）。そして「意思決定のために必要な分析とは、要するに『戦略的要因』を捜し求めることである」（Barnard 1938, p.202 邦訳p.211）と主張する。

実際、ある戦略的要因のコントロールに成功すると、コモンズの言う通り、この戦略的要因はもはや戦略的要因ではなくなり、今度は別の要因が戦略的要因として浮上してくることになるわけで、こうして、次から次へと戦略的要因を探索して、それに応じて必要とされる意思決定が次々と連鎖反応的に生まれていく。バ

ーナードは、こうした戦略的要因が次々と入れ替わることで生じる意思決定機会の連鎖を考えていた。その意味で、バーナード第14章は、実は、その前の第13章の裏づけとなっている章だったのである。

それに対して、本書第3章・第4章で明らかにされるように、サイモンの意思決定の連鎖は意思決定前提を伝達するコミュニケーションのネットワークに変質してしまう。バーナード第13章では、サイモン流の意思決定の連鎖と近い考え方もしていたとは前に述べたが、正確に言えば、バーナードが考えた意思決定の連鎖とサイモンの考えた意思決定の連鎖は違うものだったのである。

◯ 機会主義は限定された合理性と結びつく

ところで、なぜウィリアムソンは、機会主義を取り上げたのだろうか。バーナード同様に、コモンズの影響を受け、「取引こそがミクロ経済分析における根源的な分析単位である」というコモンズの言明に与している（Williamson, 1975, p.xi 邦訳p.ii）せいもあるかもしれない。ちなみに、ウィリアムソンは、サイモンのいたカーネギー工科大学（現カーネギー・メロン大学）で1963年に博士号を取得し、2009年にノーベル経済学賞を受賞している経済学者だが、1988年にバーナードの『経営者の役割』出版50周年を記念し、マーチを含めたそうそうたる講演者たちを招待してセミナーを主催し、『現代組織論とバーナード（*Organization theory: From Chester Barnard to the present and beyond*）』（Williamson, 1990）という本に編集して出している。

そんなウィリアムソンの主著『市場と企業組織』（Williamson, 1975）の中で、機会主義はサイモンの限定された合理性と結びつ

くことで、威力を発揮することになる。ウィリアムソンは、『市場と企業組織』の冒頭——序文（Preface）の冒頭の段落——で、市場取引（market transactions）と階層的取引（hierarchical transactions）を対照して考察すると宣言し（Williamson, 1975, p.xi 邦訳p.i）、さらに第1章の第2段落で「取引完遂に伴うコスト」である取引コスト（transaction cost）を比較することが焦点となると明言する（pp.1-2）。

　これを内外製区分の決定——垂直的な事業範囲の選択の中で、部品を内製するか、外部から購入（外部調達）するか、make or buyの意思決定——で考えてみると、同じ取引について、

　⒜市場で市場取引をした場合にかかる取引コスト
　⒝組織内で階層的取引をした場合にかかる取引コスト

の2つを比較して、⒜の方が安ければ市場取引をする（部品を市場で調達する＝buy［買う］）し、⒝の方が安ければ組織内で階層的取引をする（部品を社内で内製する＝make［作る］）と考えるのである。

　たとえば、完成品メーカーA社が部品メーカーB社に部品bを外注する市場取引の場合、

　①部品bの原価は計算が複雑なうえに資材価格に不確実性がある。
　②A社が、部品bの原価を調べるには限界がある。
　③部品bを作っている会社が少ない。
　④B社は適正価格ではなく、できるだけ高値で売ろうとする。

これを図示すると図2-2のようになる。図中の①〜④は、上記の①〜④に対応している。

不確実性・複雑性と取引相手の少数性といった環境的要因が、それぞれ取引当事者の限定された合理性と機会主義という人間的要因と結びつくことで、取引コストが増え、また不確実性・複雑性と機会主義が情報の偏在・情報の非対称性を生んで少数性を促す。これは市場の失敗の枠組みと呼ぶべきものだが、なぜか、ウィリアムソンは「組織の失敗の枠組み（the organizational failures framework）」と呼ぶ。

いずれにせよ、①〜④の理由で、市場取引ではB社がA社相手に暴利をむさぼることで、A社は内製するよりも外注した方が、取引コストが高くなると考えられる。であれば、A社はB社を社内に取り込む（＝買収する）方がいい。そうすれば、B社がA社相手にどんなに暴利をむさぼろうが、結局利益は社内でプールさ

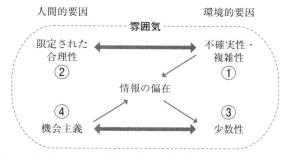

図2-2　市場が失敗する枠組み
　　　（なのに、なぜか「組織の失敗の枠組み」と呼ぶ）

（出所）Williamson (1975) p.40, Figure 3（邦訳p.65第3図）．①〜④は本文中の市場取引の例に対応して書き加えたもの

れ、相殺されてしまうので、取引コストを抑えられるようになる。

　こうして、機会主義は、ウィリアムソンの取引コスト理論の中では、重要な役割を果たすことになるのである。ただし、賢明な読者は既に気がついたと思うが、このmake or buyの話で、日本の自動車メーカーに代表される系列取引、つまり部品の外注を説明するのは、論理的に無理である。なぜなら、系列取引は経済学者的には市場取引なのだろうが、明らかに階層的取引だからである。

　つまり、部品を内製しようが外注しようが、どちらも階層的取引なのであり、これではmake or buyではなく、make or makeになってしまう。こうなってしまう原因は、ウィリアムソンが企業内取引と組織内取引を峻別して考えなかったことにある。超企業・組織論的なアイデアが必要だったのである。

5 ｜ 協働システムにおける組織の機能 （第4部）

　第4部「協働システムにおける組織の機能（The functions of organizations in cooperative systems）」は『経営者の役割』のまとめの部であり、「経営するってどんなこと？」という問題に対するバーナードの解答がまとめられている。すなわち、第15章と第16章は、それぞれ第7章で挙げられていた公式組織の成立3条件と存続2条件についての議論の復習になっている。そして、第17章では、専門経営者としてのバーナードの矜持・自負、経営者の在り方が説かれる。最終章である第18章には、16箇条の要約と称する難解なコメントが並んでいる。

⑴ 管理職能（第15章）・管理過程（第16章）

　第7章で挙げられていた公式組織の成立3条件と存続2条件のうち、公式組織成立の3条件については第15章「管理職能（The executive functions）」で、公式組織存続の2条件については第16章「管理過程（The executive process）」で議論される構成になっている。どちらも『経営者の役割』のまとめ、というか復習である。

　まず第15章。経営者の実際の仕事には、経営職能（executive functions）と経営的ではない仕事が混じっている。本来の経営者の仕事とは前者の経営職能のことであり、バーナードはこれを「組織を維持する特別な仕事（the specialized work of *maintaining* the organization）」（Barnard, 1938, p.215 邦訳 p.226）であると明確に指摘した。

　これは「組織の仕事」という意味ではない。「組織の仕事」の中にも「組織を維持する仕事」ではないものが混じっているからである。「組織を維持する仕事」とは、短期的には、公式組織成立の3条件（コミュニケーション、貢献意欲、共通目的）を満たすこと：①コミュニケーションのシステムを提供し、②不可欠な努力の確保を促進し、③目的を定式化・定義することである（Barnard, 1938, p.217 邦訳 p.227）。専門経営者であるバーナードは、そこに経営者としての役割を見出したのだといってもいい。

　すなわち、相互にコミュニケーションできる人々の集団において、人々の貢献を引き出して共通目的を達成し、達成したらさらに目的を更新・設定し、その合目的的システム（purposive system）を存続・維持することこそが、経営的職能なのだとバーナードは看破したのである。

そして第16章。ここでは、管理過程では、2つのことが考慮されていなければならないとされる。一つは、選択された手段が（広義の意味で）技術的に適切かどうかという有効性の問題。もう一つは、組織の参加者をはじめとしたステークホルダー（利害関係者）の貢献を持続的に引き出せるかという組織活動の均衡維持の問題（Barnard, 1938, p.240 邦訳p.250）、つまり能率の問題である。結局は、この2つの要因が揃わないと、長期的に組織を維持することはできない。

(2) 管理責任の性質（第17章）

この第17章「管理責任の性質（The nature of executive responsibility）」では、第14章「機会主義の理論」で予告されていたように、道徳的要因や見通し（foresight）が扱われる。『経営者の役割』の中で「協働の道徳的側面をできるだけ避けてきた」（Barnard, 1938, p.258 邦訳p.269）バーナードにとって、この実質的な最終章は、「リーダーシップと管理責任の道徳的側面に論点を集中して、組織における道徳的要因を考察」（Barnard, 1938, p.260 邦訳p.271）する、まさに経営者としての矜持を保つための章といえる。

この章の最初と最後に書いてあることを抜粋すれば、この章の意図は比較的明快である（ただし、途中に書いてあることは雑多な記述の寄せ集めにしか読めない）。すなわち、リーダーシップの「決断力、不屈の精神、耐久力、および勇気における個人的優越性の側面」（Barnard, 1938, p.260 邦訳p.271）に考察が限定される。「それは行為の質を決定するものであり、人がどんなことをしないか、すなわちどんなことを差し控えるかという事実から、最

もよく推察されるものであり、尊敬と崇拝を集めるものである。われわれが普通に『責任』という言葉に含めるリーダーシップの側面であり、人の行動に信頼性と決断力を与え、目的に先見性と理想性を与える性質である」（Barnard, 1938, p.260 邦訳 p.271）

　分かりやすく言えば、リーダーに求められているものは、たとえば、

　　「たとえ法は犯していなくても、うちの会社ではやらないのだ」
　　「たとえ会社の決定でも、私の首がつながっている間はやらないのだ」

という良識、品格、姿勢なのではないだろうか（高橋, 2020b, p.281）。そこに下の者がついてくる。「人がどんなことを差し控えるのかを見れば分かる」とはまさに、そうしたことを指していると思われる。

　こうして、リーダーシップによって、成功するだろうという信念等が作り出されることで、協働的な個人的意思決定が鼓舞される（Barnard, 1938, p.259 邦訳 p.270）。組織の存続はリーダーシップの質（quality; 翻訳では「良否」と訳されている）に依存し、その質は、それの基礎にある道徳性の広さ（breadth; 翻訳では「高さ」と訳されている）に由来する（Barnard, 1938, p.282 邦訳 p.295）のである。

(3) 結論 （第18章）

　この第18章「結論（Conclusion）」は、1～16の番号を付した16箇条の要約（Barnard, 1938, pp.285-289 邦訳 pp.298-302）と難解

な結論からなっている。このうち要約については、16箇条という数字から、第1章のイントロダクションを除いた第2〜17章の16の章のそれぞれに対応して1箇条ずつ書かれている、と思いきや、実は対応関係がない。しかも、書かれているのは要約というより、コメントなので注意がいる。

この期に及んで、ようやくバーナードが何を考えていたのかがはっきりするコメントがいくつもあって面白い一方で、たとえば公式組織は5番目で抽象的概念であるといっておきながら、6番目ではその公式組織の中に（具体的な）非公式組織が見出されるとしているなど、依然として混乱している記述もある。

6 ｜ 近代組織論の創始者

以上がバーナードの『経営者の役割』の全貌である。最後の第4部こそ、全体の復習、まとめになっていたが、第1部から第3部では、バーナードの公式組織の理論だけではなく、その後の組織論の原型ともいえるアイデア、構想に溢れていたことが分かる。

本章の解説の意図は、バーナードの後継の組織論研究者たちの貢献を軽んじようとするものではない。ただ、彼らが『経営者の役割』とは全く独立に、同じようなことを思いついたと考えるのは不自然かもしれない。少なくともサイモンをはじめとした研究者たちは、この『経営者の役割』から着想を得ていたと考えた方が自然ではないだろうか。その意味で、近代組織論の創始者というバーナードに対する評価は、決して過大評価ではない。ただし、『経営者の役割』の研究書としての完成度には疑問が残るが。

［ 第 **3** 章 ］

合目的性が合理性に化ける
【サイモン】

▼

1 ｜ 意思決定＝問題解決

　サイモン（Herbert A. Simon; 1916-2001）の『経営行動（第2版）』
（1957）の「第2版への序文」には、次のような秀逸な「架空の会
話（imaginary conversation）」が書かれていた（Simon, 1957b, p.xvii
邦訳序文 pp.13-14）。箇条書きにすると、以下のようになる。

販売部長、生産計画部長、工場長、製品デザイン担当技師の間の
架空の会話：

　①販売部長は、顧客が低価格、短い納期、製品の品質を希望し
　　ていることを代弁し、

　②生産計画部長は、販売の予測可能性を望み、

　③工場長は、もっと長いリードタイム（時間的余裕）を望み、
　　あまり顧客に無謀な約束をしないことを希望し、

　④製品デザイン担当技師は、デザイン改良に対して工場側の融
　　通がきかないことに不平を言う。

サイモンによれば、彼が経営者に対して、この架空の会話を聞かせると、経営者たちはサイモンが自分の会社のことをよく知ったうえで話しているのではないかと疑ったという（Simon, 1957b, p.xviii 邦訳序文p.14）。この「架空の会話」は、第3版（1976）の「第3版への序文」までは残っていたが（Simon, 1976, pp.xviii-xix 邦訳序文p.17）、残念ながら、1997年に第4版に改訂された際に削除されてしまった。もったいない。

では、なぜ、さまざまなパーソナリティーを持った人が、しかも、所属する組織もさまざまのはずなのに、たとえば販売部長なら販売部長のポストについただけで、みんなが揃いも揃って同じような①の「販売部長」的発言をするようになるのだろうか。まさか台詞や台本が用意されているわけでもないのに——ただし、いわゆる「QCD」、品質（quality）・コスト（cost）・納期（delivery）は生産管理の三大目標として有名ではある（藤本, 2001, p.103）。

実は、サイモンによれば、この「架空の会話」の登場人物について「<u>彼が受け取るコミュニケーション</u>の量と強さに比例して、特定の<u>問題</u>に敏感になる」（Simon, 1957b, p.xvii 邦訳序文p.13; 下線は筆者による）と仮定しただけで、こうした会話が予想できるという。そう、鍵は「問題」なのである。

サイモンは、この引用文の中の下線部「彼が受け取るコミュニケーション」を意思決定前提（premise）——本書第2章で取り上げたバーナードがいうところの補助決定（subsidiary decision）に当たるもの（Barnard, 1938, p.188 邦訳p.197）——と呼び、意思決定を「諸前提から結論を引き出す」過程だとする（Simon, 1957b, p.xii 邦訳「第2版への序文」p.6）。そして、意思決定前提によって、

現実状況の限定的で近似的で単純化された「問題」——既にバーナードが「心理的要因（psychological factors）」と呼んでいたもので（Barnard, 1938, ch.4）、後にマーチ＝サイモンが「状況定義（definition of the situation）」と呼ぶことになるもの（March & Simon, 1993, p.160 邦訳p.177）——が形成されると考えたのである。

　仮に、そうやって組織内の販売部長ポストで形成される「問題」が、どこの会社でも同じになるのであれば、誰が解いても正解は同じになるはずである。だから、さまざまなパーソナリティーを持った人が、所属する組織もさまざまなのに、販売部長のポストについただけで、みんなが揃いも揃って同じような「販売部長」的発言をするようになるのだ。

　つまり、サイモンにとって、意思決定とは問題を解くこと（＝問題解決）だった。事実、後にサイモンは「問題解決」という用語を気に入って多用するようになる。15年後に、マーチらのゴミ箱モデル（本書第2章で紹介した）が登場し、そこでは、問題解決は決定モードの一つという扱いに格下げされてしまったが（Cohen, March, & Olsen, 1972）、それでもサイモンにとっては、結局のところ、「意思決定」＝「問題解決」なのであった。

2 ｜ 限定された合理性

(1)「問題」委譲説？

　では、組織の中で、なぜ現実状況の限定的で近似的で単純化された問題——「状況定義」——が作られるのか？　それは、もともとの問題が大きすぎて、人間には、そのままを一人で解くことが難しいからである。そもそも問題自体を人間にとって解答可能

な小さな問題にブレークダウンしておかないと、人間は問題解決＝意思決定できないのだ。

　たとえば、大学の科目「意思決定論」で試験問題を作ることを考えてみよう。現実に、私は大学教師として駆け出しの頃、「意思決定論」を教えていたことがあるので、これは実話なのだが。「意思決定論」の試験問題といえば、どの選択肢を選んだら効用が一番大きくなるか？とか、コストやリスクが一番小さくなるか？とか、だからどの選択肢を選ぶべきか？とか、そんなことを計算させる試験問題になりがちである。実際、意思決定論の教科書に載っている問題は、そういった類の計算問題や証明問題が多い。

　そして、ここからが大学教師の腕の見せどころなのだが、一応試験なので、そもそも出題者側は、60分とか90分とかの試験時間内に解ける問題を作る必要がある。かつ、当たり前のことだが、勉強した学生なら一応解けるレベルの、しかも正解が1個しかない問題を作る必要がある。逆に言えば、私のような（？）真面目な出題者がその程度の難易度と質・量で問題を作ってくれているからこそ、受験者は時間内に合理的に問題を解くことができるわけだ。

　実は、企業等の組織の中でも、その出題者と同じことを自分よりも知識も経験も豊富な上司が（上手下手はあっても）やってくれているはずなのである。それを組織階層の上から順に、各階層で上司が部下に行ってブレークダウンしていくので、組織の中では、下っ端になればなるほど、扱う問題が、より小さく、より簡単になっていく。その結果、末端の担当者まで行くと、比較的簡単で、多分、努力さえすれば誰でも正解にたどり着ける程度の問題となって目の前に下りてくることになる。このようにお膳立て

をしてくれるのが組織なのである（高橋, 2015b, pp.141-142）。

　本書第2章では、バーナードやサイモンが権限委譲説ではなく、権限受容説を唱えたと書いた。ただし、私に言わせれば、権限委譲説もあながち間違いではなく、より正確に、問題委譲説——つまり、上から下に委譲されるのが「権限」ではなく「問題」——と言っておけば、サイモン的にもしっくりきたのではないだろうか。

(2) 解けなければ助けを求める

　以上は、問題をより簡単にブレークダウンしていくことで目の前の問題が解ける程度に簡単になっているというお話だった。だが、そんなことをしてくれる人（＝出題者、上司）もおらず、目の前の問題が解けないほど難しかった場合には、いったいどんなことが起こるだろうか。

　たとえば、飛行機（国際線）の機内食で、CAさんから魚料理か鶏料理かどちらを食べますか？と聞かれたら、あなたはすぐにどちらかを選べるはずだ。でも、もし50種類も料理が並んだメニューを渡されて、選べと言われたらどうだろう。しかもあなたの知らない「世界各国の料理」ばかりだとしたら……。

　あなたは考えるのをやめて、もうどれでもいいやとばかりに適当に1つを指さすか、あるいは「考えさせてください」とCAさんに待ってもらって一生懸命検索して調べ始めるか。ただし、そうやって時間をかけて調べて、仮に「正解」にたどり着けたとしても、その頃にはフライトは終わってしまっているかもしれないが。

　そしてあるいは、そんなに一人で頑張らずに、CAさんに教えを乞う（おススメを訊く）か、横に座っている誰か——家族や友

人あるいはたまたま横に座っていた赤の他人——に助けを求めるか。多分、普通は（少なくとも私だったら）、一人で頑張らずに、助けを求めるのではないだろうか。最終的に決めるのは自分でも、料理についての情報が欲しい。経験者からのアドバイスが欲しい。要するに、その場限りの瞬間的な存在でいいから「組織」を作って、それを頼ることにするわけだ。

(3) 合理性に限界があるから、組織を作って生活している

どちらの場合も、要するに、人間一人では限界があるから——これをサイモンは、合理性に限界があると表現した——問題が解けないわけで、だから人間は、みんなで組織を作って生活しているのだ。そう、組織を通じて、現実状況の限定的で近似的で単純化された問題が作られる理由は、人間の合理性には限界があるからであるし、組織を通じてコミュニケーションをしている理由も、人間の合理性には限界があるからなのだ。サイモンにとって、組織の存在意義の根源は、まさしく、人間の「限定された合理性（bounded rationality）」に集約される。そして、この「限定された合理性」は、サイモンの最初の著書である『経営行動』（Simon, 1947）の中で提唱されている……と誤解されている。

えっ？　えっ？　誤解？　どこが誤解なの？って、驚くなかれ、実は同書の本文には「限定された合理性」が一度も登場しないのだ。にもかかわらず、『経営行動』第3版では、索引の子項目として"bounded rationality"が挙げられ、本文中の3カ所——そこには"bounded rationality"が存在しないのに——が、指定されてしまっている。そして、第4版（Simon, 1997）になると、索引からこの3カ所は削除される。何度改訂されても本文は（ほぼ）変わ

っていなかったのに。これは不可解だ。

　サイモンは、これに並行して、こんなこともしていた。実は『経営行動』第2版（1957b）と同年に、サイモンは論文集『人間行動のモデル（*Models of man*）』（Simon, 1957a）を出しているのだが―― ただし、『経営行動』第2版序文（Simon, 1957b, p.xxv; p.xxxvii 邦訳序文p.39; p.36）では『人間行動のモデル』を1956年出版として既に引用している――、その第Ⅳ部の冒頭の書下ろし部分（Simon, 1957a, pp.196-206 邦訳pp.367-381）で、次のような「限定された合理性の原則（principle of bounded rationality）」――「原則」というより「公理」？――なるものを登場させているのだ。

　　現実世界において客観的に合理的な行動をするために、あるいはそのような客観的な合理性にほどよく近い行動をするために解かなければならない問題の大きさに比べてさえも、複雑な問題を定式化し解く人間の知的能力はとても小さい（Simon, 1957a, p.198 邦訳p.371）。

　そして、『経営行動』のpp.240-241からわざわざ引用し、「人間の合理性に限界というものがないとすれば（if there were no limits to human rationality）」（p.240）から始まる部分を抜き書きしている（Simon, 1957a, p.199 邦訳pp.371-372）。『経営行動』第2版出版直前のタイミングなので（まだ初版しか存在しないので）、出版年は書かずに、「『経営行動』[pp.240-41] より（in *Administrative Behavior* [pp.240-41]）」とだけ記して。

　どうもサイモンは、「限定された合理性」が『経営行動』（Simon, 1947）に書いてあったことにしたかったらしい。その状

況証拠固めを一生懸命していたように見える。実際、多くの人が、「限定された合理性」は『経営行動』に書いてあったと思い込んでいるわけだから、こうした企みはまんまと成功したといっていい。では、サイモンは、なぜそんなことを企てたのだろうか。

3 | 「限定された合理性」はどこにある？

(1) 初版（1947年版）の前に謎の1945年版があった

『経営行動』の著者ハーバート・サイモンは、1916年6月15日生まれで2001年2月9日没。1978年には「経済組織内部での意思決定プロセスにおける先駆的な研究を称えて」ノーベル経済学賞を受賞しており、『経営行動』はその主要業績の一つに挙げられている。この本書第3章では、ここから先は高橋（2008）をベースに、『経営行動』について誰も語らなかった真実を探ることにしよう。どうしてもマニアックになってしまうのだが、推理小説でも読むようなつもりで、とにかくついてきていただきたい。

まず、『経営行動』には、1947年版（初版）、1957年版（第2版）、ノーベル経済学賞受賞の2年前に出版された1976年版（第3版）、そして84歳で亡くなる4年前に出版された1997年版（第4版）の4つのバージョンがある。初版・第2版はマクミラン（Macmillan）社から、第3版・第4版はフリー・プレス（Free Press）社からそれぞれ出版されている。マクミラン社は1960年にフリー・プレス社を買収して一部門としていた。ノーベル賞をもらったサイモンは、第4版（1997）よりも前の1991年に自伝『学者人生のモデル（*Models of my life*)』を出版しているので、最後の第4版は、学者人生を締めくくるものとして出版したといえるの

かもしれない。

　……と、『経営行動』には初版〜第4版がありますよと紹介した
わけだが、実は、既にここで謎がある。本当は『経営行動』には、
5つ目のバージョンがあったことになっているのである。初版〜
第4版の奥付では一貫して、1947年の初版の前に謎の1945年版
が存在したことになっている。たとえば初版の奥付で既に
「COPYRIGHT, 1945, 1947, BY HERBERT A. SIMON」と表記され
ているのである。いったい、この1945年版とは何なのか。サイモ
ンが20代最後に書いたと思われるこの1945年版の存在が、後に
『経営行動』の真実解明に大きな役割を果たすことになるのだが、
その謎解きについては後ほど詳述する。

　ところで、『経営行動』の日本語の翻訳の方も、第2版以降は存
在していて、松田武彦（1921-1999）・高柳暁（1931-1998）・二村
敏子（1933-）の3人による共訳で、第2版（1957）の翻訳が1965
年8月に、第3版（1976）の翻訳が1989年2月に、ともにダイヤ
モンド社から出版されている。しかし、原典第4版（1997）の出
版直後に高柳（1998年4月没）、松田（1999年1月没）と3人の共
訳者のうち2人が相次いで亡くなったこともあり、第4版（1997）
の翻訳は二村だけが共通で、二村敏子・桑田耕太郎・高尾義明・
西脇暢子・高柳美香の5人による共訳として、2009年7月に同じ
くダイヤモンド社から出版されることになる。

　ここで翻訳について長々と書いているのは、実は、訳者が入れ
替わった第4版の翻訳では、それまでの第2版・第3版の翻訳と
は、基本的な用語の訳語が変わってしまっていることが多々ある
からである。そのため、本章では、訳語は基本的に第2版・第3
版の翻訳に従うこととし、引用も原則的に第3版（1976）からと

させてもらう。

(2) 初版〜第4版の関係

初版（1947）、第2版（1957）、第3版（1976）、第4版（1997）の間の関係は、第4版（1997）で第3版（1976）を3部構成（tripartite organization）と呼んだ際のラベル（Simon, 1997, p.viii 邦訳p.xi）を使うと表3-1のように簡単に整理できる。

特徴的なのは、初版にはなく、第2版・第3版で出現した30ページ以上もある「長い序文（Introduction）」であろう。こと『経営行動』に関しては、サイモンは版を重ねても「元の本文」を公式には改訂せず、再解釈的な解説を「元の本文」の前につけた「長い序文」の中で行うという独特のスタイルをとっているのである。ここでポイントは、「長い序文」を「元の本文」を読む前に読者に先に読ませることにある。そのため、私も含め、多くの読者が錯覚を起こすことになる。たとえば「限定された合理性」や後

表3-1　初版〜第4版の構成の推移

	初版 （1947）	第2版 （1957）	第3版 （1976）	第4版 （1997）
長い序文 (lengthy introduction)	（序文なし）	第2版への 序文 （31pp.）	第3版への 序文 （34pp.）	（短い序文） （4pp.）
元の本文 (original text) 第1〜11章	○	○	第1部	○+各章の 「注釈」*
論文の転載 (reprints of articles) 第12〜17章			第2部	

＊第4版（1997）は、もともとの本文の第1〜11章の各章の後に、「第n章の注釈（Commentary on Chapter n）」として、第3版（1976）の長い序文と第2部の内容を分解整理して割り付けた構成になっている
（出所）高橋（2008）p.688 表1

で出てくる「経営人」のように、序文を読めば、いかにも「元の本文」に書いてあります風の書きぶりにもかかわらず、いざ「元の本文」を探してみても、それに該当するものが全くないか、ほとんどないということが起こるわけである。

「元の本文」部分については、初版～第3版は、ごく一部を除いて全く同じ内容で、同じページ数がふってある。いわゆる同じ紙型であるといっていい。第4版はそもそも本がより大判になり、紙型が異なるわけだが、第3版までは、初版から第2版、そして第3版と版を重ねるごとに、いわゆる紙型が磨り減った類の活字のつぶれや汚れが累積的に増えていくのが見事でもある（例外はp.59で、初版と第2版であった活字の乱れが、第3版では直されている）。

特に第3版は第2版の印刷ムラまでそのまま「再現」されているので、第2版の写真製版だったのではないかと推察される。実は第2版自体も初版の写真製版だった可能性がある。たとえば、第2版、第3版では、ページの右端のピリオドやハイフン（もちろん初版にはあった）が消えている箇所が何箇所かある。該当部分を【　】で表すと、

- 【p.41, 9行目】の右端のピリオドは、次の写真のように、第2版で薄くなり、第3版では消えている。
- 【p.91, 下から2行目と3行目】それぞれの右端のハイフンが消えている。
- 【p.253, 下から8行目と9行目】の2行の右端のハイフンとカンマが、第2版から消えている。第3版では、さらに同ページの下半分の右端の活字がつぶれている。

このうちp.41の消えたピリオドは、版を組み直している第4版【p.47, 2行目】でも、行の後半4分の3のところにあるにもかかわらず、消えたままである。第4版は、第3版をスキャナで読んだものを元データにしているのかもしれない。

初版

PROBLEMS OF ADMINISTRATIVE THEORY　41
edge and information to the appropriate decision-points; what types of knowledge can, and what types cannot, be easily transmitted; the need for intercommunication of information is affected by the modes of specialization in the organization? This is perhaps the *terra incognita* of administrative theory, and undoubtedly its careful exploration will cast great light on the proper application of the proverbs of administration.
　Perhaps this triangle of limits does not completely bound the area of rationality, and other sides need to be added to the figure. In any case, the enumeration will serve to indicate the kinds of considerations that must go into the construction of valid and non-contradictory principles of administration.

第2版

PROBLEMS OF ADMINISTRATIVE THEORY　41
edge and information to the appropriate decision-points; what types of knowledge can, and what types cannot, be easily transmitted; how the need for intercommunication of information is affected by the modes of specialization in the organization? This is perhaps the *terra incognita* of administrative theory, and undoubtedly its careful exploration will cast great light on the proper application of the proverbs of administration.
　Perhaps this triangle of limits does not completely bound the area of rationality, and other sides need to be added to the figure. In any case, the enumeration will serve to indicate the kinds of considerations that must go into the construction of valid and non-contradictory principles of administration.

第3版

PROBLEMS OF ADMINISTRATIVE THEORY　41
edge and information to the appropriate decision-points; what types of knowledge can, and what types cannot, be easily transmitted; how the need for intercommunication of information is affected by the modes of specialization in the organization? This is perhaps the *terra incognita* of administrative theory, and undoubtedly its careful exploration will cast great light on the proper application of the proverbs of administration.
　Perhaps this triangle of limits does not completely bound the area of rationality, and other sides need to be added to the figure In any case, the enumeration will serve to indicate the kinds of considerations that must go into the construction of valid and non-contradictory principles of administration.

第4版

Some Problems of Administrative Theory　47
　Perhaps this triangle of limits does not completely bound the area of rationality, and other sides need to be added to the figure In any case, the enumeration will serve to indicate the kinds of considerations that must go into the construction of valid and noncontradictory principles of administration.

　では、写真製版だと、こうしたコピー・ミスが累積してしまうことを知りながら、なぜ第3版は初版ではなく、第2版を元に写真製版をしたのだろうか。その理由は、初版から第2版では、ごく一部とはいえ修正が施された箇所があるからである。初版と第2版は索引まで全く同じであるが、例外つまり修正された箇所はあり、たとえば、①【p.244, 7行目】初版では"Since the administrative theory is …"だったものが、第2版では"the"をとって、"Since administrative theory is ..." と修正されている。②【p.250, 下から 10 行目】初版では "predicated on ought-sentences" だったが、"on" が "of" に変わって "predicated of ought-sentences" と修正されている。

これらの箇所は、ページが変わらない範囲内で、段落全体を組み直しているので比較的発見しやすいが、その必要もないような微細な修正箇所は、見つけにくいだけで、多々ある可能性がある。しかし、それでもサイモンは、本文全体を改訂することはしなかった。というか、ページ数が変わらない範囲でしか修正しなかった。「長い序文」に30ページ以上も書いているわけだから、それを本文に組み込んで、全体を書き直してしまった方が分かりやすかったのではないかと思うのだが。サイモンは「元の本文」に関しては、公式には全く同じものであるということにしておきたかったらしい。

(3)「元の本文」中には登場しない「限定された合理性」

ところで、サイモンといえば「限定された合理性（bounded rationality）」をすぐに想起させるほどに「限定された合理性」（ノーベル経済学賞受賞後、日本の経済学者たちは「限定合理性」などとも訳すようになった）は重要な概念であるが、既に予告したように、実は、『経営行動』の「元の本文」部分には「限定された合理性」という用語は一度も登場しない。登場するのは第2版の序文の【1957b, p.xxiv 邦訳序文 p.21】が初めてで、しかも正確には "intended and bounded rationality" として登場していて、翻訳では「意図され、しかも制限された合理性」と訳されている。この部分は、第3版の序文にもそのまま引き継がれているが（訳文も同じ）、第3版の索引には、なぜか拾われていない。

第3版の序文では、それに対応する【1976, p.xxviii 邦訳序文p.28】と、さらに、第3版で追加された【1976, p.xxxi 邦訳序文p.32】と【1976, p.xxxiii 邦訳序文p.34】の計3カ所に登場する。ただし、索引に拾われているのは追加された後の2カ所だけで、依然として【1976, p.xxviii 邦訳序文p.28】は索引から抜け落ちている。なお翻訳では"bounded rationality"の訳は統一されておらず、【序文p.32】「制限された合理性」、【序文p.34】「制約ある合理性」になっている。ちなみに、第2版・第3版の翻訳には索引はなく——原典には索引があったのだが翻訳されなかった——、もし索引も翻訳していれば、こうした訳語の不統一は避けられたかもしれない。いずれにせよ、こうして第3版の序文に存在していた"bounded rationality"は、序文を各章の「注釈」に再編して使っている第4版の「注釈」部分にも登場することになる。

にもかかわらず、第3版では、索引の「合理性（rationality）」の項目（1976, p.363）の子項目として、初版・第2版の索引にはなかった「限定された合理性（bounded rationality）」が初めて挙げられ、初版・第2版とは全く同じはずの「元の本文」（第3版では第1部に相当）の中からも次の3カ所が挙げられているのである。

①【pp.38-41】第2章の節「管理理論へのアプローチ（An approach to administrative theory）」の中の項「管理状況の診断（The diagnosis of administrative situation）」（1976, pp.38-41 邦訳 pp.47-50）。

②【pp.80-81】第5章の節「合理性の制約（The limits of rationality）」の最初の3段落（1976, pp.80-81 邦訳 pp.102-103）。

③【pp.240-244】第11章の節「管理理論への教訓（Lessons for

administrative theory)」の最初の5ページ（1976, pp.240-244 邦訳 pp.303-309）。

　このうち③は、先ほどサイモンの論文集『人間行動のモデル』（Simon, 1957a）の「限定された合理性の原則」のところで引用されていた箇所でもある。しかし、何度も言っているように、これらの部分①～③には用語「限定された合理性」は登場しないし、初版と第2版の索引の「合理性」の項目（1947, p.258; 1957, p.258）にも、子項目としての「限定された合理性」は存在しなかった。

　それが第3版の索引で突如登場したと思ったら、第4版になると、ご丁寧なことに、索引の「限定された合理性」の該当箇所からこれら①②③の部分は削除されてしまうのである。第4版でも、それぞれに該当している ①【pp.45-47】②【pp.92-93】③【pp.322-325】は全く同じ文章で……というか、文章が同じどころか、既に指摘した第3版【p.41, 9行目】の右端のピリオドが消失したという印刷エラーまで第4版【p.47, 2行目】にそのまま引き継がれているのに……である。違っているのは、第3版【p.41, 4行目】の"?"が第4版【p.46, 下から3行目】では"."に直されていることと、第3版【p.80脚注1, 下から7行目と2行目】出版社の会社名"D. Appleton-Century Co."と"Henry Holt & Co."の"Co."と"& Co."が第4版【p.93脚注1, 下から6行目と2行目】では削除されたことだけである。

　もちろん①②③の部分には「限定された合理性」は登場しないので、第4版の索引で削除されたのは当然といえば当然ではあるのだが──その結果、第4版の索引で挙げられているのは「注釈」の部分だけになってしまった──何か釈然としない。要するに、

『経営行動』では初版から最終の第4版に至るまで、「元の本文」部分では一度も「限定された合理性」が登場しなかった。にもかかわらず、なぜ第3版だけが、索引に、ありもしない「元の本文」部分の「限定された合理性」を挙げていたのか？

4 │『経営行動』の中の「合理性」概念

その理由を探るために、サイモンがどのように「合理性」概念をとらえていたのかを軸に『経営行動』をできるだけ忠実に、章ごとに追って整理してみることにしよう。こうすることで、「限定された合理性」に相当するものがいったい何であったのかについて考察したい。なお、既に述べたように、「元の本文」部分については、初版～第3版は、ごく一部を除いて全く同じ内容で、同じページ数がふってあり、いわゆる同じ紙型であるといってもいいものなので、ここでの引用は、1976年版の第3版からのみとする。

(1) 意思決定と管理組織（第1章）

第1章「意思決定と管理組織（Decision-making and administrative organization）」では、実際のどんな活動も「決定すること（deciding）」と「行うこと（doing; 邦訳 p.3 では「行為すること」と訳されている）」の両方を含むとされている。言い換えれば、「決定すること」という仕事は、「行うこと」という仕事と全く同様に、管理組織全体のどこにでも存在する。

ここでは、『経営行動』の目的は、このうち前者の「決定すること」、すなわち、すべての行為（action）の端緒となり、行為に導く選択（choice）の過程の研究（Simon, 1976, p.1 邦訳 p.3）だと宣

言している。……とはいえ、なんだか「選択」と「決定」が入り乱れて、混乱・錯綜した印象を受けるが、実はサイモンは「選択（choice）」と「決定（decision）」は同義語として用いると明言しているので（Simon, 1976, p.4 邦訳 p.6）、読者もそのつもりで読む必要がある。

その選択の際に合目的性が重要になるのだが、この合目的性（purposiveness）の概念は次のように説明されている。

　合目的性（purposiveness）の概念には、決定の階段（hierarchy of decisions）の考えが含まれている──この階段を下りる一歩（step）は、その下りる直前の段にある目的の実施にある。行動は、それが一般的目的によって導かれるかぎり合目的的（purposive）であるし、それがあらかじめ選ばれた目的を達成する代替案を選択するかぎり合理的（rational）である（Simon, 1976, p.5 邦訳 p.8）。

　つまり、「決定の階段」（step の語感を生かすために「階段」と訳してみた）を上から一段一段下りて目的を順次、行動・実施に移していく限りは合目的的だというのである。より正確に言えば、決定の階段ではなく、目的・手段連鎖に対応する目的の階層（hierarchy of ends）においては、「各層（level）は下の諸層にとっては相対的に目的として考えられ、上の諸層にとっては相対的に手段として考えられる」（Simon, 1976, p.63 邦訳 p.79）わけで、それを上から一段一段下りて目的を順次、行動・実施に移していく限りは合目的的であり、合目的的に代替案を選択する限りは合理的だというのである。

ところで、一見明快なこの合目的性の説明なのだが、この記述の直後から様子が怪しくなり、モヤモヤした言い訳が増えていく。すなわち、実際には、この目的の階層・ピラミッドも、完全に統合されているわけではなく、同時に相矛盾することもある（Simon, 1976, pp.5-6 邦訳p.8）と認めてしまうし、しかも、「最後に選ばれた代替案は、けっして目的の完全な達成を可能にするものではなく、たんなるその状況下で利用可能な最善の解にすぎない」（Simon, 1976, p.6 邦訳p.9）とまでのたまう。

しまいには、「最終的な決定は、異なる目的への相対的重み付けと、どの計画が各目的をどの程度達成するのかの判断の両方に依存する」（Simon, 1976, p.8 邦訳p.10）とまで言ってしまうわけだから、もはや目的の階層も合目的性もどこかに飛んで行ってしまい、何をか言わんやである。威勢よく啖呵を切ってみたものの、目的の階層を使って合目的性の概念を説明しようとする試みは、結局のところ無理だったのでは……と私のような読者は思ってしまう。このことは、後でもう少し触れる。

(2) 管理論の若干の問題点（第2章）

第2章「管理論の若干の問題点（Some problems of administrative theory）」は2つの節からなっている。前半の節「いくつかの受け入れられた管理原則（Some accepted administrative principles）」──邦訳では「一般に認められたいくつかの原則」とされている──では、この章の主題である管理原則批判が執拗に繰り返される（Simon, 1976, pp.20-36 邦訳pp.25-44）。ここに出てくる管理原則とは、本書第1章第3節「管理論」のところに出てきた管理原則のことである。

そして、後半の節「管理論へのアプローチ（An approach to administrative theory）」（Simon, 1976, pp.36-44 邦訳 pp.44-55）で、従来の管理原則論に対抗する「科学としての管理論」へのアプローチとして、議論は合理性、制約へと展開していく。特に「管理状況の診断（The diagnosis of administrative situation）」の項（Simon, 1976, pp.38-41 邦訳 pp.47-50）の中では、次のように唱えられる。

　　管理の基本的原則は、「よい」管理の合理的性格からほとんど直接出てくるのであるが、それは、同じ費用のいくつかの代替案の中から管理目的の最大の成果に導く一つがいつも選択されなければならない；また同じ成果ならば、最少の費用の一つが選ばれなければならないということである。（中略）この原則は、管理論の特徴であるのと同じく経済理論の特徴でもある。「経営人（administrative man）」は古典的な「経済人（economic man）」と席を並べているのである。実際、能率の「原則」は原則としてよりも定義として考えられるべきである：それは、「良い」あるいは「正しい」管理行動とは何かの定義である（Simon, 1976, pp.38-39 邦訳 p.47）。

　ここで「経営人」とはいったい何なのか？　実は驚くなかれ、『経営行動』の「元の本文」で経営人が登場するのはここだけなのである。つまり、『経営行動』では、これ以上の解説はなく、解説が登場するのは第2版（1957）になってからで、「第2版への序文」（Simon, 1957b, pp.xxiv-xxvi 邦訳序文 pp.23-25）の中でだった。なので、経営人についての解説は、第2版と同時期1958年に出版

され、同様の解説をしているマーチ＝サイモンの『オーガニゼーションズ』の整理（本書第4章）まで待ってもらうことにして、ここでは、"administrative man"の訳語「経営人」についての余談を一つ。

邦訳では"administration"をほぼ一貫して「管理」と訳しており、"administrative man"も「経営人」というより「管理人」的なニュアンスなのに、なぜ「管理人」と訳さないのか。そんな疑問を持った私は、不躾にも、『経営行動』の最初の邦訳である『経営行動（第2版）』（Simon, 1957b）の邦訳（1965年）の翻訳者の一人である恩師・高柳暁に、直接質問してみたことがある。

すると高柳は紙に「管理人」と書いて「高橋君、これ声に出して読んでごらんなさいよ。『かんりにん』でしょう？」。つまり、もともと日本語では「管理人」が広く使われていて、誰も「かんりじん」とは読んでくれないし、日本人は「管理人」を「かんりにん」の意味で理解するのであって、「かんりじん」を意味しているとは誰も思わない。だから、既に日常語として定着してしまっている単語「管理人」を使うのを避けるために「経営人」という単語を造語したのだという説明だった（March & Simon, 1993, 邦訳p.174脚注1）。

もし、そうした事情がなかったなら、*Administrative behavior*の翻訳のタイトルは『経営行動』ではなく『管理行動』になっていたのかもしれないと思うと、ちょっと愉快ではある。ただし、実はそうした事情もあって『経営行動』という邦訳タイトルにはなったものの、『経営行動』の分析対象は、依然として経営者ではなく管理者なのだということを頭の片隅に置いておかないと――バーナードが経営者を念頭に考察していたのとは対照的――理解に

苦しむことになるかもしれないので、注意がいる。

　話を戻そう。こうした流れの中で、「どんな条件の下でこの最大化が起こるか」（Simon, 1976, p.39 邦訳p.47）という文脈の中で「制約（limit）」が登場する。

　さて、管理組織によって達成される能率の水準を決める要因は何なのか？　そのすべてを列挙することは不可能であるが、主要なカテゴリーであれば列挙できる。多分、そのためのもっとも単純な方法は、管理組織の一人のメンバーを考え、彼のアウトプットの量と質の制約が何かを問うことである。これら制約には、(a)実行する彼の能力の制約（limits on his ability to *perform*）と、(b)正しい決定を行う彼の能力の制約（limits on his ability to *make correct decision*）とが含まれる。<u>これらの制約が取り除かれる範囲まで、管理組織は高い能率という目標へと近づく。</u>（中略）それゆえ管理論は、どのような技能（skills）、価値（values）、知識（knowledge）で組織メンバーが自分の仕事を引き受けているのかを決める要因に関心を持つべきである。これらが、管理原則が扱うべき合理性の「制約」（"limits" to rationality）なのである（Simon, 1976, pp.39-40 邦訳pp.47-48; 下線は筆者による）。

　こうして、管理組織の能率の水準を決める個人の能力的な制約として、サイモン第1章での記述で「行うこと」に対応した(a)と、「決定すること」に対応した(b)を挙げ、管理論が扱うべき合理性の制約として、個人が制約されている次の3つ：

　①技能（skills）：個人は、もはや意識の領域には存在しない技

能、習慣、反射運動によって制約される（Simon, 1976, p.40 邦訳p.48）

②価値（values）：個人は、彼の価値及び意思決定の際に彼に影響を与える目的の認識によって制約される（Simon, 1976, p.40 邦訳p.48）

③知識（knowledge）：個人は、彼の職務に関連した事柄についての彼の知識の程度によって制約される（Simon, 1976, p.40 邦訳p.49）

を列挙したのである。そして、①技能、②価値、③知識の3つの辺からなる「制約の三角形（triangle of limits）」を用いて、次のように記述する。

　　この制約の三角形が完全に合理性の領域の限界（bound）を設けるのではなく、他の辺も形に加えられる必要がある。（中略）合理性の制約（limits of rationality）は変わりうる制約である（Simon, 1976, p.41 邦訳p.49）。

　ここで冒頭の句の"bound"は、数学用語としては領域の限界（たとえば上限、下限）を設けるの意味であり、「他の辺も形に加えられる」とは、今は制約が3つなので3辺をなすから三角形というだけで、制約が4つに増えれば四角形、5つに増えれば五角形……と形が変わるかもしれないというような意味である。

　実は、この部分【1976, pp.38-41】が、"bounded rationality"が索引項目として追加された第3版の索引で指定されていた部分なのである。したがって、素直に読めば、個人の「制約の三角形

（triangle of limits）」＝「合理性の制約（limits to rationalityまたは limits of rationality）」によってboundされている合理性の領域を、（実際には用語としては用いられなかったが）"bounded rationality" すなわち「限定された合理性」と呼んでいると理解するのが自然である。

ただし、ここで注意しなくてはならないのは、boundや制約の使われ方とニュアンスである。それは、数学的に最大化問題を考えるときに制約条件が緩いほど目的関数を最大化できるのと同様のアイデアで、サイモンは、個人の能力的な制約(a)(b)を考えていたということである。事実、先ほどの引用部分でも下線部のように「これらの制約が取り除かれる範囲まで、管理組織は高い能率という目標へと近づく」と明言されていた（Simon, 1976, p.39 邦訳p.48）。

言い換えれば、①技能、②価値、③知識の3辺からなる「制約の三角形」（図3-1）の制約は、管理組織がより高い能率を達成するためには、できるだけ取り除いた方が望ましい制約であると認識していたということである（Simon, 1976, pp.40-41 邦訳pp.48-49）。それゆえ、「心に留めるべき重要な事実は、合理性の制約は変わりうる限界であるということである。なかでも最も重要なことは、制約の自覚が、それ自体、その制約を変えるであろうことである」（Simon, 1976, p.41 邦訳p.49）となる。

たとえば、③知識不足で問題解決できないとき（＝合理性に限界がある）、一人じゃ無理だから組織を作って皆で知恵を出し合って問題解決しようというのが、限定された合理性の考え方である。それに対して、そうではなくて、知識不足を自覚した個人が勉強して知識を身につけることで、一人で問題解決できるように

図3-1 制約の三角形＝合理性の制約

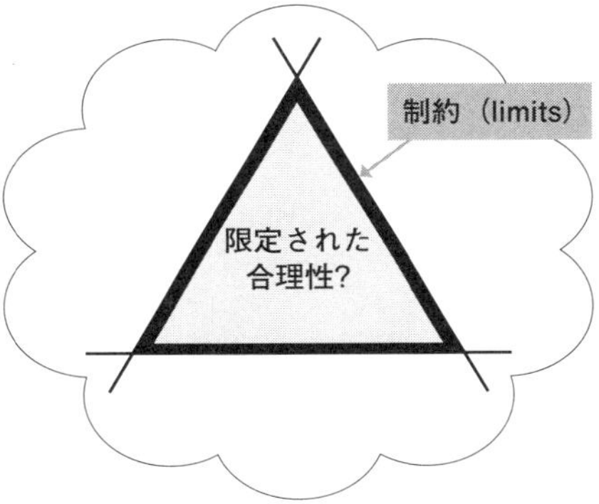

制約（limits）

限定された
合理性？

(出所) 高橋 (2008) p.693, 図1

なるかもしれないというのが、制約の三角形の考え方なのである。したがってここでは、サイモンの意識は、「限定された合理性」自体というよりも、制約をいかに緩和するか、いわば「より限定されない」合理性を目指す方向に向いていたことになる。

(3) 意思決定における事実と価値（第3章）

さて、第3章のタイトル「意思決定における事実と価値（Fact and value in decision-making）」にも出てくる「事実」と「価値」はサイモンの記述自体がふらついており、読者の混乱を招く。サイモン第1章では、決定が最終目的の選択につながっている限り「価値判断（value judgment）」と呼び、決定が目的の実行を意味する限り「事実判断（factual judgment）」と呼ぶ（Simon, 1976, pp.4-5 邦訳 p.7）とされていた。

ただし、これは本質的ではないうえに、通常の用語法とは異なるので混乱する。事実、脚注3で、誤解を招くがより良い言葉が

ないとしたうえで、「〜すべき」は価値判断で、「〜である」は事実判断と考えれば読者は混乱を避けられると、より普通の用語法を示唆したために、ますます混乱が深まった。しかし、サイモンが考えていた「合理性」が何だったのかを知るには、この部分を避けては通れない。

　このサイモン第3章での記述に従えば、事実的命題（factual propositions）は、原則として、それが真実か虚偽か（true or false）をテストして決めることができる（Simon, 1976, pp.45-46 邦訳 pp.56-57）。それに対して、そもそも決定は「正しい」か否かという表現自体がなじまない。決定は事実的命題以上の何かであり、事実的内容だけではなく、「べきである（ought）」、「良い（good）」、「好ましい（preferable）」で表されるような倫理的内容も持つ。こうした倫理的な用語は、事実的な用語に完全に変えうるものではない（Simon, 1976, p.46 邦訳 p.57）。実際、ほとんどの倫理的命題（ethical propositions）は倫理的要素と事実的要素を混合しているわけで（Simon, 1976, p.49 邦訳 p.61）、このように、中間的であれ最終的であれ、倫理的要素を含むどんな言明も、正しいあるいは正しくないと記述できない。

　このように、決定は事実的命題以上の何かであり、事実的内容だけではなく、倫理的内容も持つというのが、『経営行動』の基本的な考え方なのである。裏を返せば、実際の組織的行動は、この倫理的命題のレベルで行われる。ただし、「目的を達成するためにとる手段が適切な手段かどうかは、純粋に事実的な問題である」（Simon, 1976, p.48 邦訳 p.60）。つまり、「決定は、それが目指している目的が与えられるならば、それが正しいかどうかを決めることができる」（Simon, 1976, p.49 邦訳 p.60）。すなわち、きちん

とした目的・手段連鎖を構成すれば、何が正しい決定なのかが分かるようになるというのである。

たとえば、倫理的命題では、「Aが良い」「Bが良い」で対立してしまうと、どちらも説得力に欠け、水掛け論に終始することになってしまう。しかし、「Cという目的のためにはAが良い」と目的（理由）を明示すれば、「Aが良い」とすることが正しいことが分かり、説得力が格段に高まる。その結果として、

倫理的命題が合理的意思決定に有用であるためには、(a)組織の目的とされる価値が明確でなければならず、さすれば、どんな状況でもその実現の程度を評価できる。(b)特定の行為がこれらの目的を達成する確率について、判断することが可能でなければならない（Simon, 1976, p.50 邦訳 p.62）。

ということになる。この記述は、(a)のアイデアが効用関数につながることに気がつけば、(b)の確率と組み合わせて、フォン・ノイマン＝モルゲンシュテルン流に期待効用を最大化するような決定が合理的意思決定であるとサイモンがイメージしていたことを読み取ることができる。ここにはフォン・ノイマン＝モルゲンシュテルン（von Neumann & Morgenstern, 1944）のゲーム理論の影響が色濃く表れている。

こうしてこのサイモン第3章の結論は、サイモン第4章の冒頭の文章に要約されているように「第3章において、管理的な意思決定の正しさは相対的な問題で、もし指定された目的に到達するための適切な手段を選択するならば、それは正しい、という結論に達した」（Simon, 1976, p.61 邦訳 p.77）ということになる。つま

り、サイモンに言わせれば、組織の目的とされる価値が所与で与えられていれば、それを所与の状況・条件の下で最大にする手段を選択するのが合理的な意思決定なのであり、正しい意思決定なのである。こうして、合目的性が合理性に化け始める。

(4) 管理行動における合理性（第4章）

決定をする人の心の中で何が起きているのかについて、心理学的観点から扱う第5章に対して、決定の客観的環境を扱うのが、この第4章「管理行動における合理性（Rationality in administrative behavior）」である（Simon, 1976, p.61 邦訳p.77）。ここでは、客観的合理性が定義される（Simon, 1976, p.80 邦訳p.102）。

この第4章の節「代替案と結果（alternatives and consequences）」（邦訳p.84 では「代替的選択肢と結果」）の最初の項「行動の代替案（behavior alternatives）」（邦訳p.84 では「代替的行動」）（Simon, 1976, p.67 邦訳pp.84-85）は、「ここに示されている理論は著者が1941年に完成した。現在のものはフォン・ノイマン（John von Neumann; 1903-1957）とモルゲンシュテルン（Oskar Morgenstern; 1902-1977）のすぐれた業績『ゲーム理論と経済行動』（von Neumann & Morgenstern, 1944）第2章の影響を大きく受けて再構成されている」（Simon, 1976, p.67 邦訳p.99脚注4）と明記されているように、戦略（strategy）をはじめとしたゲーム理論の概念を援用して、意思決定のモデルが次のように提示されている。

決定の課業は次の三つのステップを含んでいる。(1)すべての代替的戦略を列挙すること。(2)これらの戦略の各々から生ずる結果のすべてを確定すること。(3)これらの結果の集合の比較評価。

「すべて（all）」という言葉は故意に用いられている。個人がすべての自分の代替案とそれらのすべての結果を知ることは明らかに不可能であり、そしてこの不可能性が、実際行動の客観的合理性のモデルからの非常に重要な逸脱となっている。このことについては第5章で考察が展開される（Simon, 1976, p.67 邦訳 p.85）。

すなわち、このゲーム理論的な「客観的合理性」をこの第4章で頭出ししておくことが、次の第5章で重要な意味を持ってくる。そして客観的合理性については、「結論」の前の最後の節「合理性の定義（definition of rationality）」（Simon, 1976, pp.75-77 邦訳 pp.95-97）の中で、「大雑把に言えば、合理性は、それによって行動の結果が評価されうるようなある価値体系によって、選好される行動の代替案を選択することに関係している」（Simon, 1976, p.75 邦訳 p.95; 下線は筆者による）としたのである。ここで、いくつかの用語の意味を確認しながら、サイモンの主張を整理してみよう。

- 下線部の「価値体系」とは、この引用部分の2ページ前に出てくる項のタイトル「価値体系―効用曲面（the system of values-utility surface）」（Simon, 1976, p.73 邦訳 p.92）からすると、「効用曲面」あるいは効用関数のことだと考えられる。
- ただし、これまでの議論でも「価値体系」自体にそれほどの完璧さは求めてこなかったが、そのことが改めてこの章でも繰り返し確認されていることには注意がいる。すなわち、合理性は、手段・目的連鎖（means-ends chains）あるいは目的

の階層（the hierarchy of ends）を構築することと関係している（Simon, 1976, p.62 邦訳 p.78）。

- ここで、目的の階層と呼んでいるのは、既述のように「各層（level）は下の諸層にとっては相対的に目的と考えられ、上の諸層にとっては相対的に手段として考えられる」（Simon, 1976, p.63 邦訳 p.79）からである。
- ただし、実際の行動では、単一の枝分かれしていくものとして統合されていることはめったになく、もつれた蜘蛛の巣（a tangled web）状に、弱く不完全にしか連結していない断片的な要素の集合になっている（Simon, 1976, p.63 邦訳 p.79）。
- にもかかわらず、組織も個人も、その行動に何か合理性が残っているとすれば、それはまさしく、この不完全でときどき矛盾している階層なのである（Simon, 1976, p.64 邦訳 p.81）。

つまりサイモンにとっては、不完全でときどき矛盾していたとしても、組織の目的の階層に則った「所与の価値」を、組織の中で与えられた「所与の状況」で最大化すれば、客観的に合理的なのである。そして「合理性の定義」の節の最後の段落で、最初に「客観的に」合理的を挙げて、「もし実際に、それが所与の状況で所与の価値を最大にする正しい行動であるならば、その決定は『客観的に（objectively）』合理的であるといえる」（Simon, 1976, p.76 邦訳 p.96）とするのである。

すなわちサイモンは、この第4章で、①「所与の状況」で②「すべての代替案」と③「それらのすべての結果」を知って④「所与の価値」を最大化することが「客観的合理性」だと定義したことになる。このうち②③④については、次の第5章で、実際の行

動では及ばないとして否定され、「限定された合理性」が暗示される。そして①「所与の状況」が第7章以降の展開につながることになる。

ただし、なぜわざわざ頭に「客観的に」とつけているかというと、「最終的には、何の目的で、誰の価値でということによって合理性が判断される」（Simon, 1976, p.76 邦訳 p.96）ので、「こうした複雑性を回避つまり明確化する唯一の方法は、『合理的』という用語を適当な副詞と共に使うこと」（Simon, 1976, p.76 邦訳 p.96）だからで、「客観的に」合理的の後に続けて、「主観的に（subjectively）」合理的、「意識的に（consciously）」合理的、「計画的に（deliberately）」合理的、「組織にとって（organizationally）」合理的、「個人にとって（personally）」合理的と列挙している（Simon, 1976, pp.76-77 邦訳 pp.96-97）。

(5) 管理的決定の心理（第5章）

◯ 客観的合理性②③④の否定で「限定された合理性」を暗示

第5章のタイトル「管理的決定の心理（The psychology of administrative decisions）」は、邦訳では「管理上の決定の心理」（Simon, 1976, p.79 邦訳 p.101）となっていたが、意味としては「組織的決定の心理」の方が分かりやすい。後で詳述するが、もともとは本書第2章で登場したバーナード（Barnard, 1938）の心理的要因が源流だと考えられる。

第3版の索引では、【1976, pp.38-41】に続いて「限定された合理性」が登場したことになっているこの部分【1976, pp.80-81】では何が主張されていたのか。実は、第4章で定義された客観的合理性の②③④をサイモンが明確に否定する部分なのである。まず、

次のような再確認から始める（Simon, 1976, p.80 邦訳 p.102）。

前章で定義されたように、客観的合理性とは、行動主体が、次のことによって、すべての自分の行動を一つの統合された型に入れてつくることを意味する。
(a)決定に先立って、行動の代替案の全景を眺め、
(b)各選択のあとに続く諸結果の複合体全体を考慮し、
(c)その際、代替案の全体集合から一つ選抜する基準として価値体系をもっていること。

そしてサイモンは、このように定義された客観的合理性のモデルを次のように明快に批判する（Simon, 1976, p.81 邦訳 p.103）。

実際の行動は、前章で定義された客観的合理性に、少なくとも三つの点において及ばない。
(1)合理性は、各選択のあとに続くであろう諸結果についての完全な知識と予想を要求する。しかし、実際には、諸結果の知識はいつも断片的である。
(2)これらの諸結果は将来のことであるゆえ、それらを価値づけるに際して、想像によって経験的な感覚の不足を補わなければならない。しかし、価値は不完全にしか予想できない。
(3)合理性は、すべての可能な代替的行動の中からの選択を要求する。しかし、実際の行動では、これらすべての可能な代替案のうちほんの二三の行動しか思いつかない。

すなわち、(1)は(b)を否定し、(2)は(c)を否定し、(3)は(a)を否定す

る。そして実は、これら(a)(b)(c)はサイモン第4章でゲーム理論の概念を援用して提示された決定の課業の3つのステップを言い換えたものにすぎない。この2つの引用部分こそが、索引で「限定された合理性」が挙げられている箇所なのである——ただし、用語としては一度も登場しないが——。したがって、素直に理解すれば、(1)(2)(3)のように、客観的合理性の定義②③④に及ばないものが「限定された合理性」であるということになる。

◯ 残った①「所与の状況」で後半の展開

こうして、サイモン第4章で定義された客観的合理性の②③④は明確に否定されたが、残る①「所与の状況」は、絶妙なバランスで、第7章以降の展開につなげられる。第5章の冒頭（最初の段落）では、次のように予告されている。

この章の議論は、きわめて簡単に述べることができる。一人で、孤立した個人の行動が、なんらかの高度の合理性に到達することは不可能である。彼が探索しなければならない代替案の数は非常に多く、彼が評価する必要のある情報はあまりにも膨大なものであるために、客観的合理性の近似ですら考えることが難しい。個人の選択は「所与の」環境、すなわち選択の基礎として選択主体によって受容された諸前提（premises）のなかで行われるのであり、行動はこの「所与のもの」によって定められた制約内においてのみ適応的となる（Simon, 1976, p.79 邦訳 p.101; 下線は筆者による）。

そして第5章の最後の節「要約（summary）」の2つの段落のう

ち前半の段落で、次のように要約されている。

> この章の中では、人間の合理性の制約と可能性の両方が吟味された。合理性の制約（limits of rationality）は、ある一つの決定をするとき、その決定に関係のある価値、知識、および行動のすべての側面を人間の心が負うことは不可能であることから導き出された。人間の選択のパターンはしばしば、代替案の中からの選択というよりも、刺激・反応パターンにより近い。それ故、人間の合理性は、心理的環境の制約（the limits of a psychological environment）内で働く。この環境は、個人が決定の基礎としなければならない要因の選択を「与件」として、その個人に課すのである。しかしながら、決定の諸刺激それ自体は、より幅広い目的に役立つように制御可能であり、一連の個人的決定は、よく考えられた計画へと統合可能である（Simon, 1976, pp.108-109 邦訳 p.137; 傍点・下線は筆者による）。

傍点部は、いつの間にか「制約の三角形」の 3 辺 ①技能、②価値、③知識から微妙にずれて、①技能が「行動」（behavior）に置き換わってしまっていることには注意がいる。そして、下線部の概念は、後にマーチ＝サイモン（March & Simon, 1958）によって「状況定義」と呼ばれることになる鍵概念で、第 4 章の最後の段落で、

> この章は、選択の心理的側面にほとんど触れなかった。次章では、選択過程における心理的要素と論理的要素とを対比する試みがなされる。この研究の後の章では、この章と次章で開発さ

れた分析的用具が、管理上の決定にとって中心的な概念のいくつか、すなわち権威、能率、一体化、影響、コミュニケーションを研究するのに用いられる（Simon, 1976, p.78 邦訳 p.98）。

とあるように、『経営行動』の第7〜10章は、この決定の基礎である諸前提の集合「状況定義」が、組織によって与えられる影響のプロセスとして、権威（第7章）、コミュニケーション（第8章）、能率の基準（第9章）、忠誠心と一体化（第10章）を取り上げる構成になっている。これらの章では、「諸前提——価値前提と事実前提——の集合から引き出された結論としての決定というアイデアを、常に心に留めておく必要がある。したがって、個人に対する組織の影響は、個人の決定が組織によって決められると解釈されるのではなく、その個人の決定が基づいている諸前提の一部（*some*）が、その個人に対して決められると解釈されるのである」（Simon, 1976, p.123 邦訳 p.159）。

　第7〜10章と比べると、第6章「組織の均衡（The equilibrium of the organization）」は雰囲気が異なる章である。組織均衡のアイデアがバーナード（Barnard, 1938）によるものであることは、サイモンも第6章脚注1に明記して認めている（Simon, 1976, p.111 邦訳 p.158 脚注1）。ただし、バーナードは能率の概念の中で組織の均衡を扱っていたのに対し、サイモンは能率の概念を第2〜4章で合理性を切り出す際の鋭利な道具として使うために、バーナードの能率の概念から組織均衡の概念を削ぎ落としてしまった。そのため、ここで組織均衡だけを分離して復活させる必要があったのである。第6章の最後の節「組織の均衡と能率（Organization equilibrium and efficiency）」（Simon, 1976, pp.118-122 邦 訳 pp.152-

157）では、サイモン自身の能率の考え方を「能率の基準（the criterion of efficiency）」の定義として再確認している。

ここに挙げた第5章の最初と最後の要約の2つの段落に登場する「所与の環境」——もともとは「所与の状況」——の制約内で働く合理性が、「限定された合理性」だと理解することが自然であろう。ただし、この第5章の最初と最後の要約は、第5章全体で論じられていることの要約にはなっていないので注意がいる。実は、第5章のほとんどは、後にサイモンがコンピュータ分野から借用して「プログラム（program）」と呼ぶことになる概念の記述になっている。

当時、世界初のプログラム可能な汎用電子計算機ENIACが1946年2月に完成式をしたばかりで（高橋, 2013a）、プログラムの概念がまだ普及していなかったために、サイモンは苦労してプログラムに相当するものの記述を行うのだが、この第5章のほとんどの部分は、後にサイモン自身がそうしたように、プログラム概念を用いれば、簡潔に記述することができる。

⑹ 組織の解剖学（第11章）

サイモン最終章、第11章「組織の解剖学（The anatomy of organization）」（邦訳では「組織の解剖」）は、まとめの章であり、「本書は組織の解剖学（anatomy）と生理学（physiology）を扱うものであり、組織の病気に処方を書こうとするものではない」（Simon, 1976, p.220, 邦訳p.279）としている。

第3版の索引で「限定された合理性」が挙げられていた「元の本文」の中の3カ所：① 第2章【pp.38-41】、② 第5章【pp.80-81】、③ 第11章【pp.240-244】のうち、①と②については既に見てきた。

しかし、はたして、②で「客観的合理性」を否定することで暗示された「限定された合理性」の概念は、その前に①で、個人の「制約の三角形」＝「合理性の制約」によってboundされている合理性の領域として暗示されていた概念と合致するのだろうか。少なくとも、技能・価値・知識からなる①の「制約の三角形」と、意思決定前提からなる②の「所与の環境」が別の概念であることは明らかである。

　その疑問は、残る③、それが実はこの第11章の節「管理論への教訓（Lessons for administrative theory）」の最初の4ページ（Simon, 1976, pp.240-244 邦訳 pp.303-309）なのだが、ここでさらに増幅することになる。この節は2つの項——「合理性の領域（The area of rationality）」と「個人的および集団合理性（Individual and group rationality）」——からなっている。そのうち前半の項「合理性の領域」は、第2章の「制約の三角形」の議論をそのまま焼き直したものになっている。そして、技能・価値・知識の3タイプの限界のそれぞれを、組織が変えうる、すなわち各個人の合理性の領域を拡大しうる方法について、より具体的な例示が行われる。

　後半の項「個人的および集団合理性」では、個人の見地から合理的なものを「主観的に合理的」とし、対照的に、グループの見地から合理的なものを「客観的に合理的」としたうえで、

　⒜現場の各従業員に、ある意思決定の環境を与える。
　⒝その所与の環境の見地から合理的である行動はグループの見地からも合理的すなわち「客観的に合理的」である。

という意思決定の環境を与えることが管理のなすべき基本的な課

業である（Simon, 1976, p.243 邦訳p.308）としている。

　ただし、この(b)の客観的合理性と、サイモン第5章での客観的合理性とは、明らかに整合性がない。特に注意しなければならないのは、第5章で客観的合理性を否定することで暗示されたはずの「限定された合理性」が、この第11章のままでは客観的合理性と両立しうるものになってしまっており、「限定された合理性」と客観的合理性とが両立できるように所与の環境を与えることが管理の仕事だと明言している矛盾点である。

　仮に、第3版の索引において「限定された合理性」で挙げられていた ① 第2章、② 第5章、③ 第11章の該当箇所で、実際に用語「限定された合理性」に置換または挿入してしまうと、① 第2章と ③ 第11章では、「限定された合理性」は、その領域を拡大することが志向され、所与の環境を介して客観的合理性と整合させるべきものとして登場するが、しかし ② 第5章だけは、ゲーム理論の概念をもとにした客観的合理性の否定形としての「限定された合理性」が登場することになる。すなわち、第4章・第5章で、ゲーム理論的な「客観的合理性」の概念を木に竹を接ぐがごとく継ぎ足したことが露呈してしまうのである。馬脚を現すとはまさにこのことなのだが、なぜサイモンはそのようなことをしたのだろうか？

5 ｜ ゲーム理論との微妙な距離感

(1) 準備版（1945年版）が存在する意味

　既に問題提起しているように、『経営行動』の初版（1947）のいわゆる奥付には、

"COPYRIGHT, 1945, 1947, BY HERBERT A. SIMON"

と明記され、初版の前に1945年版が存在していたことになっていた。それがいったい何なのかは、意外なところに書いてあった。私が洋書の古書市場で『経営行動』初版を探していると、たまたまブックカバー付きのものが売りに出ていた。図書館の蔵書などは、通常ブックカバーを剥がした裸の状態で並べるので、ブックカバーは見たことがない。早速注文して届いた初版は9刷（1955）で、確かに茶色のブックカバーが付いていた。そして、そのブックカバーのback flapの最後に「（注：本書の準備版は、1945年に著者によって限定配布のため発行された。）」と書いてあるではないか。

> (NOTE: A preliminary edition of this book
> was issued in 1945 by the author for
> limited distribution.)

　これで、サイモンが1945年版を「準備版（preliminary edition）」と呼んでいたことが分かった。実は、「準備版」という表現自体は、初版の「まえがき（Preface）」の第2段落の冒頭にも登場していたのである。しかし、それが1945年版を指すとはどこにも書いていなかった……と思っていたが、実は、ブックカバーの方に書いてあったのだ。

　では、この準備版1945年版とは何だったのか？　限定配布のための発行とは？　サイモンの自伝（Simon, 1991, ch.6）によれば、『経営行動』はシカゴ大学に提出した政治学の博士論文がもとになっており、1942年5月に口頭試問が行われた。当時（1939年夏から）、サイモンはカリフォルニア大学バークレー校に滞在して

おり、郵送で博士予備試験に合格し、バークレー校の政治学科の指導の下にバークレーで博士論文を書いてよいことになっていた。そして、

> 1945年のあたり、イリノイ工科大学で教えていた頃であるが、私は学位論文を改訂し、コメントをもらうためにあちこちに配り、さらに改訂し、面倒を見てもいいという編集者（マクミラン社のDonald Porter Geddes）を見つけ、本として出版した。1947年のことである（Simon, 1991, p.88 邦訳p.136）。

ということになる。

　この1945年版は、実は米国国会図書館では紛失扱いになっている。一度は登録されたわけだから、確かに存在したのだろうが、米国国会図書館で紛失したということは、もう現物にお目にかかるのは無理だろうとあきらめていた。それがなんと実物が2006年2月に米国エール大学の図書館で見つかったのである。見つけたのは、同大学で在外研究中だった清水剛である。見つかった1945年版はタイプされた草稿をそのままレター・サイズの用紙に片面印刷し、黒いボール紙のような表紙の2穴式のバインダーで綴じて仮製本したもので、中表紙には、図3-2のように表記されていた。

　すなわち、1945年版はマクミラン社から出版されたものではなく、1945年にサイモンが、講師（Assistant Professor）をしていたイリノイ工科大学から、"Preliminary Edition"（準備版）として配布していたものだったのである。

図3-2 『経営行動』準備版（1945年版）の中表紙

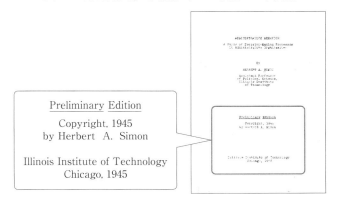

 しかし、大多数の学術書の著者は、私も含めて、完成度の低い準備版などは存在すら表に出さないものである。そんな完成度の低いものを根拠にして、学術的に低い評価をされてしまったのでは、一研究者としては、たまったものではないからである。通常であれば、きちんと文章表現まで完成させて、きちんと印刷製本されて、きちんとした出版社から正式に出版された1947年版を最初に掲げるものだ。

 実際、1957年版を出版したときには「第2版」と明記しており、であれば初版は1947年版だと言っているも同然である。それでは、文章・構成も含めて、内容を大改訂しているのに（本章の章末付録を参照のこと）、なぜサイモンは準備版の1945年を奥付のクレジットに入れておきたかったのであろうか。その秘密は『経営行動』の脚注の中にちりばめられている（高橋, 1995, pp.264-265）。第3版（1976）では削除されてしまった第2版（1957）の序文の脚注8には、

私の『経営行動』の草案はゲーム理論が出現する以前に完成され、また後者の前者に対する関連については、1947年版でわずかに示すことができたにすぎない（Simon, 1957b, p.xxix 邦訳序文 p.40; 下線は筆者による）。

とあり、1947年版はこの分野での進歩を取り入れるために、1945年版を改訂したものであることを示唆していると同時に、下線部に書いてあるようにゲーム理論の出現以前に完成されていたことを強調する。

　同様の主張は別の場所でも繰り返され、1947年版の第4章「管理行動における合理性」の意思決定の理論の部分には、既に第4章の解説でも紹介したように、

ここに示されている理論は著者が1941年に完成した。現在のものはフォン・ノイマン（John von Neumann）とモルゲンシュテルン（Oskar Morgenstern）のすぐれた業績『ゲーム理論と経済行動』（1944）第2章の影響を大きく受けて再構成されている（Simon, 1947, p.67 脚注4; 訳・下線は筆者による）。

と書かれている。既に述べたように、事実その第4章と引き続く第5章にゲーム理論の影響が認められる。

　実は、初版である1947年版では、第4章と第5章の2つの章は、『経営行動』の中で「本書の核心（the core of the book）」（Simon, 1957b, p.xi 邦訳序文 p.5; 1976, p.xi 邦訳序文 p.7）と位置づけられている。その第4章と第5章がフォン・ノイマン＝モルゲンシュテ

ルン（von Neumann & Morgenstern, 1944）のゲーム理論の影響を
受けて書き直したものであるとわざわざ認めたうえで、もともと
のアイデアや理論は、1945年に完成していたということを準備版
の存在で証拠として示したかったのだろう。意図的にそうしたの
か、結果的にそうなったのかは判然としないが、少なくとも当時
最新のゲーム理論の概念を導入することで、バーナード
（Barnard, 1938）との差別化を図り、違いを可視化することがより
容易になったことは事実であろう。

　余談だが、サイモンは、フォン・ノイマン＝モルゲンシュテル
ンの『ゲーム理論と経済行動』（von Neumann & Morgenstern,
1944）の書評（Simon, 1945）を出版の翌年には*American Journal of
Sociology*に出している。若き日のサイモンが、出版されるとすぐ
に飛びついた様子がうかがえる。このサイモンの書評は、『ゲーム
理論と経済行動』の60周年記念版が2004年に出版された際には、
書評コーナーに収録されている（von Neumann & Morgenstern,
2004, pp.637-640 邦訳pp.868-871）。ただし、書評の内容は、実は
本の内容とはあまり関係なく、社会科学での数学の利用に関する
表面的なものだった。サイモンが、フォン・ノイマン＝モルゲン
シュテルンを咀嚼して血となり肉となるには、それなりの時間を
要したようだ。

(2) バーナードとの差別化

　既に言及したように、もともと第5章「管理的決定の心理」で
の議論は、バーナード（Barnard, 1938）の「心理的要因」につい
ての考察が源流だったと考えた方が自然である。

いわゆる個人の行動は心理的要因の結果である。「心理的要因」という言葉は、個人の経歴を決定し、さらに現在の環境との関連から個人の現状を決定している物的、生物的、社会的要因の結合物、合成物、残基を意味する（Barnard, 1938, p.13 邦訳 p.14）。

バーナードが、このように「心理的要因」と呼んでいたものを、サイモンは「心理的環境」「所与の環境」「所与の状況」と読み替えていき、最終的には本書第4章に出てくるマーチ＝サイモン（March & Simon, 1958）の「状況定義」に到達するわけだ。

さらに言えば、サイモンが『経営行動』後になって、「限定された合理性」と正しく呼ぶようになったものは、本当は、既にバーナードが「個人には、限られてはいるが重要な選択力（restricted but important capacity of choice）があるものと考えた」（Barnard, 1938, p.38 邦訳p.39; 下線は筆者による）ものだったのである。つまり、選択力に限界があるから、選択の可能性を限定する必要があるのであり、事実、本書第2章でも述べたように、バーナードは「選択を狭める技術」の一つが組織だと考えていた。

冷静に考えれば、バーナードの下線部「限られてはいるが重要な選択力」を見倣って、サイモンが第2章の「制約の三角形」の方の「限定された合理性」に相当するものを「限定された選択力」と呼ぶ決心をしていれば、『経営行動』における客観的合理性に関する論理的な混乱をある程度回避することはできたかもしれない（より混乱を回避するためには、加えて、第11章の「主観的／客観的合理性」も「個人的／全体的合理性」と呼び変えるのが適切だろう）。ただし、そうしてしまうと、『経営行動』は、ますま

すバーナードの『経営者の役割』の二番煎じの印象が強くなってしまう。

つまり、意地悪な見方をすれば、『経営行動』の第5章は、バーナードのアイデアをゲーム理論の概念を使って再構成したところが新しく、貢献だということもできるのである。しかしその副作用として、ゲーム理論の概念を木に竹を接ぐがごとく導入した第4章と第5章の「ここに示されている理論」が、『経営行動』全体のストーリーとの整合性を失ったことは既に指摘した通りである。

実は、『経営行動』の初版には、バーナードが「はしがき（Foreword）」を寄せている。サイモン自身の「まえがき（Preface）」が1ページ半しかないのに、3ページ半も、しかもサイモンの「まえがき」の前に。その意味では、サイモン自身は、最初、初版を出したときには、バーナードとの関連を誇示していたように見える。

しかし第2版・第3版になると、その流れが変わる。既に述べたように、30ページ以上もある「長い序文」を登場させ、しかもそれは序文（Introduction）にもかかわらず、バーナードの「はしがき」よりも前に、一番先にドンと置き、先に読ませようとするのである。バーナード（理論）との間に距離を置きたいという意思表示のようにも見える。そして、それと同様なことは、ゲーム理論との間でも起こるのである。

⑶ ゲーム理論と距離を置く必要が生まれた

以上のような経緯があったわけだから、当然といえば当然であるが、第2版（1957年版）を出す頃までには、『経営行動』をゲーム理論と関連づける評価が出てきてしまった。第2版（1957）の

序文には、次のような段落があった。

　『経営行動』の合理的選択の理論は、このリストの(1)項は組み入れているが、経営人よりもむしろ経済人を特徴づける(2)〜(5)項は組み入れていない。この極めて重要な差は、パパンドレウ（Andreas Papandreou）のような、理解があり共感してくれている批評家によってさえも見落とされている。彼は『経営行動』について、それが「バーナードの組織の概念と、フォン・ノイマンとモルゲンシュテルンの戦略のゲームの概念を一つの概念の屋根のもとに一緒にした」と述べた [脚注8]（Simon, 1957b, pp.xxviii-xxix 邦訳序文p.26）。

　パパンドレウの評価は的確であろう。しかしサイモンは、そうは認めたくなかったようで、そのことへのサイモンの反論が、前述の第3版（1976）では削除されてしまった第2版（1957）の序文の脚注8の記述「1947年版でわずかに示すことができたにすぎない」（Simon, 1957b, p.xxix 邦訳序文p.40）であり、ゲーム理論の影響を過小評価しようとする神経質な反応を示すようになるのである。そして、この脚注8は第3版（1976）では削除され、この段落は次のような段落へと下線部が書き換えられることになる。

　『経営行動』の限定された合理性の理論は、このリストの(1)項は組み入れ、(3)項（筆者注：邦訳の「(2)項」は明らかな誤植 Simon, 1976, p.xxxiii 邦訳序文p.34）とは矛盾しないが、経営人よりもむしろ経済人を特徴づけるその他の項は組み入れていないし、ここで用いられるモデルの一部でもない。この極めて重

要な差は、時々、解説者たちによって見落とされている。彼らは『経営行動』における用語「合理的」が、古典的経済学、ゲーム理論、統計的決定理論において用いられるときと本質的に同じ意味であると間違って仮定している（Simon, 1976, p.xxxiii 邦訳序文 p.34; 下線は筆者による）。

こうして、ゲーム理論との違いを強調するために「限定された合理性」という用語が、1976年の第3版で序文の中で用いられるようになったのである。そして同時に、1976年の第3版の索引の「合理性」の項目（1976, p.363）の子項目として「限定された合理性」が挙げられ、用語としては一度も登場しない「元の本文」からも3カ所が挙げられた。1978年にサイモンがノーベル経済学賞を受賞する2年前の話であった。

しかし、既に述べたように、改訂を重ねても、とうとう『経営行動』の「元の本文」には「限定された合理性」という用語は一度も登場しなかった。そして、こうしたやや神経質にも見える、ゲーム理論と微妙な距離感をとり続けようとした作業の副産物として、ゲーム理論との違いを強調するために、「限定された合理性」は序文の中でしか使えない「使用が限定された合理性概念」として『経営行動』に導入されたのであった。そしてノーベル経済学賞受賞から約20年がたち、1997年に第4版が出たとき、索引の中にしかなかった「限定された合理性」は、静かに姿を消すのである。

サイモンはその自伝（Simon, 1991, ch.21）の中で、自身のノーベル経済学賞受賞キャンペーンについて、結構生々しく書き残してくれている。一同業者としては、人間味に溢れ、好感が持てる

内容、書きぶりである。それによれば、サイモン自身は、1960年代末には、米国では「限定された合理性」は静かに死に至りつつあると思っていたらしい。

ところが、1970年頃から、サイモンがノーベル経済学賞をとるためのキャンペーンが始まる。たとえば、第3版が出版された1976年には、一度も会員になったことすらなかった米国経済学会（AEA）の特別フェローに選ばれる。そして、1978年、ノーベル経済学賞をめでたく受賞できたわけである。サイモンはこう述懐している。

　二番目によく尋ねられる質問——ノーベル賞は私の人生を変えたか？——に対しては、（中略）受賞の可能性に期待を抱いたこと（端的に言えばそのためにキャンペーンをしたこと）は、多少私の人生を変えた（Simon, 1991, p.324 邦訳 p.464）。

付録：各版の関係

⑴ 準備版（1945）と初版（1947）の対応関係

1947年の初版は1945年の準備版を大幅に書き直したものであり、対応関係を詳細に特定することは難しいが、章の間の大雑把な対応関係は図3-3のように整理できる。

1945年版の第5章の一部は若干修正されて1947年版の第5章に入っているが（1947年版の第5章 p.102, Mechanisms of organizational influenceのあたり以降）、1945年版の第5章の残りは1947年版の第7章になっている（清水剛, 私信, 2006年2月4日）。また、1945年版の第9章はナンバリングのミスでp.202の次はp.204とナンバリングされているために、p.203は存在しない。

ここで眼を引くのは、初版（1947）の第6章「組織の均衡」が準備版（1945）には存在しなかったこと（このことについては後で詳述する）。そして、初版（1947）の第2章「管理理論の若干の問題点」が、実は準備版（1945）では最後の章で、初版（1947）の第11章「組織の解剖」と並んで、本来は『経営行動』の理論の応用として位置づけられていたことであろう。

すなわち、1945年版は、完成度という点では準備版の域を出ないのだが、自らのオリジナリティーを示すための証拠としては、「1945年」の日付だけは必要だったのだ。逆に言えば、それほどまでに、『経営行動』の核心部分に対するゲーム理論の影響は絶大だったのである。実際、初版（1947）の第4章・第5章は準備版（1945）の第3章・第4章に書き足されたものではない。図3-3からも分かるように、特に初版（1947）の第4章は準備版（1945）の第3章から大幅に短くなっている。つまりゲーム理論のアイデ

図3-3 準備版（1945）と初版（1947）の対応関係

準備版（1945）			初版（1947）		
1	Introduction—The administrative process	19	1	意思決定と管理組織 Decision-making and administrative organization	19
			2	管理理論の若干の問題点 Some problems of administrative theory	25
2	The correctness of decisions	5	3	意思決定における事実と価値 Fact and value in decision-making	16
3	The logic of administrative decisions	29	4	管理行動における合理性 Rationality in administrative behavior	18
4	The psychology of administrative decisions	31	5	管理上の決定の心理 The psychology of administrative decisions	31
			6	組織の均衡 The equilibrium of the organization	13
5	The concept of authority	30	7	オーソリティーの役割 The role of authority	31
			8	コミュニケーション Communication	18
6	The criterion of efficiency	39	9	能率の基準 The criterion of efficiency	26
7	Institutional identifications and decision-making	21	10	忠誠心と組織への一体化 Loyalties and organizational identification	22
8	Influencing decisions	24	11	組織の解剖 The anatomy of organization	28
9	Organizing the skills of decision	36			
A	What is an administrative science?	7	A	管理科学とはなにか What is an administrative science?	6
B	Mathematical formulation of the theory of efficiency	4			
		245			253

（出所）筆者作成。初版の各章の和文タイトルは、第2版の邦訳のまま

アを使うことで、理論的にすっきりと整理されたのである。

⑵ 第6章「組織の均衡」は主題から外れていた

第2版（1957）・第3版（1976）・第4版（1997）の序文で解説される「本書の構成（structure of the book）」での整理によると、『経営行動』は表3-2のような4つまたは5つの層の問題から構成されている。

ここで、第1層を下にして積み上げているのは、第3版（1976）序文で「より上の諸層（すなわち3と4）から下へと（from the higher strata［i.e., strata 3 and 4］down）」（Simon, 1976, p.xv 邦訳序文 p.12）という表現が使われているからである。第2版（1957）序文では「最上層から下へ（from the top stratum down）」となっていた（Simon, 1957b, p.xiii 邦訳序文 p.8）。同様に、「これまで、われわれは主として、第7章から第17章までに関する事柄について述べてきた」（「第17章」は第2版［1957］では「第11章」だった, Simon, 1957b, p.xxii 邦訳序文 p.19）。邦訳では変わっていない「述べてきた」は、原典では変わっており、第2版（1957）では"we have been concerned"だったが（Simon, 1957b, p.xxii 邦訳序文 p.19）、第3版（1976）では"we have been discussing"になっている（Simon, 1976, p.xxvi 邦訳序文 p.26）。第7章から第17章は、上の階層（複数）であることが明記されている。

これらの章は、前に述べたように、「本書の構成の最上の諸層に相当する」（Simon, 1976, p.xxvi 邦訳序文 p.26）とある。ここで「最上の諸層（the topmost strata）」は、第3版（1976）の邦訳では「第一と第二の層」となっているが、これは第2版の"the first and second strata"の訳（Simon, 1957b, p.xxii 邦訳序文 p.19）が改訂さ

表3-2 『経営行動』の階層構造

	（初版 [1947]*） 第2版(1957)	第3版 (1976)	第4版 (1997)	第2版（1957）・第3版 (1976) での解説**
第5層		第12〜17章 （第2部）	第11章	組織構造の問題を扱うのにこの分析をどのように用いることができるかを例証する。
第4層	第11章	第11章	第7〜10章	組織自身が意思決定過程にどのような影響を及ぼすかについて討議する基礎を得るために、これらの影響過程を詳しく調べる。
第3層	第7〜10章	第7〜10章	第6章	組織と個人の間の、動機的なつながりを示す——すなわち、なぜ組織の影響、特にオーソリティーの影響が、人間の行動を形づくるのにこのような効果的力となるのかを説明する。（第4版も同じ）
第2層	第4〜5章	第4〜5章	第4〜5章	組織的環境のなかで意思決定と関連をもつようになる諸影響を理解することができるように、合理的選択の理論を組み立てる。
第1層	第2〜3章	第2〜3章	第2〜3章	人間の合理的な選択の構造を分析できるように方法論上の問題を若干扱う。

* 初版（1947年）にはそもそも序文が存在しないので、このような整理は行っていない
**1957, p.xiii 邦訳序文p.8; 1976, p.xiv 邦訳序文pp.11-12; 1997, p.ix.
（出所）筆者作成

れずにそのまま残ったもので誤訳である。「最上の諸層」が正しい。

　ただし、この直後に「いまや、もう少し深く第4章と第5章よりなる第三の層まで掘り下げたいと思う」（Simon, 1976, p.xxvi 邦

訳序文p.26）とあるが、第3版（1976）では第4章と第5章は上から数えても下から数えても第三の層にはならない。しかし、第2版（1957）では確かに上から数えて第三の層になるので、これは第3版の序文に改訂する際のサイモンの改訂ミスだと考えられる。実はこの引用部分の表現は、既に指摘した部分以外は第2版（1957）の序文から変わっていない（Simon, 1957b, p.xxii 邦訳序文p.19）。

　第4版（1997）の序文は、第3版（1976）までの序文のうち、この「本書の構成」のあたりだけを残して、他は削除されている（各章の注釈へ移動しているものもある）。ここで注目されるのが、準備版（1945）にはなかった第6章「組織の均衡」の扱いである。第2版（1957）・第3版（1976）では層の中にはそもそも入っていなかった。そして、「第6章は、組織と個人の間の、動機的なつながりを示すために挿入される」（Simon, 1957b, p.xiii 邦訳序文p.8; 1976, p.xv 邦訳序文p.12）と「挿入（insert）」という言葉が用いられている。この第6章はもともと準備版（1945）にはなく、初版（1947）でまさに新たに挿入された章なので、ぴったりな表現といえる。

　実際、ストーリー展開的にも第4版（1997）の序文のように第3層には入れるべきではなかったと思われる。第4版（1997）では削除されてしまった第3版（1976）の序文部分には「第6章は転換の性質を帯びている。（中略）第7章から第10章までは、再び主題に戻る」（Simon, 1976, p.xi 邦訳序文p.8）と明記されている。確かに、『経営行動』の主題を追いかけるという意味では、第6章はもともとの階層構造には入らない。第6章を除いた章は、組織の内部での意思決定過程を扱っていて一貫性があるが、この第6

図3-4　第3版（1976）第2部の位置づけ

初版（1947）・第2版（1957）・第3版（1976）第1部		第4版*		第3版（1976）第2部	
		本	C		
	序文** Introduction	34	4		
1	意思決定と管理組織 Decision-making and administrative organization	19	16	12	
2	管理理論の若干の問題点 Some problems of administrative theory	25	21	5	
3	意思決定における事実と価値 Fact and value in decision-making	16	13	4	
4	管理行動における合理性 Rationality in administrative behavior	18	15	5	
5	管理上の決定の心理 The psychology of administrative decisions	31	26	22	
6	組織の均衡 The equilibrium of the organization	13	11	26	
7	オーソリティーの役割 The role of authority	31	25	6	12	組織目標の概念について On the concept of organizational goal	22
8	コミュニケーション Communication	18	15	27	13	情報処理技術の未来 The future of information-processing technology	9
					14	情報技術の組織設計への適用 Applying information technology to organization design	21
9	能率の基準 The criterion of efficiency	26	22	6		
10	忠誠心と組織への一体化 Loyalties and organizational identification	22	18	9	15	選択的知覚 ——経営者の一体化—— Selective perception: The identifications of executives	6
					16	組織の誕生 The birth of an organization	20
11	組織の解剖 The anatomy of organization	28	24	27	17	ビジネス・スクール ——組織設計における問題—— The business school: A problem in organization design	22
A	管理科学とはなにか What is an administrative science?	6	5	0		
	序文を除いた総ページ数	253	360			100

* 第4版（1997）の「本」は各章の本体部分、「C」は注釈（Commentary）部分のページ数。第4版（1997）は第3版（1976）より大判の装丁になったために、各章のページ数は減少する
**ページ数34は第3版（1976）の序文のページ数。第2版（1957）の序文は31ページだった
（出所）筆者作成。各章の和文タイトルは邦訳のまま

章だけが、組織の境界で人が組織に参加するか去るかの意思決定を扱っていて、しかも「この章の大部分はバーナードの考えを言い替えたもの」（Simon, 1976, p.xi 邦訳序文 p.8）なのである。

⑶ 第3版（1976）第2部の位置づけ

　ところで、第3版（1976）の第2部は、第4版（1997）ではどこに行ってしまったのだろうか。実は、解体されて第4版（1997）の各章の注釈（Commentary）に割り振られてしまったらしい。そして、その行き先については、既に第3版（1976）の序文で、第2版（1957）の序文への追加部分である「第2部の計画（Plan of Part II）」（Simon, 1976, pp.xiii-xiv 邦訳序文 pp.10-11）として、元の本文、第1～11章（実際には第6～11章）との関連性として示唆されていた。それが図3-4の矢印である。

［第 **4** 章］

特定性と予測可能性
【マーチ＝サイモン】

1 ｜『オーガニゼーションズ』の組織観： 特定性

マーチとサイモンの組織観、より正確には『オーガニゼーショ ンズ』の組織観を見事に表しているのは、同書のほぼ冒頭部分 （2ページ目）にある次の文章だろう。

他の多くの社会的影響過程との対比で、組織内影響過程特有の 特性を一つに要約しようとすれば、拡散性（diffuseness）に対 して特定性（specificity）である（March & Simon, 1993, p.21 邦 訳p.3）。

そして具体例として、『オーガニゼーションズ』では、①噂の 伝達と②メーカー内の顧客の注文の伝達の2例を比較し、「経路 （channel）の特定性」の顕著な程度の差を説明している。

①【噂の伝達】「噂の伝達はまさに拡散の過程である。噂がたった一つの経路だけで外に伝わることはめったになく、実際、情報源から広く撒き散らさないと、たいていの場合、噂はすぐに消えてしまう」（March & Simon, 1993, p.21 邦訳p.3）。

②【メーカー内の顧客の注文の伝達】「顧客の注文は、明確に限定された経路で、しかも通常は少ない経路で、特定の伝達先まで伝えられる」（March & Simon, 1993, pp.21-22 邦訳p.3）。

①は、いまやSNSでの常套句「拡散希望」を半世紀以上前に予見したかのような記述である。さらに、組織の伝達の特定性には、こういった「経路の特定性」だけでなく、「内容（content）の特定性」もあると主張し、③マスコミを通しての伝達と④組織的伝達を比較している（March & Simon, 1993, p.22 邦訳p.4）。

③【マスコミを通しての伝達】「新聞・ラジオの読者・聴取者は、共通の専門的語彙をもたず、共有特殊知識に合ったテーマもなく、マスコミ情報が届いたときに彼らが何を思うか予測する良い方法もない」（March & Simon, 1993, p.22 邦訳p.4）。

④【組織的伝達】「組織的伝達の受け手は、少なくとも原則的には、これとは反対の極にある。つまり、受け手の特殊能力・特性について、多くのことが知られている。この知識は、受け手とのたくさんの過去の経験から得られ、受け手の仕事環境の詳細な知識から得られる」。極端な場合、「送り手・受け手双方が理解する高度に発達した正確な共通専門用語を用いれば、暗号にもなりうる」（March & Simon, 1993, p.22 邦訳p.4）。

こうした組織内伝達の高い特定性②④が、組織の調整能力の基盤になる。それを『オーガニゼーションズ』は、社会学の役割（role）概念を用いて次のように説明する。

組織内の役割は高度に精巧で、比較的安定し、相当程度明示的で文書化される傾向すらある。役割定義は、それを果たす個人のためだけではない。組織内で取引機会のある人に相当詳細に知られるので、各組織メンバーの周囲の人の環境が高安定・予測可能になる傾向がある。組織は調整して環境に対処する能力をもっているが、その能力は、これから議論する組織の構造的特徴とともに、この予測可能性のおかげなのである（March & Simon, 1993, pp.22-23 邦訳 pp.4-5）。

そして、この予測可能性が、後にワイクがいう安定した相互連結行動サイクルが成立するための基礎になる。

こうした組織内構造・調整の高特定性は、組織間・非組織化個人間の散漫で変わりやすい関係とは対照的で、この濃淡の違いで、社会学的単位として、個々の組織に仕切られることになる（March & Simon, 1993, p.23 邦訳 p.5）。あっさり書いているが、このことがあるからこそ、組織ではメンバーの新陳代謝が可能であり、それゆえ、永続的な活動も可能になるのである。

2 │『オーガニゼーションズ』とはどんな本か

(1) 隠し味は統計的決定理論

1958年に出版された『オーガニゼーションズ』（訳せば『組織

（論）』）という実にシンプルな題名の本は、20年後の1978年にノーベル経済学賞を受賞することになるサイモン（Herbert A. Simon; 1916-2001）が、マーチ（James G. March; 1928-2018）と共著で書いた本である。内表紙には、協力者としてゲッコウ（Harold Guetzkow; 1915-2008）の名も挙げられている。取り上げている内容が膨大な割には、本文が200ページほどしかない比較的薄い本である。

　出版の翌年1959年には、日本でも組織学会が設立されているし、巷には、経営や組織に関するビジネス書はあったようだ。とはいえ、確かに当時も、こうした経営者や行政官といった実務家向けに書かれた組織の本は多かったのに、組織論は社会科学の中で重要な位置を占めておらず、そのことをマーチ＝サイモンは嘆いていた（March & Simon, 1993, p.20 邦訳 p.2）。

　そんな中で『オーガニゼーションズ』は、組織論のガチガチの学術書・専門書として出版された。そして、私の研究者人生を決めた本でもある。約30年前に書いた拙著『組織の中の決定理論』（高橋, 1993）の「まえがき」冒頭部分に、私はそんな思いを綴っている。

　　J. G. March と H. A. Simon の書いた *Organizations* という本がある。出版されたのは1958年、私の生まれた翌年である。近代組織論の金字塔的業績であり、いまや組織論の古典であるが、翻訳が出たのは原著出版後20年もたった1977年、私が大学の学部学生の頃であった。そのときは評判を聞いて一読してはみたものの、たいして印象も残らなかった。しかし、大学院に入り、多少なりとも勉強をしてから読み直してみて、そのバックグラ

ウンドの広さにようやく気がついて唖然とした。統計的決定理論、ゲーム理論、経済学、心理学、行政学、社会学、そしてもちろん経営学の分野で、その後咲き乱れることになる大輪の花々の種子が組織論という鞘の中に埋め込まれている。そんな感じの本である。特に統計的決定理論との連続性には新鮮な驚きがあった。近代組織論は決定理論の理解なくしては語れない。この本との再会を果たして、私は自分の専門分野を決めた。

　そして、本来の守備範囲である経営学の分野で、近代組織論ではいわばかくし味的存在であった統計的決定理論を前面に打ち出した組織研究をするようになった私は、後になって、大学院時代に統計的決定理論のまともな授業、演習に参加する機会に恵まれたこと自体、とてつもなく幸運なことであったことを知らされた。

　こんな幸運にめぐり合うことができたという感謝の気持ちが、本書執筆の根底にある。私の感じた新鮮な驚きをどれだけ伝えることができるだろうか。統計的決定理論と近代組織論の連続性、さらにはコンティンジェンシー理論、組織活性化（組織開発）、ゴミ箱モデル、そして動機づけ理論への展開を一つの流れとしてはっきり見えるようにできるだろうか。とにかく、一見かなり距離のあるこれらの領域を、決定理論を基軸に1冊の著書にまとめる作業に着手したわけである（高橋, 1993, まえがき pp.i-ii）。

拙著『組織の中の決定理論』は、出版社の了解もとって、2018年からは東京大学学術機関リポジトリで著者版（全文PDF）を公開している（https://doi.org/10.15083/00074817）。便利な著者版

（全文HTML）も公開しているので（https://books.bizsci.net/decision1993/）、目次だけでも容易に確認できるはずだが、実は、拙著が扱えたのは『オーガニゼーションズ』のうちの第6章がせいぜいだった。『オーガニゼーションズ』は比較的薄い本だったにもかかわらず、そのカバレッジは恐ろしく広かったのだ。

(2)『オーガニゼーションズ』を理解した人はいなかった

　本書第1章でも触れ、上記の「まえがき」でも触れているように、『オーガニゼーションズ』の初版（March & Simon, 1958）は、出版から20年近くたった1977年に、翻訳（土屋守章訳）が出版されている。第2版（March & Simon, 1993）は、「第2版への序文」を追加して、出版社を変えて、1993年に出版された。第2版については私が翻訳し、やはり約20年後の2014年に出版されている。私は研究者としてキャリアを積んでから、50代になって同書を翻訳したわけだが、翻訳者として、あえて言わせてもらいたい。組織論研究者であれば、『オーガニゼーションズ』を「読んだ」人は多いだろう。しかし、「理解した」人はほとんどいないはずだ……と。なぜなら、読んでも理解できるはずがないからだ。

　そもそも『オーガニゼーションズ』の初版の原典や翻訳を読もうとして、私を含めてどれだけの人が、挫折感を味わったことか。それは研究者および研究者の卵クラスの人も含めてである。私自身「一読してはみたものの、たいして印象も残らなかった」などと強がって書いてはいたものの、実のところ、ほとんど内容を理解できていなかった。そのあたりの事情は、翻訳者の特権として、第2版翻訳の「訳者あとがき」に思い入れたっぷりに書かせてもらったが、ここでは、その要点だけをかいつまんで紹介しておこ

う。なぜ「理解した」人がほとんどいなかったと断定できるのか。

　まず事実として、原典の初版と第2版は一字一句比較確認し、その変更点は訳注にも示したが、本文については、基本的に変更はなかったといっていい。つまり、第2版は「第2版への序文」が追加されただけで、本文は初版と同じだったのである。ところが訳業を始め、理解できない箇所や意味の分からない箇所について、そこで引用されている文献にまでさかのぼって調べ始めると、原典に明らかな間違いがあることが次々と分かってきた。

　まず、原典の参考文献リストには、膨大ともいえる897点の論文、書籍、資料が挙げられているが、実際に本文中で引用されているものは、そのうちのたった26.1％、234点にすぎない（この中には、初版の参考文献リストには載っておらず、第2版の参考文献リストで追加された2点も含まれている）。

　引用されている文献については、間違いだらけの書誌情報をすべてチェックして参考文献リストを加筆修正し（第2版翻訳の参考文献リストにつけられた98個の訳者注をご覧あれ）、入手可能なものはすべて入手した。いまや、ほとんどの論文は電子ジャーナル化されていてダウンロードできるし、大学図書館にも入っていないような文献についても、今は米国の図書館が古い文献をどんどん廃棄・放出しているので、ネットの古書市場で探し回るとたいていは現物が手に入った。

　入手した文献については、必要最小限の内容の確認をしたところ、引用内容の間違いがかなり見つかった。さらに、図と本文中の説明が食い違っていたり、大量の「変数」を扱ったせいか（通常の索引に加えて206個の「変数の番号索引（numerical index to variables）」までついているほど）、挙げられている変数が間違って

いたりと、原典には、にわかには信じがたいくらいの量の間違い
があった。これらについては、編集者から「本1冊分くらいの分
量がありますね」と皮肉られた膨大な訳者脚注をご覧いただきた
い。この膨大な訳者脚注抜きに、本文だけを読んで、内容を理解
できていたとしたら、逆に不思議なのである。

(3)『オーガニゼーションズ』誕生当時の様子

そうした後ろめたさもあってか、サイモンは後に出版した400
ページ近い大部の詳細な自伝（Simon, 1991）の中で、わずか1ペー
ジ（pp.163-164 邦訳pp.242-243）しか『オーガニゼーションズ』
に触れていない。他の業績と比べても扱いが格段に小さいのであ
る。要するに『オーガニゼーションズ』は初版出版後、半世紀以
上にわたって、（残念ながら私も含めて）誰一人として、世界の
組織論研究者で、まともに全体を読んで理解した人がいなかった
ことになる。だから、マーチもサイモンも、誰からも間違いを指
摘されなかった。その結果、私が見つけたほとんどの間違いは、
原典第2版出版時にも直されていなかったのだ。

前述のサイモンの自伝（Simon, 1991）を読むと、『オーガニゼ
ーションズ』を書いた当時の様子が分かってくる。サイモンとマ
ーチ、そして第三の共著者ともいえるゲッコウは、それぞれ1949
年、1953年、1950年にカーネギー工科大学（1965年にカーネギ
ー・メロン大学に改称）に着任している。3人で一緒に研究会を
やるようになり、意思決定過程を問題解決過程と考えるようにな
っていったらしい（本書第3章を思い出してほしい）。ゲッコウは
『オーガニゼーションズ』完成前の1957年に、マーチも1964年に
カーネギー工科大学を離れる。サイモン自身も、その頃、それま

での政治学（行政学）、経済学からコンピュータ科学、認知科学、人工知能へと研究テーマを大転換することになる。

つまり、サイモンとゲッコウは40歳前後、マーチは30歳手前の数年間のすれ違う時間の中で『オーガニゼーションズ』は生まれた。たとえて言うならば、統計的決定理論、ゲーム理論、経済学、心理学、政治学、行政学、社会学、そして経営学というそれまでバラバラだったタテ糸が、一瞬絡み合って「組織論」という結び目を作り、そしてまたほどけていく。その結び目が『オーガニゼーションズ』だったのである（March & Simon, 1993, 訳者あとがき p.294）。

3 ｜ 構成に隠された先行研究

(1) 3タイプの命題に沿った構成

それまでバラバラだったタテ糸が、一瞬絡み合って作った「組織論」という結び目。それを『オーガニゼーションズ』は、出自にかかわらず、統一された形式の命題に落とし込もうとした。

実際、サイモンの自伝（Simon, 1991, p.163 邦訳 p.242）によれば、内容分析（content analysis; テキスト分析とも呼ばれる）の最初の本（Berelson, 1952）で有名なベレルソン（Bernard Berelson, 1912-1979）がマーチ、サイモン、ゲッコウに組織論の命題目録（propositional inventory）作りを依頼したことが、『オーガニゼーションズ』誕生のきっかけだとされている（March & Simon, 1993, 邦訳 pp.272-273 訳者注 18）。そして、そうして集めた命題を、それに埋め込まれている仮定の違いにより、次の3つに大別して既存知識の体系化を試みたのである（March & Simon, 1993, p.25 邦訳

p.8）。

①組織メンバーとりわけ従業員は、主として受動的機械（passive instruments）であり、仕事遂行と指示受諾はできるが、行為創始や影響力行使はあまりできないと仮定している命題。

②メンバーは(a)態度、価値、目的（attitudes, values, and goals）を組織に持ち込み、(b)組織行動システムへの参加には動機づけ、誘因づけが必要で、(c)個人目的と組織目的の対応は不完全で、(d)現実あるいは潜在的な目的の葛藤・対立のために、組織的行動は権力現象、態度、勤労意欲を中心に説明されると仮定している命題。

③組織メンバーは、意思決定者・問題解決者（decision makers and problem solvers）であり、組織内行動は知覚・思考過程を中心に説明されると仮定している命題。

そして、この3タイプに命題を分類し、タイプ①の命題群（科学的管理法）を第2章で扱い、タイプ②の命題群（官僚制、人間関係論、リーダーシップと監督、権力現象の研究）は第3章、第4章、第5章で扱い、タイプ③の命題群（心理学者の組織伝達と問題解決に関する文献、経済学者他の計画過程に関する文献）は第6章、第7章で扱うと『オーガニゼーションズ』の構成が述べられている（March & Simon, 1993, pp.25-26 邦訳 pp.8-9）。

ここで注意がいるのは、『オーガニゼーションズ』では、これら3タイプは人間行動の「側面（aspect）」と考えられているということである。タイプ①は人間行動の機械的側面（instrumental aspects）、タイプ②は動機的・態度的側面（motivational and attitudinal aspects）、タイプ③は合理的側面（rational aspects）に関する命題群ということになる（March & Simon, 1993, p.25 邦訳 p.8）。確かに観察期間が十分に長ければ、一人の人間でも長い人生の間には、時期によって異なる側面を見せることになるのかもしれない。しかし、逆に観察期間が十分に短ければ、一人の人間はどれか一つのタイプに当てはまると考えるのが自然であろう。

　実際、これから見るように、高橋（Takahashi, 1992a）は、質問票で3タイプに分ける方法を提案し、調査している。そして意外なことに、この研究を媒介することで、マーチ＝サイモンの3タイプが、実は彼らの20年前に、マートンによっても指摘されていたことが明らかになる。

(2) 組織活性化のフレームワーク

　まずは、媒介してくれる「組織活性化のフレームワーク」（Takahashi, 1992a）の説明から始めよう。このフレームワークでは、活性化された状態（activated state）を「組織のメンバーが ①組織と共有している目的・価値を ②能動的に実現していこうとする状態」と定義する。この定義は、本書第2章でも取り上げた、バーナードの公式組織の成立条件、すなわち、まず「(1)相互にコミュニケーションできる人々がいて、彼らに(2)貢献意欲があって、(3)共通目的を達成しようとするとき」、公式組織が成立している（Barnard, 1938, p.82 邦訳 p.85）からもってきたものである。①は(3)、②は(2)に対応している。

　そして、①の組織と目的・価値を共有している程度を表すものとして一体化度を、②に関連して、逆に受動的に思考している程度を表すものとして無関心度を考える。この一体化度と無関心度

は、それぞれ次のような意味を持っている。

(i)一体化度：サイモン（Simon, 1947, ch.10）は、メンバーが意
思決定を行うにあたって、一定のグループにとっての結果の
観点からいくつかの代替案を評価するとき、その現象を一体
化（identification）と呼んだ。すなわち、メンバーが、組織と
目的・価値を共有しているとき、そのメンバーは、組織に自
身を一体化していると呼ぶのである。この一体化の程度を表
すものとして一体化度を考える。

(ii)無関心度：バーナード（Barnard, 1938, pp.167-169 邦訳 pp.175-
177）は各々の組織メンバーには「無関心圏（zone of
indifference)」が存在し、その圏内では命令の内容は意識的
に反問することなく受容されうるのだと考えた。つまり代替
案レベルでは、無関心圏内にある代替案に対してはその内容
が何であるのかについて比較的無関心・無差別に、命令を受
け入れるのである。こうした無関心圏の大きさを表すものと
して無関心度を考える。

このうち、(ii)無関心度の「無関心圏」については、既に本書第
2章で「無差別圏」と訳すべきだったとして登場している。無関
心圏が大きいということは、上司の命令に対して忠実で従順であ
ることを意味しているのだが、半面、受動的で、組織の中で受け
身でいることも意味し、言われたことは実行するが、自分で代替
案を作っていくようなことはしない。

そこで、高橋（Takahashi, 1992a）は、この無関心度を横軸、一
体化度を縦軸にとったグラフをI-I図（I-I chart; Identification-

Indifference chart) と呼び、これにメンバーおよび組織をプロットすることで、活性化度の比較を行う手法を開発したのである。その基本は無関心度と一体化度の持つ意味から、I-I図によってメンバーの特徴づけを行うことができるということである。無関心度の高低と一体化度の高低の組み合わせから、図4-1のような4つのタイプに類型化して考えることができる。

タイプ1:受動的機械型と呼ばれ、無関心度が高く、かつ一体化度が高い組織メンバーである。受動的機械 (passive instrument) という名称は、既に述べたマーチ＝サイモンの分類からとったものである。このタイプのメンバーは組織の要請・命令に忠実で、かつ組織と目的・価値を共有している。指示を受けて仕事を遂行するが、自分から行動を起こして影響力を行使したりはしない。また、組織と目的・価値を共有しているので、動機づけはあまり問題にならない。

図4-1 I-I図によるメンバーの類型化

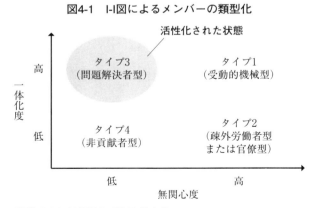

(出所) Takahashi (1992a) p.152, Fig.2に加筆

タイプ2：疎外労働者（alienated worker）型または官僚（bureaucrat）型と呼ばれ、無関心度は高いが、一体化度は低いメンバーである。命令には従うが、個人的な目的・価値と組織の目的・価値が一致していない。そのために、目的・価値の対立から、権力現象とか勤労意欲が組織内の行動の説明に重要となってくる。目的・価値の点では組織と一線を画しているが、行動の点では命令に従っているので、よくいわれる公務員タイプ、官僚タイプに相当すると思われる。このタイプは、当初「官僚型」と呼んでいたのだが（Takahashi, 1989）、ジャーナルの編集者から、日本ではどうか分からないが、欧米では「官僚」にそんな悪い印象はないので、「疎外労働者」に変えてはどうかと言われ、載せてもらいたい一心で、言いなりになって変更したものだった。

　タイプ3：問題解決者（problem solver）型または意思決定者型と呼ばれ、無関心度は低いが、一体化度が高いメンバーである。メンバーは無関心圏が狭いので、命令・指示の忠実な受け手というよりは、それらに反問し、組織と共有している目的・価値に基づいて、組織の立場から常に問題意識を持って、問題解決をし、意思決定を行おうとする者である。定義に従えば、このタイプ3のメンバーが多いとき、組織は活性化された状態にあるということになる。

　タイプ4：非貢献者（non-contributor）型または非構成員型と呼ばれ、無関心度も一体化度も低いメンバーであり、個人的な目的・価値と組織の目的・価値が一致していないうえに、命令にも従順ではなく、組織的な行動を期待できない者である。実質的には組織のメンバーとはいえない。実際、タイプ4のメンバーは、現実の企業には少ないことが調査結果から分かっている（Takahashi,

1992a）。

　ここで登場するタイプ1、タイプ2、タイプ3が、先ほどのマーチ＝サイモンのタイプ①、タイプ②、タイプ③と合致している……というより合致するように設定したのである。言い換えれば、マーチ＝サイモンのタイプ①、タイプ②、タイプ③は、無関心度の高低と一体化度の高低の組み合わせで特徴づけることができる。これが高橋（Takahashi, 1992a）の理論的発見であった。

(3) 人間と適応様式の類型

　そして、マーチ＝サイモンの3タイプをI-I図で表せるようになったことから、新たな気づきが生まれた。マーチ＝サイモンは気づいていなかったようだが、マーチ＝サイモンの3タイプは、彼らより20年も前の1938年に原論文が発表されている社会学者マートンが逸脱的行動の社会的文化的原因の分析（Merton, 1957, pp.139-157 邦訳pp.121-148）を行う際に用いた個人的適応様式の類型と基本的に合致していたのである。

　この事実は、I-I図を見た社会学者・山本泰（1951-2023）によって、発見、指摘されたもので、社会学の講義などでは、マートンの類型の説明は、図4-2のような図を描いて行われることが多く、この図がI-I図と一致するという指摘だった（高橋, 1995, p.149）。

　ではマートンは何を言っていたのか？　マートンによれば、社会的文化的構造の種々の諸要素の中で、さしあたり2つのものが重要である。一つは、人々が努力するに値する、文化的に定義された目標や目的や関心からなる文化的目標（culture goals）、2つ目

図4-2 文化を担う社会の中での個人的適応様式の類型

(出所) Merton (1957) p.140 (邦訳p.129) から作成したもの。表示しにくい5番目の類型「反抗」は省略している

は、この文化的目標を達成するために許容された手段である制度的手段（institutionalized means）である。そして文化的目標と制度的手段をそれぞれ受容（acceptance）する（＋）か拒否（rejection）する（－）かによって、文化を担う社会（culture-bearing society）の中での個人の適応様式（modes of individual adaptation）の類型を分類すると次ページの表4-1のようになるとした。ここで文化的目標の受容度が一体化度、制度的手段の受容度が無関心度に対応するものであることが分かる（高橋, 1995, p.149）。これを図にしたものが、先ほどの図4-2だったのである。

マートンは、I-I図でタイプ1の受動的機械型のところに同調（conformity）、タイプ2の疎外労働者型または官僚型のところに官僚主義的な儀礼主義（ritualism）、タイプ3の問題解決者型または意思決定者型の活性化された状態のメンバーのところに革新（innovation）、タイプ4の非貢献者型または非構成員型のところに逃避主義（retreatism）を位置づけていた。

表4-1　個人的適応様式の類型

適応様式	文化的目標	制度的手段
同調	+	+
儀礼主義	−	+
革新	+	−
逃避主義	−	−
反抗	±	±

＋：受容　　−：拒否
±：一般に行われている価値の拒否と新しい価値の代替
（出所）Merton（1957）p.140（邦訳p.129）から作成したもの

　ところで、社会学では有名なこの表4-1は、マートンが何度も論文を書き直して発表してきたために、引用が安定しない。そこで整理しておくと、最初は1938年に*American Sociological Review*に発表した論文に「表」（Merton, 1938, p.676）が登場している。1949年にはアンシェン（Ruth N. Anshen）編集の本にその論文の改訂・拡張版が所収され（Merton, 1949, p.226 脚注1）、そこにも同様の「表」（Merton, 1949, p.236）が登場する。この1949年の論文が、今度はマートン自身が編集する1957年の自身の論文集に所収されて、そこにも「表」が登場する（Merton, 1957, p.140 邦訳p.129）。ただし、その間、1938年版から1949年版に改訂・拡張した際に、記号の意味が次のように変化している。そのため、どの版を引用したかで意味が違ってくるので注意がいる。

＋　受容（acceptance）
−　拒否（rejection［Merton, 1949; 1957］← elimination［Merton, 1938］）
±　一般に行われている価値の拒否と新しい価値の代替
　　（rejection of prevailing values and substitution of new values

[Merton, 1949; 1957] ← rejection and substitution of new goals and standards [Merton, 1938]）

　マートンによれば、革新という適応様式は、成功目標が文化的にきわめて強調されている中で、成功を得るための効果は大きいが制度的には許容されていない手段を用いるところに現れる。偉大な米国の歴史は、制度上ではいかがわしい革新への無理押しで綴られているという。組織活性化もマートンのいう革新も、既成の許容された行動を脱して逸脱的行動をとるものの、文化的目標という文化の既成価値が強調される中、いわば強い文化的目標を前提としてそれが行われるという点で、逃避主義とは異なり、強い文化とは切り離しては考えられない（高橋, 1995, p.150）。

　そして図4-2からも分かるように、強い企業文化はメンバーに対して決して「同調」だけを求めているわけではない。真の組織革新とは、企業文化を「革新」して変えてしまうことではなく、その企業がそれまで培ってきた企業文化を強化する中で、既成の許容された制度的手段の枠を超えた行動を起こしていくことなのである。1980年代に多くの日本企業で試みられたコーポレート・アイデンティティー（corporate identity; CI）の運動は、実は、そうした組織革新を目指した運動だった（高橋, 1995, pp.150-151）。

4 ｜『オーガニゼーションズ』の主張

　ということで、カバレッジが広すぎて全体像を「これです」とは示しにくい『オーガニゼーションズ』の内容を、章ごとに順を追って解説・紹介していこう。ただし、『オーガニゼーションズ』

第2章「『古典的』組織論」については、既に本書第1章で紹介済みなので、『オーガニゼーションズ』第3章「動機的制約：組織内決定」から紹介を再開する。

(1) 動機的制約：組織内決定（第3章）

この第3章「動機的制約：組織内決定（Motivational constraints: Intraorganizational decisions）」は、読む人によって見え方がかなり異なるようだ。主に、3.2節の①マートン、セルズニック、グールドナーが指摘したとされる「官僚制の逆機能」の話に着目する人と、3.3節の②数学も使って記述された「適応的で動機づけられた行動の一般モデル」（図4-3）に着目する人に大別される。私の印象では、『オーガニゼーションズ』を引用する人は、①か②で引用する人が多いように思う。しかし、どちらも『オーガニゼーションズ』の主張の核心を見事に外している。

図4-3 適応的で動機づけられた行動の一般モデル

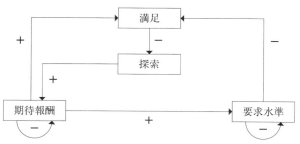

(出所) March & Simon (1993) p.68, Figure 3.5（邦訳p.64, 図3.5）から変数番号を除いたもの

○ 満足させたって人間は働かない

　たとえば、本書第1章でも書いたが、官僚制の逆機能の話は、元の文献のトーンからすると、かなりこじつけ気味で不正確だし、そもそも「逆機能」の語感の強烈さに惑わされ、語感だけで「官僚制批判」をしていると勘違いしている読者が多すぎる。しかし違うのである。社会学では「逆機能」が定訳のようだが、dysfunctionを辞書通りに「機能不全」と訳せばもっと素直に読める。要するに、ただ「人間は言った通りには働いてくれない」というお話なのである。官僚制を取り上げたのは、たまたま官僚制の文献が揃っていたからで、本来は官僚制なんかとは無関係に見られる現象なのだ。

　なにしろ、満足させたって人間は働かないので……。実は、数学モデルに惑わされ、完全に本筋を見失っている読者が多いが、②一般モデルで本来強調されていることは、高い職務満足は高い生産性につながらないという「画期的」事実とその理論的根拠なのである。一言で言えば、「『満足した』ネズミがT迷路で最善を尽くすとは誰も予測しない」（March & Simon, 1993, p.70 邦訳p.67）からだ。図4-3で「満足」から「探索」に向かうマイナス（！）の矢印こそが核心なのだ。だから、T迷路実験では、わざわざ空腹のネズミを使って餌探しの実験をしている。なのに、なぜ人間だけは、満腹なのに餌を探すんだ？　あるいは、より満腹であればあるほど（！）より餌を探すんだ？　そんなのおかしいだろう……この当たり前のことをご丁寧にモデルも使って論証してみせたのである。要するに、実証的にも理論的にも「高い満足それ自体は、高い生産の特に良い説明変数ではないし、生産を促進する因果関係もないと結論していい」（March & Simon, 1993, p.71 邦訳

p.68）。つまり、満足から生産性への因果関係はないという、そんなすごい主張をしていたのである。

○ 台無しの第3章後半から期待理論へ

　ただ、理解していない読者の側だけを一方的に批判しにくいのは、『オーガニゼーションズ』第3章の後半が、目が点になるほどのご乱心ぶりで、前半のせっかくのすごい主張を見事なまでに台無しにしてくれているからである。多分、前半と後半で執筆者が代わったのではないだろうか。後半になると、前半の主張を無視して、突如、サイモンが『経営行動』でゲーム理論から借用して意思決定モデルに仕立て直した際の3要素、(a)代替案、(b)代替案の結果、(c)結果を評価する価値で、生産動機づけを整理する展開になってしまうのだ。

　そう整理してしまえば、個人の生産動機づけの実証研究は、(a)代替案の想起集合、(b)想起代替案の知覚された結果、(c)個人目的のそれぞれに関連する要因をつきとめようとしていたのだということになってしまう（March & Simon, 1993, p.72 邦訳p.69）。こうして3.4節は、3.4.1項で(a)、3.4.2項で(b)、3.4.3項で(c)の順に、変数と変数間の関係をピックアップすることに充てられる。

　そして3.5節「結論」で、「本書の分析によれば、生産動機づけへの影響は、次の三つに及ぼす影響の関数である。(a)個人の行為の代替案の想起、(b)個人が予想する想起代替案の結果、(c)個人が結果に付与する価値」（March & Simon, 1993, p.101 邦訳p.104）とまるっとまとめられてしまうのだ。ただし、これは、生産動機づけにも意思決定の一般モデルを当てはめることができますよといっているだけのことで、要するに生産動機づけを「生産の決定」

として整理すると、こんな変数が挙げられますといっているにすぎない。

ただ、こうした整理も学説史的には無意味ではなかったのかもしれない。『オーガニゼーションズ』の6年後、同書に触発されたかどうかは定かではないが——引用はしているが——、マーチやサイモンと同じカーネギー工科大学（当時）で准教授をしていたブルーム（Victor H. Vroom; 1932-2023）が、『仕事とモチベーション（*Work and motivation*）』（Vroom, 1964）を著したからである。

期待理論をぶち上げたこの1冊で、ブルームは一躍有名になる。これは500以上の実証研究をその期待理論で説明しようとしたもので（March & Simon, 1993, 邦訳p.64 訳者脚注44）、実は同書は、このマーチ＝サイモン第3章後半の整理に沿うかのように(a)(b)(c)のアイデアで期待理論を構築していたのである。その意味では、マーチ＝サイモンは、動機づけ理論に対する重要な貢献をしたといえるのかもしれない。

ただし、ブルームの期待理論とは、実は、ブルームが誘意性（valence）と呼んだ(c)の価値——経済学でいうところの効用——の期待値が大きければ、モチベーションが強くなるという理論なのである。つまり、マーチ＝サイモンの第3章前半では、満足から生産性への因果関係はないと結論しておきながら、第3章後半では、一転して、満足でモチベーションを説明できるという前提で命題が整理されていたことに改めて気づかされるわけだ。これをご乱心と言わずに、なんと言おう。

実際、ブルームは、マーチ＝サイモン第3章が指摘した2種類の決定「参加の決定」「生産の決定」（March & Simon, 1993, p.67 邦訳p.64）の区分（第3章は生産の決定の章）の主張を踏襲した

かのように——しかしマーチ＝サイモンを引用していない——、次のように明快に結論づけている。曰く、期待理論は、欠勤・離職といった参加の決定と職務満足との関係を説明するには有効だが、生産の決定つまり生産性と職務満足の関係を説明できない（Vroom, 1964, pp.181-182 邦訳p.210）。つまりマーチ＝サイモンの第3章後半のアイデアに従って期待理論を構築してはみたものの——とは書いていないが——、結局、生産の決定なんて説明できなかったよ。説明できるのは参加の決定だけさ、と結論したわけだ。

　実はマーチ＝サイモンも言及していたことだが（March & Simon, 1993, p.67 邦訳pp.63-64）、当時、1950年代後半までには、さまざまな研究が繰り返された結果、職務に対する不満足は離職や欠勤という行動には結びつくようだが、他方、職務満足と生産性の間には一貫した関係がないということが、既に定説となっていたのである（Brayfield & Crockett, 1955; Likert, 1961）。ブルーム自身も、職務満足と職務遂行との関連の強さについて明示している20の研究をレビューして、欠勤、離職、生産性との関係について次のように結論づけていた（Vroom, 1964, p.186 邦訳p.215）。

①職務満足と離職確率との間には一貫した負の関係がある。
②職務満足と欠勤との間には、やや一貫性を欠くが、負の関係が見られる。
③職務満足と生産性の相関には非常に広範囲のバラツキがあり、両変数間には単純な関係は存在しないし、両者の関係の強度および方向に影響する条件は不明である。

要するに、マーチ＝サイモン第3章前半の主張通り、満足から生産性への因果関係はなかったことをブルームも確認したのだ。そして、このブルームの話には驚きの続きがある。ブルームは、『仕事とモチベーション』の実質的最終章である第8章で、広範な調査研究のサーベイの結果として、「このことは、遂行（performance）は目的達成の手段であるばかりではなく目的でもあることを示唆している。すなわち、個人は遂行の外的媒介結果とは無関係に、効果的遂行からは満足を引き出し、非効果的遂行からは不満足を引き出す可能性を示唆している」（Vroom, 1964, p.267 邦訳 p.304）と要約しているのだ。

　つまりブルームは、人間は高いパフォーマンスからは満足を引き出し、低いパフォーマンスからは不満足を引き出すことを示唆しているとしたのである（Vroom, 1964, pp.266-267 邦訳 pp.304-305）。私はこれを「ブルームの予想」と呼んでいるが（高橋, 2005, p.72; 2015b, p.225）、ブルームのこの部分を引用する研究者は、私を除けばほぼ皆無だ。しかし、カーネギー・メロン大学の大学院で、ブルームに師事したデシ（Edward L. Deci; 1942-）は、ブルームの勧めもあって内発的動機づけの研究に着手し（Deci, 1975, p.vi 邦訳 pp.iv-v）、やがて「ブルームの予想」を実証していくことになる。

⑵ 動機的制約：参加の決定 （第4章）

○ 組織に不満を持ち続けながらも組織にとどまる理由は何か

　この第4章「動機的制約：参加の決定（Motivational constraints: The decision to participate）」はサブタイトルの通り、参加の決定に関する章であるが、サイモン的には、この章の冒頭に出てくる

「組織均衡」について論じた章ということになるだろう。サイモンの『経営行動』（Simon, 1947）では、第6章「組織の均衡（the equilibrium of the organization)」とわざわざ1章を割いているくらいで、思い入れのある概念なのである。『オーガニゼーションズ』では、組織均衡を2つの切り口で精査している。

①主要な参加者（participant）として、従業員、投資家、供給業者、流通業者、消費者の5種類がある（March & Simon, 1993, p.109 邦訳p.113)。
②組織均衡論がトートロジーに終わらないためには、(a)参加者の行動（組織に加わる、とどまる、去る）と(b)各参加者の「効用」に照らして測定された各参加者の誘因と貢献のバランスの2変数を独立に測定する必要がある（March & Simon, 1993, p.104 邦訳p.107)。

このうち②については、(b)「誘因─貢献（inducement - contribution)」の効用は、満足尺度（satisfaction scale）で測定できそうなものだが、そうはうまくいかないとも指摘する。実は満足尺度のゼロ点は、満足を語っていた人が不満を述べ始める臨界点であるが、「誘因─貢献」効用尺度のゼロ点は、個人にとって組織を去っても去らなくてもよい無差別な点なので、一般的に考えて、この2つのゼロ点は一致しないからである（March & Simon, 1993, p.105 邦訳p.109)。
　そして、この後の4.3節～4.6節は、ある意味、2つのゼロ点が一致しない理由を変数・命題の形で集めてきたものだといえる。たとえば、もし読者が、組織に不満を抱いているのに、自分はな

ぜ組織にとどまり続け働いているのだろう――このとき、2つの
ゼロ点は一致していない――と自問自答しながら、4.3節〜4.6節
を読んでいくならば、そこで、いくつか思い当たる理由（変数と
命題）が見つかるはずだ。それくらい網羅的に変数・命題を集め
ている。

○ バーナード＝サイモン流の広い参加者概念

そして①は、従業員以外の参加者を入れて考えるというのが、
バーナード＝サイモン流の組織均衡論の非常に特徴的な部分でも
ある。マーチ＝サイモン第4章の冒頭で、主要な関心対象は従業
員だとしているように（March & Simon, 1993, p.103 邦訳p.106）、
第4章のほとんどは従業員の話なのだが、4.7節になって、参加者
の種類によって違いはあると前置きしたうえで、従業員以外にも
似たようなメカニズムが働くはずだと（March & Simon, 1993, p.126
邦訳p.133）、第4章の主要4変数（March & Simon, 1993, p.127 邦
訳p.134）：

(a)代替案可視性
(b)代替案探索性向
(c)既存代替案の満足水準
(d)組織退出に代わる受容可能な代替案の利用可能性

を従業員以外の参加者にいかに拡張しうるか手短に論じている。
拍子抜けするくらい本当に手短なので、ある意味「逃げ」だとい
えなくもないが、従業員以外の投資家も供給業者も流通業者も消
費者も「参加者」なのだと考えれば、確かに(a)〜(d)で説明できな

くもない。

　ただし、この枠組みで突き詰めて考えていくと、従業員も投資家も供給業者も流通業者も消費者も多数の組織に参加しているはずだし、しかも一人の人間が従業員兼投資家兼消費者……程度のことは日常茶飯事といえそうである。結局のところ、人間の合理性には限界があって、多くのことを同時には処理できないので、各組織に対する毎回の「参加の決定」のメカニズム自体は単純で、しかも、どれもがほとんど同じメカニズムなのだとすれば、一人の人間が、従業員として、投資家として、供給業者として、流通業者として、消費者として行う「参加の決定」モデルは同じで、それは、ほとんどその人のパーソナリティーに近いのかもしれない。

⑶ 組織における葛藤・対立（第5章）
◯ 葛藤と対立は別の概念

　第5章のタイトルはConflict in organizations、組織内コンフリクトである。それをカタカナを使わずに、わざわざ「組織における葛藤・対立」と訳しているには理由がある。翻訳の「訳語上の注意」（March & Simon, 1993, 邦訳 p.297）にも書いたのだが、たとえば、英語のfunctionには「関数」という意味と「機能」という意味があるが、「関数」「機能」と訳し分けせずに「ファンクション」とカタカナ表記すべきだという主張は、明らかに学問的退化であろう。意味、概念が違うのであるから、本来は別の用語を当てるのが学問である。ましてや日本語の訳語で訳し分けができる場合には、そうするのが当然だと考える。

　実際、「関数」「機能」がどちらもfunctionになってしまう英語

でも、正確さを期す場合には、わざわざ、「数学の」ファンクション（つまり「関数」）（March & Simon, 1993, 邦訳 p.8 訳者脚注 8）、「生物学または社会学でいう」ファンクション（つまり「機能」）（March & Simon, 1993, 邦訳 p.10 訳者脚注 15）と、違う意味ですよと明示して使う必要が出てくる。これは、議論が錯綜することを避け、明晰な分析をするには当然のことなのである。

　このことを踏まえ、この第5章のタイトルにもある英語のconflictを考えてみると、これは個人的葛藤から集団間対立、さらには国家間紛争までを意味する多用途の用語で、単にカタカナ表記して「コンフリクト」としただけでは議論が錯綜する。そもそも葛藤と対立は異なる概念であり、ファンクションの関数・機能と同様に、コンフリクトにも葛藤・対立と別の日本語が存在するわけだから、訳し分けるのは当然である。実際、このマーチ＝サイモン第5章は、葛藤・対立現象が、主に3種類に分類できるとして、次のように節を分ける構成にすることで、できるだけ混乱を避けようと努力はしていたのだ。

　①個人的葛藤：個人的意思決定の葛藤→5.1節
　②組織内葛藤・対立：一組織内での個人的葛藤または一組織内での集団間対立→5.2節、5.3節
　③組織間対立：組織間または集団間の対立→5.5節

　しかし、本質的に別の概念なのに、同じ用語conflictを使うことによる弊害からは、残念ながら『オーガニゼーションズ』も逃れられなかった。より具体的に言えば、二者間（あるいは三者間以上）の「対立」と同じイメージで個人内の心理的な葛藤を理解

しようとするから、これから解説するように、5.1節「個人的葛藤（individual conflict）」は、記述に誤りが生じて、ほぼ使い物にならない分析に陥るのである。

○ 個人的葛藤

心理学では、「葛藤（conflict）」とは、複数の相互排他の要求、欲求が同じ強度を持って同時に存在し、どの要求に応じた行動をとるかの選択ができずにいる状態を指す。たとえば、

(a)接近したい対象が2つ同時に存在しているときは接近・接近の葛藤と呼ばれる。

(b)逆に避けたい対象が2つ同時に存在しているときには回避・回避の葛藤と呼ばれる。

(c)一つの対象に対して接近したい要求と回避したい要求とが並存しているときには接近・回避の葛藤と呼ばれる。

この葛藤の3類型は、もともとレビン（Lewin, 1935, pp.88-91 邦訳pp.94-96）によるものであった（March & Simon, 1993, 邦訳p.147 訳者脚注18）。

ところで、原典（March & Simon, 1993, p.134）で "Hunt（1944）" となっていた論文があるが、実はこれはハントが編集したハンドブックの第1巻の中のミラーの論文、

・Miller, N. E. (1944) Experimental studies of conflict. In J. McV. Hunt (Ed.), *Personality and the behavior disorders: A handbook based on experimental and clinical research.* Vol. 1 (pp.431-465). New York: Ronald Press.

を指している。私が翻訳した際は、なにしろ原典の参考文献リストにない論文なので、表記のしようがなくて、苦肉の策で"Miller in Hunt（1944）"としたが（March & Simon, 1993, 邦訳pp.145-146 訳者脚注15）、本書ではMiller（1944）と普通に表記することにしたい。このミラーの研究（Miller, 1944）は、ネズミを用いた実験によって、この事態をより詳細に分析したものである。すなわち、目標に接近しようとする傾向と目標から遠ざかろうとする傾向の一致する点において葛藤が生ずることを実証している（『心理学辞典』[有斐閣]）。

しかし、ここに挙げたレビン（Lewin, 1935）やミラー（Miller, 1944）の研究を同じく引用しているはずの5.1節の表5.2に関する記述は、にわかには信じられないことだが、その理解が間違っている（March & Simon, 1993, 邦訳pp.142-143 訳者脚注3）。多少細かい話にはなるが、こんな感じで大混乱に陥っている5.1節の記述の正誤を整理しながら解説を進めていこう。

ミラーの論文（Miller, 1951）では内容の説明はないが、ミラーは以上のような理論を「葛藤行動理論（theory of conflict behavior）」または「接近・回避葛藤行動理論（theory of approach-avoidance conflict behavior）」と呼んでいる。ただし、マーチ＝サイモンの原典（March & Simon, 1993, p.134）のこの箇所にはミラー＝ダラードの本（Miller & Dollard, 1941）が挙げられていたが、その本にはそのような記述は見当たらないし、ミラー（Miller, 1951）も引用していない。

ミラー（Miller, 1951）が引用しているのは、同じ二人の1950年の著書（ただし第一著者と第二著者が入れ替わっている）である

ダラード＝ミラー（Dollard & Miller, 1950）の方である。実際、その第22章「葛藤のダイナミズム」では、接近と回避を使った分析が行われている。それと間違えたのだろう。したがって、翻訳ではミラー＝ダラード（Miller & Dollard, 1941）の代わりにダラード＝ミラー（Dollard & Miller, 1950）を挙げ、原典（March & Simon, 1993, p.134）では「ミラー＝ダラード」の葛藤状況類型と呼んでいたのを、翻訳では正確に「ダラード＝ミラー」の葛藤状況類型と呼んでいる。

その肝心のダラード＝ミラー（Dollard & Miller, 1950）も原典参考文献リストから欠落していたが、

・Dollard, J., & Miller, N. E. (1950) *Personality and psychotherapy: An analysis in terms of learning, thinking, and culture.* New York: McGraw-Hill.

のことで、翻訳（河合伊六・稲田準子訳『人格と心理療法：学習・思考・文化の視点』誠信書房, 1972）もある（March & Simon, 1993, 邦訳 p.146 訳者脚注 16）。

こんなお粗末な状態で、表5.2（March & Simon, 1993, p.134 邦訳 p.145; ただし原典では「表」として扱われておらず、表の番号もタイトルもない）の選択状況と葛藤の種類の分類表とダラード＝ミラーの葛藤状況の分類の関係は明らかだとか言っちゃってるが（March & Simon, 1993, pp.134-135 邦訳 p.145）、明らかに「接近・回避」状況が、ダラード＝ミラーが言っていたのとは違うのだ。先ほどの(a)(b)(c)を図式化すれば、

(a) 接近・接近の葛藤　① ← 👤 → ②

(b) 回避・回避の葛藤　① → 👤 ← ②

(c) 接近・回避の葛藤　① ⇄ 👤

ということになる。にもかかわらず、2つの代替案の間で「接近・回避」葛藤が生じるなどというマーチ＝サイモンの(c)の理解は間違っている。ちょっと考えればすぐに分かることだが、そもそも一方の目標①に接近、もう一方の目標②から回避ならば、

① ← 👤 ← ②

のようになり、目標①に近づくだけで、葛藤になどならないのだ。心理学の知識などなくても、論理的に間違っていることになぜ誰も気がつかない？

　既にレビン（Lewin, 1935）の分類の(c)として挙げたように、ダラード＝ミラーも、人が一つの同じ目標に対して強い接近傾向・回避傾向を持つ状況を「接近・回避」葛藤と呼んでいるのであって、2つの目標の間の選択の状況を指しているのではない。翻訳では修正のしようもないので、原典のまま翻訳しているが（March & Simon, 1993, 邦訳 p.147 訳者脚注 18）、正しくは「混合した代替案（a mixed alternative）」のケース（March & Simon, 1993, p.134 邦訳 p.144）なので、2つの代替案の間で発生する葛藤の分類である表5.2とはそもそも関係がない。

　実を言えば、『オーガニゼーションズ』では言及されないが、ダラード＝ミラーの分析は、なかなか奥が深いのである。ダラード＝ミラー（Dollard & Miller, 1950, ch.22）によれば、「接近・回

避」葛藤では、接近傾向も回避傾向も個体が目標に近づくにつれて強まるが、回避勾配の方が接近勾配よりも急だと仮定しているので、接近傾向と回避傾向が等しくなる点で個体は止まると説明されている。

さらに、「回避・回避」葛藤（2つの望ましくない代替案の一つを選ばされる状況）の場合は、個人は2つの代替案の間で葛藤状況のまま拮抗し安定する（＝谷底での安定）。それに対して「接近・接近」葛藤（2つの望ましい目標の間にいる状況）の場合は、両方の接近傾向が等しくなる点では確かに拮抗するはずだが、これは不安定で、どちらかの目標にわずかでも近づくとそちらに移動してしまう（＝山頂での平衡）（March & Simon, 1993, 邦訳 p.147 訳者脚注18）。言われてみればその通り。ダラード＝ミラーは、よく考えられている。

○ 組織内葛藤・対立

葛藤と対立を訳し分けてしまえば、もはや自明のことだが、組織内葛藤・対立に関しての記述は、組織内の個人的葛藤を扱う5.2節と組織内集団対立を扱う5.3節に分かれている。ただし、5.2節の内容は、5.1節で個人的葛藤の3通りの発生の仕方：①受容不能性、②比較不能性、③不確実性を挙げていたが（March & Simon, 1993, p.133 邦訳 p.143）、そのうち特に①受容不能性と③不確実性が組織の中でどのように生じるのかを詳述した内容になっている。他方、5.3節の主張はシンプルで、組織内での集団間対立は、(i)共同意思決定の必要感が存在し、(ii)目的差異か(iii)知覚差異のどちらか、ないしはその両方が存在することが必要条件であると説いている。

そして5.4節では、組織内の個人的葛藤あるいは集団間対立が生じると、組織は(1)問題解決、(2)説得、(3)交渉、(4)政略といった反応をすると説いている。これは、(1)目的が共有されている場合、(2)個人目的が異なっていても、あるレベルでは目的が共有されている場合、(3)(4)目的が不一致な場合に対応しているという。

対して、第5章の中でも異質なのが5.5節「組織間対立」である。この節では、ゲーム理論の中でも協力ゲームの理論に出てくる提携・結託（coalition）や交渉解の話をほぼそのまま紹介している。とはいえ、そもそも協力ゲームは組織間対立に限らない一般的なゲームの話なので、「組織間対立」でくくってしまうことに違和感は否めない。しかも、いわば机上の空論ともいえるゲーム理論の話だけで、ドロドロした組織間対立の説明として良しとしてしまうのは、かなり無理がある。

⑷ 合理性の認知限界（第6章）
◯ 隠し味は統計的決定理論

私に言わせれば、この第6章「合理性の認知限界（Cognitive limits on rationality）」が、一番『オーガニゼーションズ』っぽい。ただし、多くの経営学徒は、読んでもピンとこないだろう。この章を理解するには、ある程度の統計的決定理論の知識が必要だからである。たとえば、6.1節の冒頭の経済人の最適な選択の4項目の記述（March & Simon, 1993, p.158 邦訳 pp.174-176）は、『オーガニゼーションズ』では言及されていないが、もともとはゲーム理論や統計的決定理論では有名なルース＝レイファの本『ゲームと決定』（Luce & Raiffa, 1957, p.13）で登場していた3類型：⒜確実性（certainty）、⒝リスク（risk）、⒞不確実性（uncertainty）と、

それに対応した合理的決定の定義（提案）：(b)期待効用最大化と(c)ミニマックス・リスク原理を整理したものになっている（高橋, 1993, ch.1）。

　既に本書第3章でも取り上げたように、サイモンの『経営行動』（Simon, 1947）はゲーム理論、特にフォン・ノイマンとモルゲンシュテルンの有名な『ゲーム理論と経済行動』（von Neumann & Morgenstern, 1944）の影響を強く受けている。将棋、チェス、トランプなどのさまざまなゲームだけではなく、戦争であろうと政治やビジネスであろうと、ゲーム理論は争いごとの存在するゲーム的状況に対する統一的な分析枠組みを提供している。そんななか、ゲーム理論からは統計的決定理論が派生して誕生する。統計的決定理論（Wald, 1950）では、「統計家（statistician）」対「自然（nature）」のゼロ和2人ゲームとして個人の決定問題を定式化する。

　そこで、『オーガニゼーションズ』第6章の解説に入る前に、ゲーム理論的アイデア、あるいは統計的決定理論的なアイデアが、近代組織論の生成に大きな影響を与えた流れを全体として理解しておいてもらうために、まずは、高橋（1994, pp.148-154）をもとにして、誰もが知っている簡単なゲーム、ジャンケンを素材にして、(a)ゲーム理論→(b)統計的決定理論→(c)組織論の流れ・関連性を簡単に見ておこう。

○ ゲーム理論なら

　2人で行う最も基本的な1回限りのジャンケンは、(i)2人の対戦相手（これをゲーム理論では「プレイヤー」と呼ぶ）——ここではA君とB君——が、(ii)それぞれ ｛グー、チョキ、パー｝とい

表4-2 ジャンケンの星取り表

（A）A君の星取り表

A君の手	B君の手		
	グー	チョキ	パー
グー	△	○	●
チョキ	●	△	○
パー	○	●	△

（B）B君の星取り表

A君の手	B君の手		
	グー	チョキ	パー
グー	△	●	○
チョキ	○	△	●
パー	●	○	△

○勝ち　●負け　△あいこ（引き分け）
（出所）高橋（1994）表1

表4-3 利得表

（A）A君の利得表

A君の手	B君の手		
	グー	チョキ	パー
グー	0	100	− 100
チョキ	− 100	0	100
パー	100	− 100	0

（B）B君の利得表

A君の手	B君の手		
	グー	チョキ	パー
グー	0	− 100	100
チョキ	100	0	− 100
パー	− 100	100	0

（出所）高橋（1994）表2

う3種類の手（これをゲーム理論では「戦略」と呼ぶ）の中から一つの手を選択し、その選択の結果を文字通り「手」で表現して提示するという動作から成り立っている。そして、(iii)手の組み合わせによって2人のプレイヤーの勝敗（これをゲーム理論では「利得」で表現する）は表4-2のように事前に取り決められている。これがゲームのルールである。

　ただし、勝敗だと「利得」っぽくないので、ジャンケンで勝った方が、負けた方から100円もらえることにすると、表4-2の星取り表は、表4-3のような金額を書き込んだ利得表になる。A君の利得表は表4-3(A)のようになり、B君の利得表はちょうどこれと

裏返しの表4-3(B)のようになる。当然のことながら、どの組み合わせ——たとえば、A君はチョキでB君はパー——でも、A君とB君の利得の合計（つまり和）は、100 + (− 100) = 0になる。だからこれをゼロ和ゲームと呼ぶ。

　もし仮にB君が、純粋に「パーだけを出す」という戦略（これを純戦略［pure strategy］と呼ぶ）を立てたとしよう。これに対してA君はチョキを出す戦略で勝つことができる。B君の出す手がグーでもチョキでも同じことで、純戦略である限り、A君にはそれに対抗する戦略が立てられる。いったいB君はどうしたらいいのだろうか。B君がグー、チョキ、パーのどれか一つの手にこだわりを持ち続ける限り、A君はB君に勝ち越すことができるので、B君はグーもチョキもパーも同じ比率つまり3分の1ずつ混ぜ合わせて出していくという戦略をとればいい（これを混合戦略［mixed strategy］と呼ぶ）。こうなってしまうと、A君もB君となんとか勝敗を分けるために、やはりグーもチョキもパーも同じ比率3分の1ずつで出していくしかない。

　もちろん自分の出す手を相手に教えてからジャンケンをすることはないのだが、たとえ互いに相手の混合比率を知っていたとしても、A君、B君ともこの混合比率を変えることはないだろう。つまりこの状態でゲームは均衡しているのである。ここまでくると、A君もB君も、自分の壺の中にグー、チョキ、パーの印のついている玉をそれぞれ同数入れておいて、審判役の人がA君の壺とB君の壺からそれぞれ1個ずつ玉を取り出して、勝敗を判定しても同じことになる。つまり、くじを引くのと同じである。このように結果として得られる利得が確率を伴っている場合は、厳密には期待効用理論で取り扱われる。

○ ゲーム理論から統計的決定理論へ

　ところで、仮にB君が「パーだけを出す」と確固たる信念を持って行動するとして、A君はどうやってそれを知ることになるのだろう。現実には、B君がパーをよく出すということはA君も知っていることが多い。つまり、このときA君は、B君の混合戦略の混合比率が3分の1ずつではなく、パーにやや重きを置いたもの、たとえば確率分布（$1/4, 1/4, 1/2$）であることを知っていることになる。こうした確率が存在することは主観確率の理論で取り扱われる。

　しかし、これだけでは心許ないときには、A君はB君についての情報収集を行う。一番いいのは、実際に勝負に入る前に何回か試しジャンケン——これを統計学では試行または実験という——をしてみて、B君の手の出し方の頻度を見るのである。これは統計学ではサンプリングと呼ばれる。

　ただし、統計的状況では、試しジャンケンによってB君の出す手がA君の出す手に影響されてしまっては困る。そこで、B君は泰然として「統計家」A君のスパイ行為を黙認する懐の深い「自然」だと考えるのである。こうして、統計的状況は、統計家対自然というゼロ和2人ゲームとして定式化され、図4-4の(b)のように

表4-4　決定表

統計家の行為	自然の状態		
	グー	チョキ	パー
グー	0	100	−100
チョキ	−100	0	100
パー	100	−100	0

（出所）筆者作成

なる。ここに統計的決定理論が誕生する。このとき利得表は表4-4のような決定表と呼ばれるものになる。その際のデータの利用——正確にはデータを使った主観確率のアップデート——に関してはベイズの定理が活躍することになるので、この流れの統計学は、ベイズ統計学とも呼ばれる。

○ 統計的決定理論から組織論へ

もっとも、A君が本当にB君のことを知ろうと思ったら、A君は四六時中B君を徹底的にマークし、ジャンケンをしつこくせまり、記録を丹念にとり、詳細に分析し……などという行動をとらねばならない。しかしこれでは、A君は体がいくつあっても足りなくなる。多分それは不可能であろう。A君が全知全能の人ならばともかく、人間の合理性には自ずと限界があるのである（もっとも、仮に可能であったとしても、たかが100円掛けのジャンケンでは、経済的に割に合わない）。

ところが、B君はあるとき、親しくしているC君に「僕はパーしか出さないことに決めているんだ」とうっかり口にしてしまう。そこでC君は自分がB君とジャンケンをするわけにはいかないので、A君にこの情報を提供する代わりに、勝った分は二人で山分けにしようと持ちかけた。いわばB君についての権威であるC君からの情報なので、A君はそれを信じ（つまり権威あるものとして信用し）、この情報を前提として、B君とジャンケンをする際は「チョキを出す」意思決定をすることになる。

これを図にすれば、図4-4の(c)のようになり、A君とC君の組織が、B君に対して確実に勝利することになったのである。限定された合理性しか持たない人間が、組織的な意思決定過程の中で

図4-4 ゲームから組織へ

(a) 2人ゲーム

(b) 統計的状況（統計家対自然）

(c) 組織的状況（組織対環境）

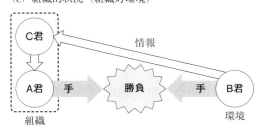

(出所) 高橋 (1994) 図1を加工したもの

それをある程度克服して、環境（B君）に適応したささやかな事例である（ただし、実際の経済活動では、こうした取引はインサイダー取引と呼ばれ、禁じ手にされている。それ以前の問題として、親友の裏切りは決して褒められたものではないし、賭けジャンケン自体違法であるが）。

○ 経営人にとっての合理的選択

　それでは、『オーガニゼーションズ』第6章の解説に戻ろう。以上のような、

　　(a)ゲーム理論→(b)統計的決定理論→(c)組織論

の流れ・関連性の理解をもとにすれば、マーチ＝サイモンが、組織の中の「経営人」の合理性をゲーム理論や統計的決定理論の「経済人」の最適性と対比させていることが、よりはっきりする。言い換えれば、マーチ＝サイモンは、ありえもしない虚構の全知全能の経済人（「古典的理論の問題点」の項）とは違って、われわれ現実の経営人は、実際に、次のように合理的選択を行っていると主張したのである。

A) 経営人の合理的選択は、(1)常に現実状況の限定的で近似的で単純化された「モデル」について行われる。このモデルは選択者の「状況定義」と呼ばれる。(2)状況定義の諸要素は「所与」ではなく、それ自体が心理学的・社会学的過程の結果であり、その過程には選択者自身の活動とその環境内の他者の活動が含まれる（March & Simon, 1993, p.160 邦訳 p.177）。その状況定義がどのように形成されるのかについては、6.3節で詳細に検討される。

B) 刺激は、連続体の一方の極では問題解決活動を想起するが、もう一方の極ではルーチン化した反応を想起する。ルーチン化された反応は、以前、同種の刺激があったとき、適切な反応として開発、学習されたもので、刺激が過去に繰り返し経験してきた種類のものだったら、反応は普通、高度にルーチン化される。ここまで来れば、刺激は、反応プログラムを含

む良く構造化された状況定義を想起し、レパートリーの中から適切なプログラムを想起することになる（March & Simon, 1993, pp.160-161 邦訳 pp.177-178）。そのプログラム自体がどんなものなのかは、6.2節で詳細に検討される。

C）選択に際しては、最適（optimal）な代替案を選ぶのではなく、満足（satisfactory）な代替案を選ぶことが現実的である。たとえば、干し草の山の中から、縫うのに十分な鋭さの針を探せばいいのに、最も鋭い針を探す必要はない（March & Simon, 1993, pp.161-162 邦訳 pp.179-180）。ただし、マーチ＝サイモンは誤解しているが、満足基準を設定する際に、限界改善と限界費用がちょうど釣り合う最適な基準を設定することはできるし、事実、統計的決定理論でポピュラーな最適停止問題ではそう定式化される（March & Simon, 1993, 邦訳 p.180 訳者脚注16）。つまり、正確に言えば、満足基準モデルでも、「最適な満足基準」を求めること自体はできるので注意がいる。

　状況定義？　プログラムのレパートリー？　満足基準？　抽象的すぎてピンとこないかもしれないが、実はわれわれの日常生活そのものを概念化して見せているだけなのだ。

○ 日常生活では淡々としすぎて気づかない意思決定の連鎖

　気づいていない人が多いが、われわれは、日常生活の中で頻繁に意思決定をしている。とはいっても、「初めてのことで全く知識も経験もありません」というような特殊な状況を除けば、だいたいは何通りかのやり方（＝プログラムのレパートリー）を既に

経験済みで知っている。なので、その中からとりあえず使えそうなものを一つ選ぶ（＝満足基準）という、ごく単純化されたモデル（＝状況定義）に基づいて意思決定をしている。だから日常生活では、特に悩んだり熟考したりすることもなく——しかし、無意識にではない——淡々と意思決定が連鎖しており、それが淡々としすぎているために、例を挙げようとしても思いつかないほどなのだ。

しかし、たとえば、誰でも平日の朝は、天気や気温の違いで、通勤・通学時の服装は変えているし、雨や雪が降れば、傘を持って出かけるだけではなく、通勤・通学経路も変えたり、乗る電車・バスも1本早くしたり遅くしたりすることもある。結果、早く着きすぎてしまったときの時間の潰し方や、遅刻してしまったときの言い訳も何通りかを使い分けている。

これらすべてが、プログラムのレパートリーの中から満足基準で選択しているのである。毎度毎度、特に熟考しなくても決められるくらいに、見事に単純化された状況定義に基づいているおかげで——決して無意識のうちに行動しているわけではないのだが——ほとんど時間もかけずに次々と意思決定をこなしているのである。

以上のような日常の意思決定を、経済人の意思決定と対比してみせたのが、先ほどの経営人にとっての合理的選択A、B、Cなのである。要するに、人間の合理性には限界があるので、個人・組織が実際に直面している複雑な問題を丸ごと扱うのではなく、次のような主要点のみをとらえた単純化を行ってから対処していると主張しているわけだ（March & Simon, 1993, pp.190-191 邦訳 p.212）。

①満足化が最適化に取って代わる——基準変数の満足水準を達成するという必要条件。

②行為の代替案と行為の結果は、探索過程を通じて逐次的に発見される。

③プログラムのレパートリーは組織と個人が開発し、これが再発状況では選択の代替案として役立つ。

④各プログラムは、限られた範囲の状況と限られた範囲の結果に対処する。

⑤各プログラムは、他とは半独立に実施されうる——プログラム同士は緩くつながっているだけである。

　ここで、意識・無意識という言葉が紛らわしく使われているが、これはマーチ＝サイモンのプログラムの定義に起因している。『オーガニゼーションズ』では、プログラムの構造として、条件分岐に当たる「プログラム想起」ステップと「プログラム実施」ステップの2つのステップからなるものとしていた（March & Simon, 1993, pp.167-168 邦訳 pp.186-187）。これが紛らわしさの原因である。

　世界初の汎用デジタル電子計算機 ENIAC は、プログラム内蔵式ではなかったが、確かに実際に条件分岐機能を持っていたし、もともと19世紀の英国の数学者バベッジ（Charles Babbage）が考えた機械式の解析機関でも条件分岐制御が考え出されていた（March & Simon, 1993, 邦訳 p.186 訳者脚注32）。その意味では、条件分岐機能（bifurcation）はコンピュータ特有のものなのだが、マーチ＝サイモンは、それを「プログラム特有」のものである

(March & Simon, 1993, p.168 邦訳 p.186) と言い切ってしまった。

つまり、こう宣言されてしまうと、プログラムは当然のことながら「プログラム想起」ステップを含むことになる。しかし、そうなると、「プログラム実施」ステップ自体は無意識に実行できても、「プログラム想起」ステップはさすがに意識しているだろう——というか、「プログラム想起」ステップこそが意思決定だろう——という微妙な具合になってしまう。「プログラム特有」という表現は修正すべきだろう。

(5) 組織における計画と革新（第7章）

◯ 計画のグレシャムの法則

ここまでは、本章の冒頭にも挙げた組織の特定性に絡んで議論が展開されてきたが、第7章「組織における計画と革新（Planning and innovation in organizations）」は、最終章ということもあり、いわゆるイノベーションに話が切り替わる。とはいうものの……。

人間の限定された合理性でも意思決定できるように、われわれは個人でも組織でも、プログラムのレパートリーの中から満足基準で選択するという単純化を無意識のうちに行っている。しかし、意思決定自体は無意識ではない。ただ、いずれにせよ、これだと一種の慣性みたいなものが生じてしまって、なかなか新しいことには踏み出せない。より正確に言えば、新しいプログラムのレパートリーに切り替えることに躊躇してしまい、今までのプログラムのレパートリーを捨てられない、変えられないという慣性が働くわけだが、それはなぜだろうか。

それは一つには、分かりやすく言えば、「今変えたら、今までやってきたことが無駄になってしまう」からである。それを経済学

では、埋没費用（sunk cost）と呼ぶ（March & Simon, 1993, pp.193-194 邦訳 p.216）。埋没費用とは、事業を縮小・撤退したときに回収不能になる投下資本額を指すのだが、これがあるから、古いものを捨てて、新しいことを始めるのは難しいわけだ。この世の中、「今変えたら、今までやってきたことが無駄になってしまう」ことだらけだからである。

　それだけではない。日常のルーチンが計画を駆逐する「計画のグレシャムの法則」までが働く（March & Simon, 1993, p.206 邦訳 p.231）。分かりやすく言えば、日常のルーチンに追われて（あるいは埋没して）、新しいことはなかなか始められないのだ。「既存のプログラムの実行に組織資源すべてをせっせと使えば、どう考えても新プログラム創始過程は遅れ、止まるということである」（March & Simon, 1993, p.208 邦訳 p.232）。

　もともとグレシャムの法則とは、「悪貨は良貨を駆逐する」つまり、同一の名目価値を持ち実質価値を異にする貨幣が一国内にともに流通するときは、良貨は保蔵され、支払いには悪貨だけが使われるようになるという法則である。

　グレシャム（Sir Thomas Gresham; 1519-1579）は、英国の財政家で、ロンドン王立取引所設立の提唱者で、アントワープ市場におけるポンド価のつり上げに成功し、王室の海外負債の大部分を清算し、1559年にエリザベス女王からナイトの称号を与えられた人物である。1558年にエリザベス女王に英国の通貨の品質を元に戻すように提言し、「悪貨は良貨を駆逐する」と言ったことが、後に「グレシャムの法則」と命名された（March & Simon, 1993, 邦訳 p.231 訳者脚注33）。

　ただし、「計画のグレシャムの法則」で、日常のルーチン（つまり

プログラム）が新しい「計画」を駆逐するなどと言われると、真面目な私などは途方に暮れてしまうのだ。なぜなら、プログラムってもともと計画の意味もあるよね（March & Simon, 1993, 邦訳p.298）？イノベーションの制度化（institutionalization of innovation）とかって言っちゃってるけど（March & Simon, 1993, p.205 邦訳p.229）、そもそもイノベーションは計画や制度化と相容れないのでは？いったい、組織にとってのイノベーションとはプログラムや問題解決で説明ができる次元のものなの？

　こうして湧き上がる真面目な読者の疑問には一切答えることなく、というより逃げるように、第7章のこれ以降の話は、プログラムの階層構造と開発（問題解決）の話や計画経済対市場経済の話に発散してしまう。なので、『オーガニゼーションズ』の核心は、やはりこの最終章の手前の第6章だという結論になるのだが、多分、『オーガニゼーションズ』は、そのきちっとした（問題解決）組織観からして、イノベーションは苦手分野なのだ。後にマーチらが始めたゴミ箱モデル（garbage can model）になると、問題解決は意思決定モードの中の一モードに格下げになり、その苦手意識はかなり和らぐのだが（Cohen, March, & Olsen, 1972）。

○ イノベーションのグレシャムの法則

　実際、マーチは後にイノベーション研究の分野に足跡を残すことになる。今振り返れば、マーチ＝サイモンは、疑問だらけの「計画のグレシャムの法則」ではなく「イノベーションのグレシャムの法則」を唱えるべきだった。そうすれば、『オーガニゼーションズ』がそのまま後世の研究につながった可能性がある。特にマーチ自身も関与し、21世紀に入って流行した探索・深耕

（exploration/exploitation）の両利き（ambidexterity; 双面性と訳されることもある）の経営に。そこで、探索・深耕の両利きの経営の系譜について、桑嶋・稲水・高橋（Kuwashima, Inamizu, & Takahashi, 2020）をベースに、マーチを中心に簡単に整理しておこう。

　組織論で「両利き」を初めて使ったとされるのは、ダンカンの論文（Duncan, 1976）で、多くの研究が（多分）読みもせずにこれを引用する。しかし、この論文は、もともとコンティンジェンシー理論（本書第5章第5節を参照のこと）に関する2巻本の中の1章で、タイトル「両利きの組織：イノベーションのための二重構造を設計する」に「両利きの組織（ambidextrous organization）」が入っているだけで、本文中には「両利き」が一度も登場しない。もちろん探索・深耕も登場しない。当時流行のコンティンジェンシー理論に乗っかって、イノベーション過程を創始と実施の2段階に分け、それぞれ異なる組織構造が適合すると主張し、それを二重構造（dual structure）と呼んでいただけである。タイトルの「両利きの組織」は、おそらくこれを指していると推測される。

　探索・深耕を謳ったマーチの論文（March, 1991）が発表されたのは、その15年後である。さらにその5年後に発表されたタッシュマン＝オライリーの論文（Tushman & O'Reilly, 1996）に刺激されて、1990年代末以降、多数の両利きの研究が行われるようになった。実は、タッシュマン＝オライリー（Tushman & O'Reilly, 1996）はダンカン（Duncan, 1976）もマーチ（March, 1991）も引用していなかったのだが、不思議なことに、1990年代末以降の両利きの研究の大半は、マーチの論文（March, 1991）を引用し、探索・深耕に言及し、両者の両利きを議論するようになった。

しかし、研究者の多くは、マーチの論文（March, 1991）をちゃんと読んだこともなければ、理解もしていなかったと思われる。なぜなら、そもそもマーチの論文は、①組織のメンバーと組織コードとの間の相互学習モデル、②首位獲得競争モデル、の2つのコンピュータ・シミュレーション・モデルを構築、分析することがメインの論文なのだが、そのシミュレーションに重大な疑問があることを誰も指摘してこなかったからである。

実は②は、数学的に計算が可能で、その計算結果とシミュレーション結果が合わないのである（高橋, 1998）。また①の方も、シミュレーションの結果から「組織メンバーの側の遅い学習が多様性を長く維持するために探索につながる」（March, 1991, p.75）と結論しているが、なぜかマーチのシミュレーションは、社会化率の定義域の両端が抜けており、シミュレーションをすると、その部分に、本当は平均知識レベルを最大にする最適な社会化率が存在していたので、こんな結論にはならないことが分かっている（Mitomi & Takahashi, 2015）。かなり杜撰な論文なのだ。

マーチの論文で、多くの研究者が引用している部分は、そうした論文の本筋とは離れた部分で、探索と深耕は根本的に異なる学習活動だと規定し、「探索（exploration）には、探索（search）、変化、危険を冒すこと、実験、遊び、柔軟性、発見、イノベーションなどの用語でとらえられたものが含まれる。深耕（exploitation）には、改良（refinement）、選択（choice）、生産、効率、選抜（selection）、実施（implementation）、実行（execution）などが含まれる」（March, 1991, p.71）と訳し分けるのが難しいくらいの類義語を列挙している箇所なのである。

そして、根拠は不明だが、マーチは探索と深耕とはトレードオ

フ関係にあると主張した（March, 1991, pp.72-74）。ここから、探索と深耕にはトレードオフが存在し、それらを同時追求するためにはどうすればよいかについて多くの研究関心を集めることになる。

　実際、その2年後にマーチが発表し、探索・深耕研究でもよく引用される論文「学習の近視眼」（Levinthal & March, 1993）では、学習により、探索よりも深耕が優先される傾向があることを「学習の近視眼（myopia of learning）」と呼んだのである。まさに「イノベーションのグレシャムの法則」である。

　こうして、マーチは、イノベーションを含む探索と含まない深耕とはトレードオフの関係（March, 1991）にあると（根拠なく）主張し、だからこそ、学習の近視眼（Levinthal & March, 1993）を唱えたわけだが、本当にトレードオフの関係があるのだろうか。実際、両利きの経営の研究の中には、探索・深耕を同時に実現されうる直交する変数と定義する研究も多く、探索と深耕の間には正の相関があるという調査結果まである（Ando, 2021）。いまや探索と深耕はトレードオフの関係（一軸）にある両極の概念なのか、それとも直交する二軸なのかですらもコンセンサスがない。現状では、両利きの定義にコンセンサスはないといっていい。

○ 深耕の代わりにブリコラージュを

　そこで桑嶋・稲水・高橋（Kuwashima, Inamizu, & Takahashi, 2020）は、深耕（exploitation）の代わりにレヴィストロース（Claude Lévi-Strauss; 1908-2009）のブリコラージュ（bricolage; 器用仕事）の概念を用いることを提案している。ブリコラージュとは簡単に言えば「持ち合わせのものでなんとかする」（Baker & Nelson, 2005, p.329）ことを指している。そもそも、レヴィストロースの『野生の思考（*La Pensee sauvage*）』（Lévi-Strauss, 1962）によれば、まず、ブリコルール（bricoleur; 器用人）とは「ありあわせの道具材料を用いて自分の手でものを作る人」（Lévi-Strauss, 1962, p.26 邦訳 p.22）である。そして、

> 彼の使う資材の世界は閉じている。そして「もちあわせ」、すなわちそのときそのとき限られた道具と材料の集合でなんとかするというのがゲームの規則である。しかも、もちあわせの道具や材料は雑多でまとまりがない。なぜなら、「もちあわせ」の内容構成は、目下の計画にも、またいかなる特定の計画にも無関係で、偶然の結果できたものだからである（Lévi-Strauss, 1962, p.27 邦訳 p.23）。

　こうしたブリコルールの「野生の思考」に基づくブリコラージュとは対照的に、エンジニアは「科学的思考」で新しい道具と材料（tools and materials）を探索する。科学とブリコラージュの対照例としては、新型コロナウイルス対策が分かりやすい。

　WHO（World Health Organization; 世界保健機関）は 2020 年 3 月 11 日に伝染病の世界的流行「パンデミック（pandemic）」を宣言した。そして、新型コロナウイルスに対して、科学は、診断法開発、治療法開発、ワクチン開発の「探索」で対応した。しかし、それには時間がかかる。その間、特効薬もワクチンも存在しない中で、日本で 2020 年年初からとられた COVID-19 対応は、持ち合わせの道具や材料を用いた、まさにブリコラージュそのものだった。「新型コロナウイルス感染症対策の基本方針」（2020 年 2 月

25日）は、(a)通常の風邪やインフルエンザ対応と同様に、マスクの着用、手洗いの徹底の呼びかけ、(b)テレワークや時差通勤の推進等の呼びかけだった。それでも、日本ではブリコラージュで感染拡大を抑えることに成功し、海外から「日本の不思議な成功（Japan's mysterious pandemic success）」と呼ばれた（Kuwashima, Inamizu, & Takahashi, 2020）。

　われわれはついつい科学は進んでいて、ブリコラージュは野蛮であると考えがちだが、レヴィ＝ストロースは「それらは人智の発展の二段階ないし二相ではない。なぜならば、この二つの手続きはどちらも有効だからである」（Lévi-Strauss, 1962, p.33 邦訳p.28）と述べている。まさにブリコラージュと探索はどちらも有効で、併用される。これが真の両利きである。しかも、ブリコラージュは、シュンペーター（Schumpeter, 1934, p.65 邦訳上巻p.182）がいうところの新結合（new combination）そのものであり、定義上、紛れもなくイノベーションである。つまり、探索・深耕ではなく、探索・ブリコラージュであれば、どちらも現実にイノベーションとして併用されており、科学の発達した現代においては探索とブリコラージュの両利きが通常の姿になるのである。

5 ｜ 『オーガニゼーションズ』の成り立ちと時代背景

　以上のように、『オーガニゼーションズ』とその周辺を、章ごとに順を追って解説・紹介してきたわけだが、基本的には、マーチ＝サイモンは、意思決定過程の連鎖的ネットワークあるいはシステムとして組織をとらえ、組織メンバーの限定された合理性が、

組織の意思決定過程の中でどのように克服されていくのかを解明することをテーマとしていた。こうした組織観あるいは組織論のスタイルには、生成当時の社会科学全体を包んでいた時代の雰囲気が色濃く反映されている。とりあえず、核心的な3つを挙げておこう。

(1) 行動科学

まずは、行動科学のムーブメントである。20世紀前半、時代はまさに物理学の時代だった。アインシュタイン（Albert Einstein; 1879-1955）が1915～1916年に発表した一般相対性理論によれば、重力場によって時空がゆがむと、そこを通過する光はそのゆがみに沿って曲がり、重力がまるで凸レンズの役目を果たすことになる。この重力レンズ効果を確認するために、第一次世界大戦（1914～1918年）が終わるのを待って、英国の天体物理学者エディントン（Arthur S. Eddington; 1882-1944）が、1919年5月29日の皆既日食をアフリカのプリンシペ島で撮影したところ、太陽の縁にあった恒星の位置に実際に計算値に近いずれが観測された。このことで、一般相対性理論は正しいとされ、物理学のブームが起こる。

こうして、この頃から米国では、自然科学を学問のモデルと見て、数量化、記号化といった方法を社会科学に導入しようとする動きが生まれた。それが、学際的研究の進展の中で促進され、客観的に観察、測定、分析することができる行動のレベルで人間を科学的に研究する学問として、行動科学が生まれた。心理学、社会学、人類学から生物科学にまでまたがって、行動の観点からこれらを統一する一般理論を追求する新しいタイプの科学が登場したのである。今でも心理学では「行動科学」という名前が生き残

っている。そして経済学では半世紀ほど遅れて世紀の変わり目頃から、周回遅れで「行動経済学」が興隆した。

実際、『オーガニゼーションズ』には、しつこいほどにoperationalという用語が登場するが、一般に「操作的」と訳されるoperationalは、辞書にはないが、「測定可能」の意味だと理解してほぼ間違いない（March & Simon, 1993, 邦訳 p.7 訳者脚注5）。「操作性（operationality）」に代表されるこうした行動科学的な指向性は、無邪気にといってもいいほど『オーガニゼーションズ』で貫かれている。

(2) コンピュータ

さらに、第二次世界大戦後（1940年代後半以降）、オペレーションズ・リサーチ、ゲーム理論、決定理論、コンピュータ、情報理論、サイバネティクスなどが爆発的な勢いで出現してくる。なかでも、コンピュータENIAC（Electronic Numerical Integrator and Computer）の出現は、衝撃的だった。

ENIACは、世界初の汎用（＝プログラム可能）デジタル電子計算機である。第二次世界大戦中の米国で、もともとは火砲の射撃表を作る膨大な計算作業のために、陸軍が1943年4月にペンシルベニア大学と開発契約を締結し、発注したプロジェクトで作られたものだった。ペンシルベニア大学での開発は、モークリー（John W. Mauchly; 1907-1980）とエッカート（J. Presper Eckert, Jr.; 1919-1995）の二人が中心となり、大学院生に毛の生えたような20代の若者たち（エッカート自身、契約日が24歳の誕生日だった）が、たった2年半でENIACを開発し完成させた。ENIACは、1946年2月の完成式でお披露目されるが、実際にはその前年11

月に完成しており、いわゆる「ロスアラモス問題」（当時開発中の水爆の爆縮時の平面波の計算問題）で試運転を行っていた（高橋, 2013a, chs.5-6）。

ENIACは、幅0.6m×奥行0.6m×高さ2.4mのユニット40台からなり、U字型に15mずつの両サイドにそれぞれ16台、真ん中の9mに8台配置され、消防ホースほどの黒く重いケーブルで接続されていた。ENIAC全体で重さ30トン、167㎡（約50坪つまり100畳）のスペースを占めていた。ENIACには1万7,468本の真空管が使われていたので、その稼動には大型の放送局が消費する電力に相当する174キロワットが必要だった。ENIACは、当初、プログラム内蔵式コンピュータではなかったし、そもそも2進法ではなく10進法を採用していた（フリップフロップを10個つなげたアキュムレータ）。しかし、電子式で1秒間に5,000回の計算ができ、当時最新の電気機械式計算機だったハーバード・マークⅠの1,000倍も速かった（高橋, 2013a, ch.6）。

ENIACは、たった1台しか作られなかったが、汎用デジタル電子計算機が実現したという衝撃は大きく、各方面に大きな影響を与えた。こうした事情は、高橋（2013a）に詳しいが、プログラム、伝達、制御、システム、フィードバック・ループ等々、『オーガニゼーションズ』に登場する数々の概念、用語が、実はこうした新興分野から積極的に摂取されたものなのである。その意味でも『オーガニゼーションズ』出版（1958年）のタイミングは絶妙だった。それから半世紀以上たった今日でも、われわれは当時の知的基盤の上に、営々として何か新しいものを築こうとあがいているにすぎない。

⑶ システム

　実は、行動科学と同じような運動は、別の流れでも現れていた。なかでもフォン・ベルタランフィ（Ludwig von Bertalanffy; 1901-1972）の『一般システム理論』（von Bertalanffy, 1968）は、今でも鮮烈なメッセージを放ち続けている。

　フォン・ベルタランフィは、ばらばらにした要素の性質だけを分析したのでは大切なものを見落としているとし、要素間の関係性を分析することの重要性を指摘した。そして、構成する要素が何であれ、要素間の関係性について同形性を見出す。その著書の中にも所収されている 1945 年の論文（von Bertalanffy, 1968, ch.3）では、無生物、生物、精神過程、社会過程のいずれをも貫く一般原理の同形性の根拠を究明し、定式化する新しい科学分野として、一般システム理論（general system theory）を提唱したのである。

　他方、精神分析学者ミラー（J. G. Miller; 1916-2002）は生体をシステムとしてとらえる一般理論 General systems behavior theory を考えており、当初はミシガン大学の精神医学研究所の所報としてジャーナル *Behavioral Science*（『行動科学』）を発刊した。実は私はこのジャーナルに論文（Takahashi, 1986）を載せてもらった数少ない日本人の一人なのだが、私の論文が掲載された当時の *Behavioral Science* の 副 題 が *Journal of the Society for General Systems Research*（『一般システム研究学会誌』）だったことからも分かるように、2 つの運動は合流していったのだった。

　ここで、システム理論でシステムと呼ばれるものが何なのかを明確にしておこう。「システム（system）」とは、その内部での特定の関係に依存しているために、ばらばらにされた部分の性質からは説明のできない構成的特性を持った要素からなる複合体のこ

図4-5　複合体の3種類の区別

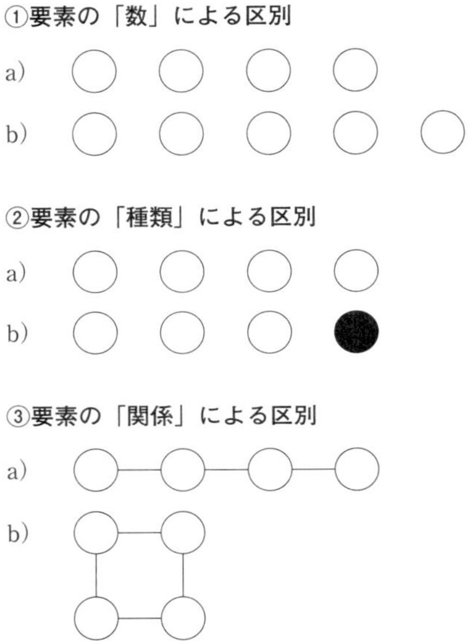

①要素の「数」による区別

a) ◯ ◯ ◯ ◯

b) ◯ ◯ ◯ ◯ ◯

②要素の「種類」による区別

a) ◯ ◯ ◯ ◯

b) ◯ ◯ ◯ ●

③要素の「関係」による区別

a) ◯—◯—◯—◯

b)

（出所）von Bertalanffy（1968）p.54, Figure 3.1（邦訳p.50、図3.1）

とである。

　フォン・ベルタランフィに従って、もう少し詳しく説明すると、まず「要素」の複合体の扱い方には、図4-5の例のように、①数、②種類、③関係による区別という3種類の区別の仕方がある。

　このうち、①と②は総和的（summative）なもので、複合体の内にあっても外にあっても同じような特性である。19世紀までの近代科学では、原子一つひとつの挙動の寄せ集めですべての現象を説明可能とする要素還元主義（＝すべての現象が線型という扱い）が一般的だったわけだが、それはまさに①と②の区別しか扱っていなかったことになる。

図4-6　5人ベイブラス・ネットワーク

全チャンネル型　　　　車輪型　　　　　サークル型

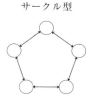

(出所)　Guetzkow & Simon (1955) p.237, Figure 2

　それに対して、③は構成的（constitutive）で、複合体内での特定の関係に依存するような特性である。つまり、関係Rの中での要素pの行動が、別の関係R′の中での行動とは異なるということを意味している。実際、図4-5の③bではどの要素も平等だが、③aでは内側の2要素と外側の2要素では位置づけが異なる。

　もう少し分かりやすい図を描けば、たとえば、図4-6は5人ベイブラス・ネットワークと呼ばれるものだが（March & Simon, 1993, 邦訳 p.183訳者脚注24）、全チャンネル型やサークル型では中心は存在しないが、車輪型では明らかに中心が存在する。この車輪型の伝達経路では、中心に位置する人の行動は、他の4人の行動とは明らかに異なってくるはずである。こうした構成的特性を踏まえたうえで、システムは「相互に関係する要素の複合体（complex）」と定義される。

［第 5 章］

合目的的組織のテクニカル・コア
【トンプソン】

1 ｜ 隠れたモチーフ

(1) どんな本か

　この章で取り上げる『オーガニゼーション・イン・アクション（*Organizations in action*)』の著者トンプソン（James D. Thompson）は、1920年1月11日生まれ、1973年9月1日没の社会学者である。本書第1章でも触れたが、1956年創刊の学術誌 *Administrative Science Quarterly*（ASQ）（訳せば『季刊管理科学』）の初代編集長でもあった人物で、その意味では、管理論の流れをくむ人といえるのかもしれない。

　『オーガニゼーション・イン・アクション』がマグロウヒル（McGraw-Hill）社から出版されたのは1967年で、トンプソンが47歳のときだった。残念なことに、トンプソンはその6年後、がんにより53歳で亡くなっている。翻訳が出たのは原典出版から20年後の1987年で、組織学会の中興の祖、高宮晋（1908-1986）の監訳で、鎌田伸一・新田義則・二宮豊志訳『オーガニゼーショ

ン・イン・アクション』として出版された。ただし、監訳の高宮は、出版前年の1986年に中国・上海で客死している。1963年に組織学会の第2代会長に就任して以来、高宮は亡くなるまで、なんと20年以上も組織学会会長を続け、生前1985年に創設された組織学会賞は、高宮の没後、1986年に「組織学会高宮賞」に名を改めている。

ちなみに、1982年に組織学会で学会デビューを果たした私は、会場で報告を見ていた高宮会長から、直に「もっと経営学を勉強しなさい」と言われてしまった。それもそのはず、そのときの報告は、確率決定過程モデルを使った「不確実性下の管理システムの有効性」だったからで、いたしかたない。それでも、それを発展させた博士論文をもとにした英語の本（Takahashi, 1987）が、1989年に第5回組織学会高宮賞をもらい、ようやく認知してもらえた気分になったことを覚えている。

話をトンプソンの本に戻そう。水色のハードカバーのこの本の原典は、長らく絶版になっていたが、2003年になって、リプリント版がトランザクション（Transaction Publishers）社から出版された。2003年版は1967年版の写真製版だと思われ、本体部分はページ番号も含めて全く同一である。

ただし、前書き部分は、ザルド（Mayer N. Zald）が書いた「トランザクション版へのまえがき（Preface to the Transaction edition）」（pp.ix-xiii）とスコット（W. Richard Scott）が書いた「トランザクション版への序文（Introduction to the Transaction edition）」（pp.xv-xxiii）を新しく加えたせいで、もともと1967年版からあったトンプソン自身が書いた4ページ分の「まえがき（Preface）」のページ番号が、pp.vii-xからpp.xxv-xxviiiに打ち直しになっている。

2003年のトランザクション版に合わせて、翻訳の方も新訳が、大月博司・廣田俊郎訳で『行為する組織』と改題して2012年に出版されている。こうした事情があるので、本書での引用は、原則として、原典は1967年版、邦訳は新訳からにしている。

ところでこの本は、たまたまコンティンジェンシー理論の勃興期に出版されたこともあり、トンプソンが出版後6年で早世してしまった後は、後述するように、コンティンジェンシー理論の理論書だと位置づけられることも多かった。そのため、コア・テクノロジーのようなトンプソン独自の概念パーツに局所的にスポット・ライトが当たることはあっても、トンプソンの組織観やこの本でトンプソンが何をしたかったのかについては、あまり理解が進んでこなかった。しかし、この本の全体像を理解していなければ、われわれが概念パーツを用いる際の用法も正直怪しくなってしまう。

(2) 戦略と組織はテクノロジーに従う

もっとも、理解が進まなかったのは読者側だけの責任に帰するべきではない。トンプソンの書き方にも問題があった。たとえば、この本は二部構成になっているが、第Ⅰ部（part one）、第Ⅱ部（part two）にはタイトルすらつけられていない。これでは、読者が本全体の構造と主張を理解する手がかりすら与えられていないことになる。実際、第Ⅰ部、第Ⅱ部のそれぞれが何について書かれているのか？　どんなタイトルをつけたらいいのか？　そのことに着目しながら本書を通読してみると、トンプソンがこの本全体で何を主張したかったのかが見えてくるのである。

第Ⅰ部については、第5章のタイトル「テクノロジーと組織構

造（Technology and structure）」が、第Ⅰ部全体を読み解く重要な手掛かりを与えてくれる。このタイトルと事業部制の考察と聞けば、ピンとくる人はすぐにピンとくるのではないだろうか。実は、あの有名なチャンドラーの『戦略と組織構造（*Strategy and structure*）』（Chandler, 1962）をモチーフにしていると考えられるのである。実際、第4章では6回、第6章では7回もチャンドラーが引用されている（それ以外の章での引用は計2回）。

　トンプソンはその第4章で、組織拡大には方向性があることを説いて「組織デザイン」の話をし、第5章で、技術的要件が「組織構造（structure）」に与える影響について論じ、第6章ではコア・テクノロジーを埋め込んだ組織の合理性の観点から事業部制を議論する。つまり、第Ⅰ部は、チャンドラーの『戦略と組織構造』の理論編的なものを意図して書かれていたのである。

　チャンドラーは、事業部制がどのように生まれてきたのかを経営史的に分析して「組織は戦略に従う（structure follows strategy）」（Chandler, 1962, p.14 邦訳 p.30）と唱えた。対するトンプソンは、その理論的内容から察するに、さしずめ「戦略と組織はテクノロジーに従う（strategy and structure follow technology）」とでも言いたかったのではないだろうか（Takahashi, 2016a）。そう気がついて前に戻って読み返せば、第Ⅰ部前半の第1〜3章は、その鍵概念「テクノロジー」についての基礎固めの章になっていたことが分かる。

　第Ⅱ部は、第Ⅰ部に比べると手薄な感じがするが、トンプソンの鍵概念「テクノロジー」をベースにした管理論が試みられている。そのモチーフは、トンプソンが「サイモン＝マーチ＝サイアートの研究の流れ」と呼んだ「新たな伝統」であろう（Thompson,

1967, p.9 邦訳 p.11)。いわゆるカーネギー学派の近代組織論に相当する。

特に、意思決定モデルで管理論を再構築した（本書第3章でも取り上げた）サイモンの『経営行動』（Simon, 1947）とサイアート＝マーチの『企業の行動理論（*A behavioral theory of the firm*）』（Cyert & March, 1963）に注目している。つまり、サイモン＝マーチ＝サイアートがやろうとした管理論の再構築は——この本の副題「管理論の社会科学的基礎（*Social science bases of administrative theory*）」が示唆するように——テクノロジー的基礎の上でもできるはずだとトンプソン流に試みたのが第Ⅱ部なのである。

ところで、本章の最後に触れるように、トンプソンはやがて、組織の環境適応を扱うコンティンジェンシー理論の理論編のような扱いを受けるようになる。まぁ確かに、後述するようにチャンドラーもコンティンジェンシー理論だと分類されてしまえば、そう扱われるのも仕方ないのかもしれない。しかし、トンプソンは「コンティンジェンシー理論」には一切言及していない。にもかかわらず、実は、第Ⅱ部では、「コンティンジェンシー」が用語として何度も登場することになる。では、それはいったい何だったのか。この本書第5章では、高橋（2013）をベースに、トンプソンの本来の主張と組織観を追いかけてみよう。以下では、『オーガニゼーション・イン・アクション』（Thompson, 1967）の部・章構成の流れに従って、本全体としてトンプソンが何を主張しようとしていたのかについて整理していく。

2 │ チャンドラーの『戦略と組織構造』

(1) 組織は戦略に従う

　以上のような経緯から、トンプソンの紹介に入る前に、先にチャンドラー（Alfred D. Chandler, Jr.; 1918-2007）の『戦略と組織構造』（Chandler, 1962）を紹介しておくことにしよう。その方が、多くの読者にとっては有益だろう。チャンドラーの『戦略と組織構造』は、「戦略」という用語が経営学分野で使われるようになったさきがけ的な業績の一つともいわれ、経営学では有名である。しかし、組織論ではなく経営史の大部の書籍であり、読者の多くは「組織は戦略に従う」という命題（というよりフレーズ？）以外、内容を知らない可能性が高い。

　ちなみに、同書の翻訳は三菱経済研究所訳『経営戦略と組織』が1967年に出版され、さらに2004年に新訳が有賀裕子訳『組織は戦略に従う』と改題されて出版された。トンプソン同様、旧訳と新訳で書名が異なるうえ、どちらも原題 *Strategy and structure* の "structure（構造）" を「組織」と読み替えてしまっていることもあり、本書では、より原題に忠実に『戦略と組織構造』を書名として採用する。なお、ここでの同書の紹介は高橋（1995, ch.7）をベースにしているので、引用の際の邦訳は旧訳の方を指す。

(2) 事業部制の登場

　チャンドラー（Chandler, 1962, pp.2-3 邦訳pp.18-20）によれば、当時、米国の多角化した企業では事業部制型の組織（multidivisional type of organization や "decentralized" form 等々）が一般的に採用されるようになっていた。歴史をさかのぼれば、最初に事業部制

を採用したのは次の4社で、化学会社デュポン（E. I. du Pont de Nemours & Co.）と自動車会社ゼネラル・モーターズ（General Motors Corporation; GM）は第一次世界大戦後間もなくの1920年代初め、石油会社スタンダード石油（ニュージャージー）（Standard Oil Company［New Jersey］）は1925年、小売会社シアーズ・ローバック（Sears, Roebuck and Company）は1929年に事業部制への組織再編成に着手した。チャンドラーは、この4社を最初に事業部制を生み出した会社だとしているが、ここで重要なことは、業種業態の異なる4社の経営者が、互いに独立に、その他の会社からも独立に事業部制を発明したということなのである。

　ちなみに、日本でも松下電器産業（現パナソニック）が、既に1933年には独自に事業部制を始めていたといわれる。もちろんチャンドラーはそのことに言及していないが、既に事業部制を採用していた日本企業が存在していたおかげで、翻訳では直訳ではない「事業部制」という日本語訳がすんなりつけられたのだと思われる。

　事業部制が登場するまでは、組織構造上とりうる選択肢としては、集権的職能別部門組織にするか、あるいは持株会社とその傘下のほとんど完全に独立した子会社群にしておくかの二択しかなかった。しかしどちらの組織構造をとっても、その組織構造のままで多角化が進むと、経営者に要求される活動の範囲と数と複雑性が増大していき、（合理性に限界のある）経営者には本業以外への資源の使われ方の情報はほとんど入らず、また理解もできなくなってしまう。

　そこで、次のような事業部制 —— この引用箇所では分権制（"decentralized" company）と呼ばれている —— の登場となる

（Chandler, 1962, pp.9-11 邦訳 pp.26-27）。

① まず各現業事業部（operating divisions）に現業部門としての自律性を持たせることで、現業の細かい管理業務から経営者を解放する。各事業部は製品別または地域別に作られており、各事業部を担当する幹部達はほとんどの職能を自己完結的に指揮下にもち、担当事業部の業績に責任を持っている。
② そのうえで、事業部間の調整・評価や全社的な目標・政策の策定といった全社的な重要課題については、経営者が専門スタッフを充実させた総合本社（general office）で担当することにし、事業部に必要な人員、設備、資金などを割り当てる。

　こうすることで、企業を一つのまとまった組織にシステム化できるようになり、これにより、多角化で会社が雑多で無秩序な事業の寄せ集めとなることを防ぎ、無政府状態に陥るリスクを大いに軽減したのである（高橋, 1995, pp.182-183）。

(3) 組織づくりは成長戦略の後

　こうしたことから、チャンドラー（Chandler, 1962, pp.13-14 邦訳 pp.29-30）は、企業の成長を計画し、実施することは「戦略（strategy）」と考えられるとし、他方、成長・拡大した活動と資源を管理するために案出された組織を「機構（structure）」と考えられるとしたうえで、「機構（組織）は戦略に従う（structure follows strategy）」（Chandler, 1962, p.14 邦訳 p.30）という有名な命題を唱えるのである。
　この命題中の follow は「従う」と訳されているが、正確には時

間的に「後に続く」の意味も込められている。実際、『戦略と組織構造』で取り上げられているいずれの事例でも、組織づくりはしばしば成長戦略に遅れをとっており、特に急成長期にはそうだったのである（Chandler, 1962, p.16 邦訳 p.32）。

　事実、チャンドラー自身がこの命題に関する議論を進めるために、なぜ戦略が先なのか、そしてなぜ組織づくりは戦略に遅れるのか、という2つの問いを出している（Chandler, 1962, p.14 邦訳 p.30）。そして、この2つの問いに対するチャンドラー自身の解答（Chandler, 1962, pp.14-16 邦訳 pp.30-31）は、概ね次のようにまとめられる。

①まず人口、所得、技術が変化することによって資源運用の機会とニーズが生み出される。需要の推移、供給源の変化、経済情勢の変動、新しい技術の開発、競争者の出方等々に気づいた企業は、事業活動を量的に拡大したり、遠隔地に工場や事務所を設立して地域的に分散したり、新しい事業分野に進出して垂直的統合・多角化などをする。

②こうして企業が成長すれば、企業には新しい資源、新しい活動分野が増加し、管理すなわち企業活動の調整・評価・計画および資源配分の際の経営的決定・行動・命令が増大することになる。こうした経営管理に対するニーズを放置し、組織づくりをしないままに企業が成長を続ければ、経済的な効率は低下し、規模の経済性は実現しないであろう。

③したがって、組織づくりがどうしても必要になる。にもかかわらず、その必要な組織づくりが遅れてしまうのは、

　(a)経営者が日常業務に熱中しすぎて、あるいは受けてきた教

育・訓練に問題があって、長期の組織づくりの必要性を認識・理解できなかったり、対処できなかったりするから。

(b)組織づくりが経営者自身の地位や権力や安心感への脅威となると感じるために、管理的に望ましい変化にも抵抗するから。

どちらにせよ、経営者のせいである。

つまり、命題「機構（組織）は戦略に従う（structure follows strategy）」が言わんとしていることは、正確には「組織づくりのプロセスは成長戦略の後になるために、成長タイプの違いで組織の形も違ってくる」ということになる。

しかし、組織づくりが遅れる理由が、(a)(b)のように経営者のせいだとすれば、この遅れの問題を解決するのは意外と簡単なことかもしれない。要するに、経営者が学習して変わりさえすればいいのである。事実、チャンドラーによれば、1920年代に4社によって発明された事業部制が多角化のリスクを大いに軽減することが、1930年代になって他社に知られるようになると、今度は、この組織構造上の発明が企業を多角化戦略に踏み切らせることになったことは疑いないという（Chandler, 1962, pp.393-394 邦訳 pp.386-387）。

このように先例がある場合には、組織づくりの遅れはもっと小幅にとどまるだろう。そして少なくとも、これまで成長を続け生き延びてきた大企業については、歴史的な時間の中で、成長戦略がとられて急速な成長期を経験した後には、遅れをとる形で組織づくりの期間がやってきたのである（高橋, 1995, pp.192-194）。

3 │ チャンドラーをモチーフにして（第Ⅰ部）

　こうしたチャンドラーの議論に対して、トンプソン第Ⅰ部後半ではテクノロジーを軸にして説明を試みるわけだが、その前に、第Ⅰ部前半の第1〜3章では、その鍵概念「テクノロジー」についての基礎固めをすることになる。

(1) ランダムではない行為の中に組織を見出す（第1章）
◯ 組織の研究戦略：合理的モデルvs自然システム・モデル

　トンプソン第1章「組織の研究戦略（Strategies for studying organizations）」では、この本で採用される研究戦略が説明される。グールドナー（Gouldner, 1959）は、組織に関する文献のほとんどに、その基盤となる2つの基本モデルが識別できるとし、その2つを合理的モデル（rational model）と自然システム・モデル（natural-system model）と呼んだ（Thompson, 1967, p.4 邦訳 pp.3-4）。トンプソンは、このグールドナーの分類を使って、既存の組織研究の研究戦略を2つに整理している。

　まずは、合理的モデルに対応したクローズド・システム戦略である。たとえば、科学的管理法、管理論、官僚制の3学派は、経済的効率性が究極の基準だった。そのため、効率性やパフォーマンス向上を追求する副産物として組織に関する文献が生まれた。このことは本書第1章でも触れた通りで、ある程度は学界の共通認識だといっていい。すなわち、科学的管理法、管理論、官僚制の3学派では、合理的モデルが採用されていた（Thompson, 1967, pp.4-6 邦訳pp.4-7）。

　そうなると、システムの変数（variable; 新訳ではなぜか一貫し

て「変動要因」と訳されている）やそれらの関係が、われわれが十分理解ができるほど少数で、コントロールでき、確定的システムとして取り扱える方が望ましい。つまり、システムは閉鎖的で、他からの影響を受けないものとして研究するクローズド・システム戦略（closed-system strategy）を採用して研究しているとトンプソンは整理する（Thompson, 1967, pp.4-6 邦訳 pp.4-7）。

ところが、実際の組織は、自然システムであり、人間が一度に把握不能なほどの多数の変数を含み、さらにその一部は、人間がコントロールできない変数、すなわち不確実性のある変数なのである（Thompson, 1967, pp.6-7 邦訳 pp.7-8）。そこではオープン・システムのホメオスタシス（恒常性；本書第1章で登場済み）、すなわち自己安定化が重要な概念となる（Thompson, 1967, pp.6-7 邦訳 pp.7-8）。つまり、組織を理解し、記述しようとするのであれば、オープン・システム戦略（open-system strategy）をとる必要がある。

ちなみに、オープン・システムのシステム論の代表的な研究としては、スコットが2003年版の序文（Thompson, 2003, p.xvii 邦訳 p.x）で挙げているように、フォン・ベルタランフィ（von Bertalanffy, 1968）——本書第4章で触れた——らを引用するのが今では普通なのだが、出版時期的には、トンプソンとほぼ同時期で、トンプソンも引用していないし、トンプソンが彼らの影響を受けたとも考えにくい。

◯ 合理性の基準に従うオープン・システム

組織の研究戦略として、クローズド・システム戦略とオープン・システム戦略、2つのアプローチのどちらかを選択すべきなのか？　あるいは妥協して折衷すべきなのか？　たとえば、トン

プソンが新しい伝統と呼んでいるサイモン等の研究の流れでは、本書第3章・第4章でも見てきたように、意思決定のネットワークとして組織を確定的に描いたうえで、各意思決定に不確実性を導入するという折衷の仕方をしている。

　トンプソンの考えた折衷の仕方は、ある意味、それとは対照的である。組織をオープン・システムとしてとらえ、ホメオスタシスのようなものを想定しているのだが、組織内の人間の行為は「合理性の基準」に従うと考えるのである（Thompson, 1967, p.10 邦訳p.13）。すなわち、われわれの日常生活を支えているものはランダムな行動ではなく、計画的な行為であり（Thompson, 1967, p.8 邦訳p.10）、組織の行為は、筋の通ったあるいは合理的なものであると期待される（Thompson, 1967, p.1 邦訳p.1）と考えたのである。ランダムではない、計画的で筋の通った合理的な行為の中に、われわれは組織を見出す。すなわち「行為の中の組織」、これが書名 *Organizations in action* の含意なのかもしれない。この着想は、次の本書第6章で扱うワイク（Weick, 1979）にも通じる先進的なアイデアであった。

　言い換えれば、「合理性の基準に従うオープン・システム（an open system subject to criteria of rationality）」（Thompson, 1967, p.11 邦訳p.15）というのが、トンプソンのユニークな組織観なのである。しかも、この合理性の基準に従うオープン・システムは、一様で均質な存在、あるいは、でたらめで非常に不安定な存在ではない。パーソンズ（Parsons, 1960, ch.2）が挙げた技術的、管理的、制度的の3レベルで考えれば、制度的レベルでは、より広い社会的システムの一部であり、自然システムとして存在しているが、一番底の技術的レベルでは、不確実性が極力取り除かれ、ほぼク

ローズド・システムとなったテクニカル・コア（technical core）があり、そこで技術的合理性が追求されるのである（Thompson, 1967, pp.10-12 邦訳 pp.13-16）。

(2) クローズドなコアで追求する技術的合理性（第2章）
○ 合目的的組織ならばクローズドなコア・テクノロジーを持つ

では、そこでいう技術的合理性とは何なのか。これがトンプソン第2章「組織における合理性（Rationality in organizations）」で考察されることである。まず、第2章の冒頭で、

　手段的行為（instrumental action）は、一方で望む結果（desired outcomes）、他方で原因／結果関係の確信（beliefs about cause/ effect relationships）につながっている。望む結果があれば、その実現に必要な変数とその操作方法は、その時の知識状態で示される（Thompson, 1967, p.14 邦訳 p.19）。

　トンプソンに言わせれば、そこにテクノロジーすなわち技術的合理性（technical rationality）が存在する。そして、その技術的合理性は手段的・経済的の2つの基準によって評価される（Thompson, 1967, p.14 邦訳 p.19）。ここで、引用した文章中の「望む結果（desires outcomes, a desire）」を「目的（purpose）」に置き換えてみれば、トンプソンがバーナードの制約要因または戦略的要因に相当する変数を考えていたことが分かる。実際、トンプソン第11章ではバーナードの戦略的要因に言及している（Thompson, 1967, p.148 邦訳 p.211）。

　そして、そうしたテクノロジーの中でも、「個人では操作するこ

とが不可能・非実用的なテクノロジーを操作するために、複雑な組織は作られた」（Thompson, 1967, p.15 邦訳 p.20）とトンプソンは考えたのである。そうであるならば、「すべての合目的的組織（purposive organization）の芯（core）は、一つあるいはそれ以上のテクノロジーからなっている」（Thompson, 1967, p.19 邦訳 p.26）はずなのだ。しかも、パーソンズがいうところの技術的レベルにある芯では、不確実性が極力取り除かれ、ほぼクローズド・システムとなったテクノロジーがあり、そこでは技術的合理性が追求されているはずだと考えたのである。

その様子を俯瞰してみると、この芯の部分にある技術——クローズド・システムの論理に基づいたコア・テクノロジー（core technologies）——は、常により大きな組織の合理性に埋め込まれていることになる。そのことをトンプソンはこう記述した。すなわち、組織の合理性が、ある時間と場所にテクノロジーをピンで留め、さらにインプット活動とアウトプット活動を通じて、より大きな環境へと結びつけている（Thompson, 1967, pp.23-24 邦訳 pp.32-33）と。

したがって、クローズド・システムの論理に基づいたコア・テクノロジーの技術的合理性は、組織の合理性の必要な構成要素ではあるが十分ではない。テクノロジー活動だけではなく、インプット活動とアウトプット活動も適切に噛み合って連動しなければならないのである（Thompson, 1967, p.19 邦訳 p.26）。それゆえ、組織の合理性は、クローズド・システムの論理だけではなく、オープン・システムの論理をも必要とするのである（Thompson, 1967, p.20 邦訳 p.27）。

○テクノロジーの3様態：技術的合理性の手段的基準

　ところで、トンプソンは、どのようなものをテクノロジーだと考えていたのだろうか？　おそらく、トンプソン第1章で取り上げた科学的管理法、官僚制、管理論の3学派からの着想なのだろうが、トンプソンは3様態（three varieties）のテクノロジーを挙げ、それぞれ例示している（Thompson, 1967, pp.15-18 邦訳 pp.20-24）。

①長連結型テクノロジー（long-linked technology）：行為Aがうまく完了したら、その後のみに行為Bが遂行され、行為Bがうまく完了したら、その後のみに行為Cが遂行され……といった連続的な依存性があるもの。たとえば、大量生産の組立ライン。科学的管理法が最も貢献してきた。

②仲介型テクノロジー（mediating technology）：標準化、すなわち範疇化と規則の非人格的適用といった官僚制的手法が最も有益なもの。たとえば、預金者と借り手をつなぐ銀行、リスクをプールする人をつなぐ保険会社、電話で話したい人をつなぐ電話会社、同様に、郵便局、職業紹介所。

③集中型テクノロジー（intensive technology）：専門化した多様な諸手法を対象に集中させて、カスタマイズして組み合わせて利用するもの。たとえば、総合病院や建設業。ただし、残る管理論との関係については明言されていない。

　とはいうものの、トンプソンが挙げている例は、実際には、どの例も一つの例が①②③どれにも当てはまってしまうので、注意がいる。ここでいちいち指摘しないが、たとえば、最も劇的な③集中型の例として挙げられている総合病院である（Thompson,

1967, p.17 邦訳 p.23）。確かに、専門家が寄ってたかってという意味では集中的（③）だが、診断から治療に至る過程は範疇化と規則の非人格的適用の典型であり（②）、しかも、受付も検査も診察もせずに、いきなり注射を打つような病院はあるはずもなく、当然、行為には連続的な依存性がある（①）。

　実際、トンプソン自身も、②仲介型テクノロジーの例に挙げた電話会社であるはずのベル電話システム（Bell Telephone System）を、第4章では、①②③の組み合わせだと例示してしまっている（Thompson, 1967, p.44 邦訳 pp.62-63）。その意味では、トンプソンが挙げたのはテクノロジーを分類するための3つの類型というよりは、テクノロジーの3つの様態とでもいうべきだろう。

　いずれにせよ、技術的合理性を評価する手段的（instrumental）・経済的（economic）な2つの基準（criteria）のうち、従来はサイモンに代表されるように経済的基準を論じるものが多かったのに対して、トンプソンはテクノロジーの手段的基準を論じようとしたのである（Thompson, 1967, pp.14-15 邦訳 pp.19-20）。

○ コア・テクノロジーのクローズド化を可能にする装置

　そこでトンプソンは、コア・テクノロジーをクローズドにするために、組織は、自己制御状態を可能にする巧妙な装置を用意してきたと主張する。その装置をトンプソンは、5つの命題にまとめている（Thompson, 1967, pp.18-23 邦訳 pp.25-32）。

　①合理性の規範の下では、組織は全要素を制御できれば技術的完全により近づけるので、組織は、コア・テクノロジーを環境の影響から封鎖しようとする（命題2.1）。

②そのために、テクニカル・コアをインプットとアウトプット
の構成要素で囲んで、環境からの影響を緩衝しようとする
（命題2.2）。

③さらに、環境に働きかけて、インプットとアウトプットの取
引を平滑・平準しようとする（命題2.3）。

④緩衝も平滑もできない環境の変化に対しては予測して適応し
ようとする（命題2.4）。

⑤それでもだめなら、配給制にする（命題2.5）。

後のトンプソン第6章冒頭では、さらに具体的に、環境変動を
緩衝化・平準化するために、（テクニカル・コアを取り囲んだ）境
界上にテクニカル・コアのインプットとアウトプットに携わる境
界単位（boundary-spanning unit）を置き、テクニカル・コアを環
境の影響から隔離（isolate）しようとする（Thompson, 1967,
pp.66-67 邦訳pp.95-96）と、第2章および②命題2.2と③命題2.3
をまとめている。

実は、②緩衝化・③平準化と似たようなことは、マーチ＝サイ
モンも3つの状況標準化（standardization of the situation）として指
摘していた：(a)精製（非常にむらのある天然原料をはるかに均質
的な半製品に変えて、後工程の複雑性と原材料の不確実性を減ら
す）、(b)互換性部品の使用、(c)緩衝在庫をもつこと（March &
Simon, 1993, pp.181-182 邦訳pp.201-202）。つまり、量的な変動に
対する(c)緩衝化（トンプソンの②に対応）以外にも、マーチ＝サ
イモンは質的な変動に対する(a)(b)標準化——これも緩衝化の一
種だと言い張ることもできるかもしれない——が必要だと指摘し
ていたことになる。

以上のような緩衝化・平準化・標準化を図示すれば、図5-1のようになる。製品製造のイメージで説明すれば、質的にも量的にも変動のあるインプット（原材料）は、インプット側の境界単位で、変動を減らしたうえでテクニカル・コアに供給され、テクニカル・コアで安定的に作られたアウトプット（製品）は、アウトプット側の境界単位で緩衝在庫などを利用して、需要変動に応じて柔軟に出荷されていく。

　またトンプソンは、予防的なメンテナンスを②緩衝に分類しているが（Thompson, 1967, p.20 邦訳 p.27）、予防的なメンテナンスとは、放っておくと、突然の故障で機械が長時間止まってしまい、被害が大きくなってしまうので、たとえば月1回の短時間の定期点検を行うことで機械の停止時間を③平滑化・平準化するものなので、②緩衝に分類するのは間違いだろう。

　最後の命題2.5に出てくる⑤「配給制にする（rationing）」とは、緊急時などで、優先順位の高い活動・機能だけは確保して、他は省いてしまうということである（Thompson, 1967, p.23 邦訳 pp.31-32）。たとえば、パソコンでは、フリーズ時のようになんらかの不具合によりコンピュータに問題が生じたとき、診断をするため

図5-1　テクニカル・コアと境界単位

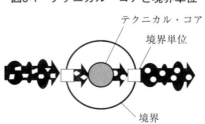

(出所) 高橋 (1995) p.247, 図6

に、キーボードなど必要最低限のデバイスのドライバだけを起動し、他の機能は無効にしておく「セーフ・モード」という起動モードがあるが、そんなイメージである。

(3) 行為のドメインとタスク環境（第3章）
○ ドメインとタスク環境

トンプソン第3章「組織化された行為のドメイン（Domains of organized action）」は、次の第4章で展開される議論で用いられる諸概念を用意しておくための章である。この章の前半では2つの概念が取り上げられる。一つは「ドメイン」（Levine & White, 1961）、もう一つは「タスク環境」（Dill, 1958）である。

まずドメイン（domain）とは、もともとは領域、領地の意味で、組織が「自分のものだと主張する」領域を指している（Thompson, 1967, p.26 邦訳p.36）。トンプソン第3章冒頭には例として自動車製造が挙げられ、原材料の鉄鋼（さらには鉄鉱石採掘）やゴム（さらには石油採掘・精製）だけでなく、電力等まで考えなくてはならないとごく簡単に触れられている。社会学者トンプソンがどの程度、自動車産業について知っていたのかは疑問だが、経営学・経営史的には、自動車産業は研究も進んでいて好例といえる。

たとえば、1920年代のT型フォード全盛期のフォード社（Ford Motor Company）は、次のような内製化を極めたことで知られている（高橋, 2013a, ch.3）。

　①フォード社のハイランド・パーク工場は自らの組立工場向けだけでなく、全米・全世界の組立分工場向けに部品のほぼ全

量を供給する親工場だった。

②ハイランド・パーク工場に原材料を供給するフォード社のリバー・ルージュ工場には、発電所も製鉄所も製材所もガラス工場もあった。

③リバー・ルージュ工場が必要とする原料は、フォード社が所有する3つの炭田から産出された石炭が、同社が買収した鉄道で運び込まれ、同社が所有する森林から切り出され木材と鉄鉱石（一部は同社が保有する2つの鉄鉱山から産出）は同社の船舶で同社が開いた運河を通って、リバー・ルージュ工場にどんどん運び込まれていた。

　こんな具合に、フォード社では極限近くまで内製化が推し進められていたので、最盛期には、原料が鉱山を出てから、約81時間（3日と約9時間）で、完成品として貨車で工場から出荷できたといわれる（高橋, 2013a, pp.66-67）。それをトンプソン流に表現すれば、当時のフォード社は、自動車製造のコア・テクノロジーのほぼ全部をドメインとしていた、ということになる。ただし、それでもすべてを内製化していたわけでなく、完全には自己充足的ではなかったが。

　それに対して、現代の日本の自動車会社は、その対極にあるといってもいいだろう。部品のほとんどは部品供給業者（サプライヤー）に外注し、基本的には自動車の開発や組み立てのみを行っている。これをトンプソン流に言えば、コア・テクノロジーの一部のみをその組織がドメインとしている、ということになる（Thompson, 1967, p.26 邦訳p.37）。

　このように自己充足的ではないわけだから、当然、組織は外部

との交換（たとえば部品の購買）をすることが必要になるわけだが、そのときには、その組織が何をして何をしないのかについてのドメイン合意（domain consensus）が事前に明確になっている必要がある（Thompson, 1967, p.29 邦訳p.40）。このドメイン合意は、個人の目標やモチベーションとは切り離された組織の「目標」のようなものである（Thompson, 1967, p.29 邦訳p.40）。

　そして、環境——自分以外のものすべてを指している——のうち、目標設定・目標達成に関連するあるいは潜在的に関連する部分は、タスク環境（task environment）と呼ばれる（Thompson, 1967, p.28 邦訳p.38）。すなわち、組織のタスク環境は、組織のドメインによって決まってくることになる（Thompson, 1967, p.28 邦訳p.39）。言い換えれば、ドメイン合意を確立するのに潜在的に関連した環境が、タスク環境なのである（Thompson, 1967, p.29 邦訳p.40）。

◯ 依存とパワーは表裏一体：タスク環境での協働戦略

　トンプソン第3章の後半では、パワーが、依存関係と結びつけて取り上げられる。もし、ある組織が競争相手の行為を考慮することなく行為する能力を持つのであれば、その組織はその競争相手に対してパワーを持つという（Thompson, 1967, p.31 邦訳p.43）。

　エマーソン（Emerson, 1962）によれば、依存とパワーは表裏の関係にある（Thompson, 1967, p.30 邦訳p.42）。そのために、タスク環境では、組織は代替的な方法を維持することによって、タスク環境要素のパワーを最小化しようとしたり（命題3.1）、名声を得ようとしたりするのである（命題3.2）。こうした戦略は、競争戦略ではなく、逆に協働戦略（cooperative strategies）として、契

約締結をしたり（命題3.3a）、役員にして取り込もうとしたり（命題3.3b）、連合体や合弁事業といった連合形成をしようとしたりもする（命題3.3c）（Thompson, 1967, pp.32-36 邦訳pp.45-50）。これらはフェッファー＝サランシックの資源依存理論（Pfeffer & Salancik, 1978）につながっていくアイデアである。

⑷ 組織デザイン：組織拡大の方向性（第4章）

　トンプソン第4章「組織デザイン（Organizational design）」の邦訳は、章のタイトルが「組織ドメインのデザイン」になっているだけではなく、この章の中で登場する"organizational design"あるいは"design"までもが「組織ドメインのデザイン」と訳されてしまっているが、これでは議論が混乱するだけだろう。この第4章は、あくまでも「組織デザイン」を考察する章であり、ここでの主張は、

A）　組織が拡大する場合、その方向はランダムなものではなく、「組織ドメイン」の3要素や余剰資源によって方向づけられていて方向性がある。

B）　その結果として、多角化や垂直的統合等の「組織デザイン」が存在する。

C）　それゆえ、トンプソン第5章では、職能別組織や事業部制組織といった「組織構造」が選ばれる。

とトンプソン第5章の話につながっていく（Thompson, 1967, p.50 邦訳p.71）。

○ 組織拡大の方向性を決める組織ドメインの3要素

まず、組織ドメインの3要素（three elements）とは、ドメインは、

①含まれるテクノロジー
②サービスを受ける母集団
③提供されるサービス

の3要素によって定められるというもので、組織デザインの変更は、これら組織ドメインの3要素のミックスの修正を伴うと考えられている（Thompson, 1967, p.40 邦訳 p.56）。このドメインの3要素はドメインの3次元といってもいいもので、この3次元について、境界線をどのように引いていくかで、ドメインが決まるのである。この組織ドメインの3次元は、トンプソン第2章で登場していたテクノロジーの3様態：①長連結型テクノロジー、②仲介型テクノロジー、③集中型テクノロジーに対応している。

○ コンティンジェンシー要因を取り囲む／取り込む

組織が拡大する理由の一つは、合理性の規範の下にある組織は、組織デザインを変えることで、そのままタスク環境に残しておくと重大なコンティンジェンシー要因（contingencies）になりそうな活動を取り囲むように境界線を設定しようとする（命題4.1）からだとトンプソンは考えた。それゆえ、「組織の拡大方向（direction of expansion of organizations）」（Thompson, 1967, p.40 邦訳 p.56）についての次のような3命題へとつながっていく。

(a)長連結型テクノロジーを採用し、かつ合理性の規範に従う組織は、垂直的統合によって、ドメインを拡大しようとする（命題4.1a）（Thompson, 1967, p.40 邦訳 p.56）。

(b)仲介型テクノロジーを採用し、かつ合理性の規範に従う組織は、サービスを受ける母集団を増大させることでドメインを拡大しようとする（命題4.1b）（Thompson, 1967, p.42 邦訳 p.59）。

(c)集中型テクノロジーを採用し、かつ合理性の規範に従う組織は、働きかける対象を取り込むことで、ドメインを拡大しようとする（命題4.1c）（Thompson, 1967, p.43 邦訳 p.60）。

つまり、テクノロジーの特性によって、組織拡大に方向性が生まれ、それは組織ドメインの3次元に沿ったものだというのである。

ただし、色々と疑問は残る。まず、命題4.1で「合理性の規範の下にある組織は、組織デザインを変えることで、そのままタスク環境に残しておくと重大なコンティンジェンシー要因になりそうな活動を取り囲むように境界線を設定しようとする」と言っているにもかかわらず、以上のように、(a)垂直的統合をしたり、(c)取り込んだりして、境界線の内側に入れる必要があるというのは矛盾である。なぜなら、コンティンジェンシー要因をたとえ境界線で取り囲んだとしても、相変わらず境界線の外側には違いないわけだから。

こうした矛盾は、組織と企業を概念的にきちんと分けないから生じるもので、本書第1章で述べたように、システムとしての組織、境界としての企業と明確に概念的に峻別すれば、一挙に解決

する。すなわち、コンティンジェンシー要因に対しては、組織に組み込んでコントロールするか、企業の境界で隔離して影響を減らすことで対処するのである。

◯ アンゾフの成長ベクトルとの対応関係

他にも疑問はある。はたして、トンプソンの3命題(a)(b)(c)で、組織の拡大方向のすべてを尽くしているのであろうか。経営学者的には気持ちの悪い終わり方である。そこで、トンプソンと同時代のアンゾフ（H. Igor Ansoff; 1918-2002）の『企業戦略論（*Corporate strategy*）』（Ansoff, 1965）に登場する「成長ベクトル（growth vector）」の枠組みを使って、トンプソンの「拡大方向」を位置づけてみよう。社会学者であるトンプソンは、『オーガニゼーション・イン・アクション』（Thompson, 1967）執筆時には、『企業戦略論』（Ansoff, 1965）の存在自体を知らなかったのかもしれない。

まずアンゾフによれば、戦略的変革（strategic change）とは、その企業の製品・市場環境の再編成（realignment）であって、このことは必ずしも多角化を意味しない。たとえば図5-2に示されるように、企業の成長ベクトルには、現在の製品・市場での市場シェアの増大を意味する(A)市場浸透、そして新たな製品あるいは市場を開発し進出する(B)製品開発と(C)市場開発、そして製品と市場のどちらをとっても当該企業にとって全く新しいものに進出する(D)多角化がある。アンゾフは、(A)(B)(C)を拡大化（expansion）、(D)を多角化（diversification）と呼んで分けている（Ansoff, 1965, p.112 邦訳p.160）。

さらに、図5-2の下側に示されているように、(D)多角化の中に

図5-2　アンゾフの成長ベクトルとその要素

市場	製品	
	現在	新規
現在	(A)市場浸透 **拡大化**	(B)製品開発
新規	(C)市場開発	**(D)多角化**

「(D)多角化」の要素

新規市場	新規製品	
	関連技術	非関連技術
同じタイプ	①水平的多角化	
企業それ自体が顧客	②垂直的統合	
類似タイプ	③同心的多角化	
新しいタイプ		④コングロマリット的多角化

(出所) Ansoff (1965) p.113, Figure 7.1 (邦訳p.160) と p.116, Figure 7.2 (邦訳p.165) から作成

も、①水平的多角化 (horizontal diversification)、②垂直的統合 (vertical integration)、③同心的多角化 (concentric diversification)、④コングロマリット的多角化 (conglomerate diversification) がある。

　ただし、アンゾフのこの成長ベクトルのアイデアは、(i)個々の事業の成長パターンの分類には使えても、(ii)実際にいくつもの事業を手掛けていて、それぞれの事業が独自の成長パターンを持っている企業を分類する際には使いにくい。そこで、とりあえず(i)に限定して、このアンゾフの成長ベクトルを先ほどのトンプソンの組織の拡大方向に関する3命題に重ね合わせると、次のような関係があることが分かる。

(a)連結型テクノロジー➡アンゾフの(D)多角化の中の①垂直的統合

(b)仲介型テクノロジー➡アンゾフの(C)市場開発

(c)集中型テクノロジー➡アンゾフの(D)多角化全般

　このうち、(c)集中型テクノロジーの「取り込む」がなぜ多角化全般に相当するかというと、実は、当時の米国企業が、たまたま他の企業を合併・買収することで多角化していったことが多かったからである。しかし、これは多角化＝合併・買収という意味ではなく、たまたまである。

　実際、合併・買収には依らない企業の内部的展開による多角化や成長はもちろんあるのであり、事実、日本企業は、従来は内部展開型の多角化や成長を得意としてきた。特に、世界中から日本企業の経営が注目されていた1980年代には、欧米企業が合併・買収中心で選択と集中などと言っている間に、日本企業は現有能力・資源をはるかに超えた野心的目標を掲げ、能力を鍛えているではないかとまで評された。こうした日本企業の研究をもとにして、ハメル＝プラハラッド（Hamel & Prahalad, 1994）は、顧客に対して、他社にはまねのできない自社ならではの価値を提供する企業の中核的な能力をコア・コンピタンスと呼び、日本企業の戦略は、このコア・コンピタンスをベースに発想されていて、これを活用・強化する戦略がとられているとした。

　まさにトンプソンのコア・テクノロジーに近い考え方だと思うのだが、面白いのは、当時の日本企業の多角化が内部展開型だったということなのだ。つまり、本来、トンプソンのテクノロジー

をもとにしたアイデアは、合併・買収よりも内部展開型の方が、親和性が高かったのではないだろうか。

いずれにせよ、以上の整理から、少なくともアンゾフの成長ベクトルの要素のうち、既存市場に対する(A)市場浸透と(B)製品開発が、トンプソンの拡大方向の議論からは抜け落ちていたことが分かる。つまり、既存市場での拡大化が抜け落ちており、結果的に、トンプソンの拡大方向の議論は、新規市場への成長ベクトルだけを扱っていたことになる。

このことは、テクノロジーをベースに成長ベクトルを考えることで生じるバイアスの存在を示しているともいえる。コア・コンピタンスがあったはずの日本の電機メーカーが21世紀に凋落したのも、組織の拡大方向にこうしたバイアスがあったからではないかと考えると興味深い。高橋（2013a）はこうした現象を本書第1章で登場したウェーバーの「殻」概念を使って、「殻にしがみつく」ために起こる「じり貧」現象として説明している（この場合の殻は、コア・コンピタンス）。

なお、余剰資源についての議論は、トンプソンも一部引用しているが（Thompson, 1967, p.47 邦訳p.67）、ペンローズ（Penrose, 1959, pp.68-72 邦訳pp.88-94）の主張とほぼ同じである（高橋, 2002a）。資源は連続的に分割できるわけではなく、一定量の単位でしか入手できないものもある。そのため、組織の構成要素のどれかには、常に未使用部分が残ってしまうので、最も縮小しにくい未使用部分をほぼ完全に使用するまで、組織は成長しようとする（命題4.2）。そのことをトンプソンは構成要素のバランスをとると呼んでいるが、それで、タスク環境が支援できる以上の超過能力を持った場合には、組織はドメインを拡大しようとする（命

題4.3）（Thompson, 1967, pp.46-47 邦訳 pp.64-67）。

(5) テクノロジーと組織構造（第5章・第6章）

○ 調整コストを最小にするように組織構造を作る

　既に述べたように、トンプソン第5章「テクノロジーと組織構造（Technology and structure）」は、有名なチャンドラーの『戦略と組織構造（Strategy and structure）』（Chandler, 1962）を彷彿とさせ、第Ⅰ部は、いわばその理論編的なものを意図して書かれている。だからこそ、前の第4章で、垂直的統合や多角化といった「組織デザイン」の話をし、いよいよこの第5章で職能別組織や事業部制組織といった「組織構造」の話をするという展開になっているわけだ。ここで技術的要件が組織構造に与える影響について考察した後、次の第6章では環境が組織構造に与える影響に焦点を合わせている。

　トンプソン第2章にもあったように、技術的合理性は手段的基準と経済的基準（効率性；efficiency）で評価される。とはいえ、たとえば大規模自然災害時の臨時の災害復興組織のように、手段的には高く評価されるが、効率性の悪い組織の例もあり、この章では、手段的には合理的な組織の効率を高める組織構造が考察される。そのためのトンプソンの基本的な考え方は、「組織構造は相互依存的な各要素間の調整された行為を容易にしなければならない」（Thompson, 1967, p.54 邦訳 p.76）というもので、横の部門化と縦の階層で、「合理性の規範の下で、組織は、調整コストが最小になるように職（position）をグループ化する」（命題5.1）ことで、組織構造は作られると考えている（Thompson, 1967, p.57 邦訳 p.82）。

ただし、こうしたアイデア自体は、トンプソン独自でもなければ、新しいものでもない。なにしろ、本書第1章でも触れた組織論の源流の一つ「管理論」を、マーチ＝サイモンが「部門化の諸理論（theories of departmentalization）」とラベルづけし、自己充足性（調整問題）・技能専門化の2変数を軸として整理していたくらいなのだ（March & Simon, 1993, pp.40-49 邦訳pp.28-39）。むしろ、既に源流の頃からあったオーソドックスな考え方だといえる。

○ 3段階の依存性と組織構造

トンプソンは、まず組織内部の依存性（interdependence）を3つに分ける（Thompson, 1967, pp.54-55 邦訳pp.77-79）。

①直接的な関係もコンタクトもないが、ある要素の失敗で組織全体が危機に陥ると、他の要素にも脅威になるという意味での共有（pooled）依存性
②一方向的な直接の関係がある逐次（sequential）依存性
③双方向的な直接の関係がある相互（reciprocal）依存性

トンプソンは、(a)すべての組織は①共有依存性を持ち、(b)さらに複雑になると①とともに②逐次依存性を持ち、(c)最も複雑になると①も②も③相互依存性も持つとしている（Thompson, 1967, p.55 邦訳pp.78-79）。

いずれにせよ、こうした内部の依存性に対処して、調整コストを最小にするには、まず③相互依存性のある要素と接触するように職をグループ化・局所化し（命題5.1a）、次に②逐次依存性のある要素をグループ化・局所化して（命題5.1b）、そうしてできた各

グループが、計画と標準を守る限りはという条件付きで自律的なグループになるようにする。①共有依存性しかない場合には、職をグループ内で同質的になるようにグループ化する（命題5.1c）（Thompson, 1967, pp.58-59 邦訳pp.83-84）。これが部門化である。

　分かりにくいので、私なりに例を挙げて説明してみよう。たとえば、大学のゼミ合宿に、何台かの自家用車に分乗相乗りして行く場合、地理的に近所の人でまずグループ化し、少し離れた人は拾っていく順番を決める。そして、あらかじめ決めた集合場所に正確な時計で定刻までに車が到着できるのであれば、その限りにおいては、各車が、それまでどんな経路でどうやって人を集めながら来るのかは調整する必要がないというわけだ。

　しかし、もし依存性を各グループ内に封じ込めることができなかった場合は、階層構造が作られる。つまり相互依存性のあるグループは、二次のグループ／クラスターにまとめようとしたり（命題5.2）、タスク・フォースやプロジェクト組織に調整を頼る（命題5.4d）。逐次依存性があるグループは接触するようにしてクラスターにしたり（命題5.3）、委員会に調整を頼る（命題5.4c）。類似の職に関しては、グループの境界を超えてルールをかぶせ（命題5.4a）、標準化する場合にはルール策定機関とのリエゾン（liaison; 連絡役）を置く（命題5.4b）（Thompson, 1967, pp.59-61 邦訳pp.84-89）。

　先ほどの例で言えば、人数的にアンバランスな2台（たとえば3人乗りと5人乗り）は、誰かがリーダーシップをとって、途中のパーキングで一度待ち合わせして、人数調整（4人乗りと4人乗り）をしてから最終目的地に向かうことにし、また最終目的地に着いてからのガソリン代や高速代の割り勘の仕方も2台の間で

不公平にならないように連絡役を決める。

◯ 職能別組織か事業部制組織か

　こうしてトンプソン第6章「組織の合理性と組織構造（Organizational rationality and structure）」では、チャンドラーの『戦略と組織構造』（Chandler, 1962）を意識して、どうして事業部制という組織構造が選ばれるようになったのかについて、次のように議論を組み立てて論じている。

①組織は、そのテクノロジーも直面しているタスク環境も、組織ごとに異なるので、複雑組織を構造化するための唯一最善の方法は存在しない（Thompson, 1967, p.67；p.78 邦訳p.96；p.111）。（このあたりの書きぶりは、後でも触れるが、コンティンジェンシー理論の名乗りを上げたローレンス＝ローシュ『組織と環境』（Lawrence & Lorsch, 1967b）を彷彿とさせる。）

②組織には、次のような二つの環境的な制約条件：(a)地理的空間と(b)タスク環境の社会的構成がある（Thompson, 1967, pp.68-69 邦訳pp.97-98）。

　(a)地理的空間は、地点間の距離によって記述されるが、組織の場合はその距離を輸送コストとコミュニケーション・コストによって測定する。

　(b)タスク環境の社会的構成は、同質性の程度と安定性の程度の二つの次元（Dill, 1958）によって記述、測定される。

③このうち②(b)タスク環境の社会的構成の2次元を使って分類した時、相対的に同質的で安定的なタスク環境では、境界要素（boundary-spanning component）の構造は相対的に単純で、

組織は職能別組織になる（Thompson, 1967, p.72 邦訳 pp.103-104）。しかし、タスク環境が異質で、移ろいやすくなると、そうはいかなくなってくる。

(a)もしスケジューリングを除いて、テクニカル・コアを境界活動（boundary-spanning activities）から隔離できるならば、集権的な職能別組織のままでいい（命題6.3）（Thompson, 1967, pp.74-76 邦訳 pp.107-108）。

(b)もし組織の主要構成要素が相互依存的であれば、主要構成要素は、いわゆる「分権的事業部」（decentralized division）のような自己充足的なクラスターとなるように分けられ、各クラスターが独自ドメインをもつようにする（命題6.4）（Thompson, 1967, pp.76-77 邦訳 pp.109-110）。

　こうして、トンプソンは、チャンドラーの事業部制の話を組織のテクノロジーの観点から説明しようとしたのである。ただし、チャンドラーのゼネラル・モーターズ（GM）のケースは持株会社から事業部制に逆に集権化した話であり、それに関しては説明したことになっていない。実際、せっかくテクノロジーから議論を組み立ててきたのに、結局のところ③の話で職能別組織か事業部制組織かが決まるのであれば、管理論の部門化の議論と大差ないではないか。実は、マーチ＝サイモンは管理論を「部門化の諸理論（Theories of departmentalization）」（March & Simon, 1993, pp.40-49 邦訳 pp.28-38）として整理した際、技能専門化と自己充足性で整理しており、トンプソンの議論は、複雑になった分、理論としては見劣りする。

(6) 技術的合理性のアセスメント（第7章）

○ 組織のセルフ・アセスメントのやり方

　トンプソン第7章「組織のアセスメント（The assessment of organization）」では、「合理性の基準に従うオープン・システム」という組織観のもとでトンプソンが考えているテクノロジーのより具体的な姿が浮き彫りになる。単純化して言ってしまえば、合理性の基準に従い、技術的合理性のアセスメントが可能なものがテクノロジーなのである。

　トンプソンの主張は、現在、経営の実務の世界で常識的に行われていることと重ねて説明すると理解しやすいだろう。今日、企業が自社の経営革新を行う場合には、セルフ・アセスメントを行うことが定着している。私は2005年から「日本経営品質賞（Japan Quality Award; JQA）」（1996年創設）の判定委員、2010年からは判定委員長を務めてきたが、そのアセスメントのやり方が、まさにトンプソンが書いていた通りで、トンプソンと日本経営品質賞が、独立に同じ方法論にたどり着いていたことに気づいたときには、正直驚いた。そこで、トンプソンの主張が、日本経営品質賞でどのように扱われているのかを【　】内で示しつつ、アセスメントの仕方を整理すると

　①望ましさの基準が具体的に固まっている場合、原因／結果関係に対する確信が完全であれば、最も望ましい状態を100％としたときに、どの程度達成されているかという効率性テストを行うことができる（Thompson, 1967, p.86 邦訳 pp.122-123）【JQAでは、一般的に、結果系の数字で示される】

　②原因／結果関係に対する確信が不完全な場合には、アセッサ

ーが手段テストを行う（Thompson, 1967, p.86 邦訳 p.123）
【JQAでは、望ましい結果が何かを分かっていれば、アセッ
サーは、その原因となるはずの重要成功要因を析出すること
になる】

③しかし、そもそも望ましさの基準があいまいな場合には、基
準の代わりに、準拠集団を決めて、そこと比較することで、
社会的テストを行う（Thompson, 1967, pp.86-87 邦訳 pp.123-
124）【これをJQAではベンチマーキングと呼んでいる】

　ただ、トンプソンは、③社会的テストよりも②手段テスト、②
手段テストよりも①効率性テストが選好される（命題7.1）として
いるが、JQAでは、選好されるというより、順番として、まずは
③ベンチマーキング、それができたら②重要成功要因を析出し、
最終的に①結果系の数字を出してアセスメントを行うことが一般
的に行われている。
　その際に、結果系の数字は経時的改善をしていることを示そう
とするし（命題7.2a）、ベンチマーキングの場合には、準拠集団と
比べて、どこが良いか悪いかがポイントになる（命題7.2b）。そし
て評価能力がない場合には、評価を外部評価に頼るようになるが
（命題7.5、7.5a、7.5b）、あくまでもアセスメントはセルフ・アセ
スメントが基本とされている（Thompson, 1967, p.89; pp.91-93 邦
訳 pp.127-128; pp.130-132）。

4 | サイモン等をモチーフにして（第Ⅱ部）

⑴ メンバー行動の予測可能性を高める（第8・9章）
〇 人間の異質性の表出を抑える：誘因／貢献の契約（第8章）

　既に述べたように、個々のメンバーの行動が予測できないものであれば、組織は困ってしまう。メンバーの行動の確実性や予測可能性を高めるために、組織は何をしてきたのだろうか。トンプソン第8章「変数としての人間（The variable human）」によれば、次の3つによって、人間の異質性の表出は抑えられ、個人間の一様性がもたらされることになる（Thompson, 1967, pp.105-106 邦訳 p.149）。

　　①文化による同質化
　　②職業やキャリアといった社会システムの分類・チャネル化機能
　　③誘因／貢献の契約（inducements/contributions contract）

　さらに、こうしたことで、トンプソン第1章で述べていたように、組織内の人間の行為が「合理性の基準」に従い、筋の通ったあるいは合理的な組織の行為を期待することも可能になる。

　このうち、③誘因／貢献の契約は、既に本書第4章でも触れたが、それによって、個人の可能な行動のレパートリー全体の限られた一部を組織が要求し、さらにその中で、無差別圏（zone of indifference; Barnard, 1938）あるいは受容圏（zone of acceptance; Simon, 1947）が設定される。そして、このことで、組織にとって自由裁量の領域が生まれる。なぜなら、ある個人の無差別圏の中の行動は、組織がそのどれを指定しても、その個人にとっては無差別だからである（Thompson, 1967, pp.105-106 邦訳 pp.149-150）。

〇 自由裁量と結託（第9章）

しかし、組織メンバーの行動の予測可能性と組織メンバーによる自由裁量の行使は、表裏の関係にある。トンプソン第9章「自由裁量とその行使（Discretion and its exercise）」では、トンプソン第1章で説明した合理的モデル／自然システム・モデルで対比させれば、合理的モデルの「権限と責任の一致」は、自然システム・モデルのバージョンでは「高自由裁量の職務についている個人は、組織内の他者への依存性以上のパワーを維持しようとする」（命題9.8）になり、パワーが足りないときには、結託をしてもよいことになる（命題9.8a）。

ここで結託（coalition; 新訳では「連合体」と訳されている）とは、もともとゲーム理論で協力ゲームを扱う際に用いられる概念でもあり、マーチ＝サイモン（March & Simon, 1958）でも、サイアート＝マーチ（Cyert & March, 1963）でも、頻繁に用いられる。この結託概念を使えば、組織にとっての目的（goals）とは、支配的結託（dominant coalition）の人々が意図する未来のドメインとみなすことができる（Thompson, 1967, p.128 邦訳 p.180）。仮に、支配的結託で世代がオーバーラップしているならば、そのことが、個人の寿命を超えて組織が永続する基礎となる（Thompson, 1967, p.128 邦訳 p.181）。

(2) 支配的結託（第10章）

こうして、自然システム・モデルと整合的な支配的結託（dominant coalition）の登場となるわけだが、トンプソン第10章「複合組織のコントロール（The control of complex organizations）」では、組織の中で支配的結託は、どの程度の大きさであるべきな

のかを考察している。

○ 決定戦略と支配的結託の大きさ

まずトンプソンは、決定問題（decision issues）を①原因／結果関係の確信（belief）、②可能な結果に関する選好（preference）の2次元で分類している（Thompson, 1967, p.134 邦訳p.189）。ここで①②は、言及こそされていないが、（統計的）決定理論の主観確率——確信の度合（degree of belief）とも呼ばれる——と効用（または損失）に相当するもので、決定理論では両者を使って期待効用（または期待損失）を計算する。

そこでトンプソンは、①②両方で確実性、不確実性を考えて、両者を組み合わせて、表5-1のような4タイプの決定問題を考えている。ただし、決定理論では、不確実性を考えるのは①だけで、②に関して不確実性を考えたりはしない。つまり、決定理論は表5-1のなかの(b)判断的決定戦略だけを扱うので注意がいる。

それに対して、トンプソンは表5-1のそれぞれのセルに対して、意思決定の戦略を考えるとしている。たとえば、①②ともに確実性がある場合は、(a)計算的決定戦略を用いることができ、これは

表5-1　決定問題4タイプと決定戦略

①原因／結果関係の確信	②可能な結果に関する選好	
	確実性	不確実性
確実性	(a) 計算的決定戦略	(c) 妥協的決定戦略
不確実性	(b) 判断的決定戦略	(d) 直感的決定戦略

(注) Thompson（1967, p.134）の表（表番号もタイトルもついていない）では、4つのセルは空白だったが、邦訳p.189の図3の4つのセルには、親切に内容が記入されている。ただし、妥協的決定戦略と判断的決定戦略は位置が逆だったので、ここでは修正している。また、原典では、確実性はcertain、不確実性はuncertainと形容詞になっていた

本書第2章でも触れたサイモンの「プログラム化された意思決定」であると明言され、そこではデータの正確さだけが問題になり、組織構造はウェーバーの官僚制に従い、支配的結託は一個人である可能性が高いとしている（Thompson, 1967, pp.134-135 邦訳 pp.189-190）。

しかし現実には①②とも確実性になるには制約があり、なかなかそうはならない。そのため、別の意思決定戦略——実際にはトンプソンが命題化しているのは決定理論が扱う(b)判断的決定戦略だけだが——を用いる領域が増えると、その代表を取り込むことで、支配的結託は大きくなっていく（命題10.1・命題10.2）（Thompson, 1967, pp.135-136 邦訳 pp.190-193）。

そして、トンプソンは結託マネジメントを考察する。トンプソンがイメージしているのは、大学の教授団のような、いわゆるコミュニティである。パワーが分散していれば、インナー・サークルが結託の仕事をするようになり（命題10.6）、それなしでは動けなくなってしまう（命題10.7）。結託は、承認はするが決定はしないし（命題10.8）、結託をマネジメントする個人はパワーを持つが（命題10.9）、独裁者や司令官というわけではなく、あくまでも支配的結託の同意や承認を得た場合にのみ、リーダーシップを発揮する（Thompson, 1967, pp.139-143 邦訳 pp.197-202）。

ところで、支配的結託（dominant coalition）の概念は、すぐに2つの研究を連想させる。一つは、トンプソンより約10年前にペンローズが唱えていたマネジメント・チームであり、もう一つは、トンプソンの約20年後にプラハラッド＝ベティスが唱えたドミナント・ロジック、まさしく支配的結託の持つロジックである。

○ ペンローズのマネジメント・チーム

ペンローズの『会社成長の理論』（Penrose, 1959）は、バーナードやサイモン同様に、人間個人の能力には限界があるとする。そのため、仮に、一人の人間が常に隅々までコントロールしなければ組織行動に一貫性を保てないというのであれば、一人の人間によって統率可能な規模には限界がある。つまり企業規模には限界があることになる。

しかし、実際に成長して大きくなった企業ではそういった現象は見られない。なぜなら、実際には一人の人間ではなく、ペンローズがマネジメント・チーム（management team）と呼んでいる一団によって組織がコントロールされているからである。ここで、マネジメント・チームとは、一緒に働いた経験を持った経営幹部の集団のことである。それゆえ、チーム・メンバーの候補者は、時間がかかっても、ともになすべき仕事を持たなければならない（Penrose, 1959, p.46 邦訳 pp.80-81）。

したがって、ある所与の集団内での経験を持つ個人を集団外から雇うことはできないし、必要な経験を積むには時間がかかることになる。だからこそ、新しい企業は小さな組織規模からスタートせざるをえないし、一緒に働いた経験を積んだマネジメント・チームは徐々にしか大きくできないので（Penrose, 1959, pp.47-48 邦訳 pp.82-83）、企業の成長率には経営的限界がある。

より対比的に言えば、企業規模には限界がないが、企業規模の成長率には限界があるのである。企業が小規模の範囲を超えて成長を続けることに成功するかどうかは、一緒に働いた経験を積んだ幹部の集団を徐々に作り上げることができるかどうかにかかっている（Penrose, 1959, pp.51-52 邦訳 p.86）。

こうしたマネジメント・チームのメンバー候補者に、一緒に働いた経験を持たせるための費用をペンローズは「隠された投資（concealed investment）」と呼び、大企業は小企業と比べて、必要経費の比較的多くの部分が投資的性格を持っているとも指摘したのである（Penrose, 1959, p.226 邦訳 p.315）。一見、何の変哲もない日常の活動にかかる必要経費自体——接待費・交際費だって——が、実は長期で見れば企業の成長を支えている。これは成長に必要な投資なのである。

○ 支配的結託のドミナント・ロジック

プラハラッド＝ベティス（Prahalad & Bettis, 1986）は、多角化のパターン（the pattern of diversification）と財務的パフォーマンス（financial performance）の関係を調べたルメルト（Rumelt, 1974）を強く意識して書かれた論文である。この論文は、次のような概念的な枠組みを提唱している（Prahalad & Bettis, 1986, pp.489-491）。

①会社のトップ・マネジメントは、顔のない抽象的存在ではなく、鍵となる個人の集まり、すなわち、支配的結託（dominant coalition）である。

②トップ・マネジメントのプロセスの複雑性は、戦略的多様性の関数であって、事業の数とか規模だけで決まるものではない。

③戦略的に似た事業は、共通の（single）ドミナント・ロジック（dominant general management logic あるいは短く dominant logic）を使って経営することができる。

④トップ・マネジメントの集団が多角化企業を経営する能力は、ドミナント・ロジックによって制限されている。

ここでいっているドミナント・ロジックとは、「思考態度（mind set）、世界観（world view）、あるいは、目標を達成し、事業で意思決定を行うための事業と管理ツールの概念化（conceptualization）」であり、「ドミナントな（支配的な）結託の中で共有された認知マップ（a shared cognitive map）あるいはスキーマの集合（set of schemas）として貯蔵されている（stored）」もので、「学習された問題解決行動として表される」（Prahalad & Bettis, 1986, p.491）。

重要なことは、トップ・マネジメントの経営能力は共有しているドミナント・ロジックによって制約されているということであり、そのドミナント・ロジックが使える範囲を超えて戦略的類似性の低い事業に手を出すと、速く的確に反応できなくなって（Prahalad & Bettis, 1986, p.497, Figure 3）、パフォーマンスが低下する。そこで、一つのドミナント・ロジックでうまく経営できる範囲を「一事業」と考えようということなのである。これはルメルト（Rumelt, 1974）の事業概念を精緻化したものだといえる。

(3) 管理プロセス（第11章）

トンプソン第11章「管理プロセス（The administrative process）」は、サイモンの『経営行動』的なテーマを扱った章である。管理原則は、本質的に合理的モデルの仮定から導き出されたものである（Thompson, 1967, p.144 邦訳p.205）。

A) もし複雑組織が単に自然なシステムであるならば、組織の問題を扱う自発的なプロセスを期待できる。

B) もし複雑組織が単に合理的モデルの機械であるならば、組

織を創始する設計者が必要になるが、それ以降の組織のオペレーションは自動的（automatic）になるだろう（Thompson, 1967, p.144 邦訳 p.205）。

しかし、組織はそのどちらの極端でもない。

複雑な合目的的組織は合理性の規範に従う自然システムであるというトンプソンの組織観の下では、そこで確実性と柔軟性の二重の探求というパラドックスに対処するために、管理階層という二重目的メカニズムがある（Thompson, 1967, pp.148-150 邦訳 pp.212-213）。

トンプソン第1章でも取り上げたように、管理階層はパーソンズ（Parsons, 1960, chap.2）に従い3層（level または layer）からなっているとする。管理階層の上端の制度的レベルは、トンプソン第10章で議論したようにインナー・サークル（支配的結託）によって構成されるものと定義し、組織の目標はこれで特定化されると期待する（Thompson, 1967, p.149 邦訳 p.213）。ここでは長期的にスラック（slack；人員・資源などの余裕）によって柔軟性を得ようとする（Thompson, 1967, p.150 邦訳 p.214）。

それに対して、管理階層の下端の技術的レベルでは、短期的な確実性が求められる。その間に挟まれた管理的レベルは、翻訳家となり、(a)技術的な目標達成を可能にするように、制度的レベルから十分なコミットメントを確保し、(b)管理上の自由裁量と、もし必要なら資源の再投入を可能とするように、テクニカル・コアから十分な能力とスラックを確保しようとする（Thompson, 1967, p.150 邦訳 p.214）。

⑷ コンティンジェンシー性とは何か（第12章）

　トンプソン第12章「結論（Conclusion）」は、ほとんどまとめの章なのだが、不確実性の源泉として、コンティンジェンシー性について述べられているので、そこだけ整理しておこう。ここで、ここまでは可算名詞 contingencies を「コンティンジェンシー要因」（辞書的には「不測の事態」）と訳してきたが、トンプソン第12章では不可算名詞 contingency なので「コンティンジェンシー性」（辞書的には「偶発性」）と訳すことにする。

　トンプソンは複雑組織が直面する不確実性の源泉を3つ挙げている。そのうち2つは組織にとって外部のもので、①一般化不確実性、②コンティンジェンシー性である。3つ目は組織内部のもので、③構成要素の相互依存性である（Thompson, 1967, p.159 邦訳 p.227）。意外に思われるかもしれないが、トンプソンは（統計的）決定理論に関してある程度の知識は持っていたようで、それに基づいてコンティンジェンシー性を論じている。なので、ここでは正確を期して、決定理論風に解説を試みることにする。

○①一般化不確実性

　まず、組織の行為（原因）と結果について、原因／結果（cause/effect）がはっきりしていれば、不確実性は存在しない。たとえば、組織が行為 a_1 をとれば結果は z_1 になり、行為 a_2 をとれば結果 z_2 になり……と原因と結果に一対一対応がついていれば不確実性はない。たとえば、自動販売機に硬貨を入れて、ボタンを押せば、ペットボトルのお茶が出てくるということが分かっているのであれば、不確実性はない。われわれ日本人にとっては当たり前の行為／結果である。

しかし、自動販売機を見たこともないような途上国の出身者が、いきなり自動販売機の前に連れてこられても、何をすればペットボトルのお茶が出てくるのかは分からないであろう。これをトンプソンは、①一般化不確実性（generalized uncertainty）と呼び、「文化全般における原因／結果の理解の欠如」（Thompson, 1967, p.159 邦訳 p.227）とも呼んでいる。こうした原因／結果がはっきりしていない状況は、後に、ゴミ箱モデル（garbage can model）を提唱したマーチらによって「あいまい性（ambiguity）」と呼ばれるようになる（Cohen, March, & Olsen, 1972）。

○ ②コンティンジェンシー性

次に、原因／結果関係はある程度分かっていて、組織が行為a_1をとると結果はz_{11}かz_{12}か……のどれかなのかは分かっているのだが、結果は環境要素（elements of the environment）の行為にも依存していて、組織が行為a_1をとっていても、環境要素の行為がθ_1ならば結果はz_{11}、θ_2ならば結果はz_{12}、……となる場合、すなわち、表 5-2 のような関係があるとき、トンプソンは②コンティンジェンシー性（contingency）があると呼んでいる。

次ページの表 5-2 のような表は、本書第 4 章でも触れたように、ゲーム理論では利得表と呼ばれるが、（統計的）決定理論では決定表と呼ばれることが多い。また、決定理論では、「組織の行為」は単に「行為」、「環境要素の行為」は通常は「自然の状態」と呼ばれ、「環境の状態」と呼ばれることもある。

またトンプソンは言及していないが、決定理論の不確実性との関係を整理しておくと、これも本書第 4 章でも触れたように、ルース＝レイファの『ゲームと決定』（Luce & Raiffa, 1957, p.13）で

表5-2　コンティンジェンシー性

組織の行為	環境要素の行為			
	θ_1	θ_2	……	θ_n
a_1	z_{11}	z_{12}	……	z_{1n}
a_2	z_{21}	z_{22}	……	z_{2n}
⋮	⋮	⋮	⋱	⋮
a_m	z_{m1}	z_{m2}	……	z_{mn}

（出所）筆者作成

登場していた不確実性の3類型：(a)確実性（certainty）、(b)リスク（risk）、(c)不確実性（uncertainty）が有名であるが、トンプソンがいう環境要素がθ_1、θ_2、……のどれをとるのか確率も分からない場合は「不確実性」に該当し、確率が分かっている場合は「リスク」に該当する。

いずれにせよ、通常の組織論の文献で使われている「不確実性」などと比べると、決定理論にかなり近い形で、明確でシャープにコンティンジェンシー性、不確実性を定義していたことが分かる。ちなみに、新訳（p.231）では判読できなくなっているが、原典p.162の9行目に"certainty equivalents"という用語が登場する。これは決定理論で用いられる「確実同値額」と訳される用語で、トンプソンはその意味を理解して用いているようなので、決定理論に関するある程度の知識は持っていたと推察される。

○③構成要素の相互依存性

以上が、組織外部の不確実性の源泉であるが、実は、そもそも組織が行為a_1ならa_1を本当に実行できるのかどうか、という点で

も不確実性が存在している。これが3番目の不確実性の源泉で、組織内部の③構成要素の相互依存性である。トンプソンはこれに対する次のような簡単な解決策を挙げている（Thompson, 1967, pp.159-160 邦訳p.227）。

　(a)組織的行為を指図するパターンを規定する
　(b)パターンに沿って指図する組織的自由を与える
　(c)パターンに合わせて行為を実際に指図する

　新訳では、(a)(b)(c)を無理やり3つの源泉①②③に対応しているかのように作文しているが、そのような記述は原典にないだけではなく、それでは全く意味不明である。

5 ｜ コンティンジェンシー理論との共時性

　以上から、トンプソンは（統計的）決定理論に関してある程度の知識は持っていたようで、それに基づいてコンティンジェンシー性を論じていたようにも見える。しかし、決定理論では「コンティンジェンシー」は一般的には用いられない。既に触れたように、コンティンジェンシー要因のことは自然や環境、コンティンジェンシー性のことは不確実性やリスクを用いるのが普通である。「コンティンジェンシー」という言葉はいったいどこから降ってきたのか。

　他方、組織論でコンティンジェンシーといえば、1970年代を席巻したコンティンジェンシー理論がまず頭に浮かぶ。それとは関係があるのだろうか。

(1)コンティンジェンシー理論

まずは、高橋（2021, pp.58-59）をベースに、コンティンジェンシー理論について、簡単に整理しておこう。

英国のバーンズ（Tom Burns; 1913-2001）とストーカー（George M. Stalker）は、『イノベーションの管理』（Burns & Stalker, 1961）で、英国イングランドとスコットランドの20の企業を調べ、変化率の小さな環境では、官僚制に相当する機械的管理システム（mechanistic management system）が、変化率の大きな環境では、それとは対極の特徴を持つ有機的管理システム（organic management system）がうまく機能していると主張した。

同じく英国のウッドワード（Joan Woodward; 1916-1971）は、英国南東部エセックス州のサウス・エセックス地域の従業員数101人以上の製造関係企業100社を調査し（サウス・エセックス研究と呼ばれる）、『産業組織』（Woodward, 1965）としてまとめた。11種類の生産システムを①単品・小規模バッチ生産、②大規模バッチ・大量生産、③プロセス生産の3カテゴリーに分類し、組織特性の分布を調べると、下記の通りであった。

(a)【技術進歩に伴って変化するもの】①→②→③の順に、管理階層数、管理者・監督者の割合、直接労働者に対する間接労働者の割合などは増加し、逆に、総売上に対する労務コストなどは減少した。

(b)【技術進歩の両端①と③で類似するもの】現場監督者の統制範囲などは②が大きく、①と③は小さかった。また管理システムは、②では機械的管理システム、①と③では有機的管理システムの傾向があった。

さらに、3つのカテゴリー①②③のそれぞれで、業績が平均以上の企業と平均以下の企業に分けて比較すると、高業績企業は、こうした組織特性を示す数値が、各カテゴリーの中位数の周りに集まっている傾向があるのに対して、低業績企業は各カテゴリーの両端に分布していた。つまり、生産システムに適した組織特性があったのである。

　米国のローレンス（Paul R. Lawrence; 1922-2011）とローシュ（Jay W. Lorsch; 1932-）は、不確実性の高い環境で高業績をあげていた組織は、高度な分化（differentiation）と統合（integration）を同時に実現していたが、不確実性の低い環境では、高業績をあげていた組織でも分化と統合のレベルは低かったことを見出した。そして、『組織と環境』（Lawrence & Lorsch, 1967b）の中で、こうした自分たちの研究を記述した後で、第7章で「伝統的な組織理論」についてまとめ、第8章「組織のコンティンジェンシー理論に向けて」で、コンティンジェンシー理論を提唱する。

　ローレンス＝ローシュの主張は明快である。これまで多くの組織論研究は、暗黙裡に、「あらゆる状況に適用できる組織化の唯一最善の方法（the one best way）」（Lawrence & Lorsch, 1967b, p.3 邦訳 p.3）を求めてきたとし、そうではなくて、条件が異なれば、有効な組織特性も異なることを示した研究をコンティンジェンシー理論（contingency theory）と総称したのである。そして、バーンズ＝ストーカーやウッドワード等（実は、チャンドラーまで仲間にされてしまっている）を先行研究として挙げた。

　一時期、「組織の環境適応理論」と訳されていたこともあるが、適応対象は環境に限らず、たとえばウッドワードの生産システム

を「環境」と読み替えるのはかなり無理があるので、今ではコンティンジェンシー理論と呼ぶ方が一般的である。

(2)トンプソンの「コンティンジェンシー」はどこから来た

さて、このように組織論分野でコンティンジェンシー理論の名乗りを上げたローレンス＝ローシュの『組織と環境』（Lawrence & Lorsch, 1967b）であるが、1967年の出版なので、同年出版のトンプソン（Thompson, 1967）がコンティンジェンシー理論を意識して書いていたとは思えない（もちろん引用もしていない）。実際、トンプソンの旧訳の「訳者あとがき」（pp.213-214）には次のように記されている。

彼自身は、自己の著作の中でコンティンジェンシー理論という言葉自体を用いていないといわれるが、彼のパースペクティブはまさにコンティンジェンシー理論のそれであり、彼は最初の体系的なコンティンジェンシー論者の1人であるといえる。

このことが事実で、トンプソンが「コンティンジェンシー理論」という用語を用いていなかったとして、ではなぜトンプソンは、表5-2のような関係があることをコンティンジェンシー性と呼んでいたのだろうか。これについて、私が一番有望だと考えているのは、統計学語源説である。実は、統計学では、表5-2のような表のことを、現在ではクロス表（cross table）と呼ぶことが普通なのだが、かつては関連表・分割表、英語だとcontingency tableと呼んでいたのである（高橋, 1992b, p.167）。なので、表5-2のタイトルが「コンティンジェンシー表」になっていても何ら違和感がな

い。ここからコンティンジェンシーという用語を自然に用いるようになった可能性は十分にある。

また、別の説としては、ある状況ではプランA、別の状況では（あるいは状況が変われば）プランB……といったように、状況に応じて計画を選ぶコンティンジェンシー・プランなるものも、コンティンジェンシー理論以前から存在していたことは知られている。ここから来ている可能性もあるのだが、表5-2のようなトンプソンの定義・説明とは距離感がある。

むしろコンティンジェンシー・プランで驚きなのは、21世紀に入ってから、不測の事態が起きたときに、会社等の被害を最小限に抑え、できる限り迅速に業務を復旧するための緊急時対応計画のことをコンティンジェンシー・プラン（contingency plan）と呼ぶようになったことで、その際、不測の事態のことをコンティンジェンシーと呼ぶのである。これなどは、まさにトンプソンのコンティンジェンシー要因のアイデアそのものであり、時代がトンプソンに追いついたと見えなくもない（時間的順序が逆なので由来にはならないが）。

(3)コンティンジェンシー理論の創始者の一人なのか？

実は、トンプソンの旧訳の監訳者であった高宮は、ローレンス＝ローシュの翻訳（1977年）にも「訳者まえがき」ならぬ「本書について」を寄せていて（訳者ではなかったので）、こんなことを書いていた。

　しかし、以上の組織と環境の問題に対する理論的研究も、また実証的研究もまだ初期的段階であって、すぐれたものは寥々

たるものである。私は数少ない研究書の中で、まず本書を挙げたい。

　本書と並んで James D. Thompson: *Organizations in Action,* 1967（産業能率短期大学出版部より近刊の予定）の良書が挙げられるが、これは組織と環境との関係を理論的に究明し、そのフレームワークを提示しているものである。これに対して、本書は組織と環境との関係を具体的に実証的に研究し、組織が環境によって現実にどのような影響を受け、どのように適応しているか、組織そのものの中に環境の要因が決定的に内在して、組織の構造と過程の形成と運行をどのように決定しているかを具体的に明らかにしている（pp.1-2）。

　ローレンス＝ローシュの翻訳が出版されたのは1977年であり、1970年代といえば、コンティンジェンシー理論の嵐ともいえる一大ブームの真っただ中である。1977年の段階で「寥々（りょうりょう）」（＝数の少ないさま）「数少ない」にはいささか違和感を覚えるが、それでも、当時既にトンプソンの翻訳が「近刊の予定」になっていて（実際の出版は10年後の1987年）、しかもローレンス＝ローシュと並んで組織と環境の問題に対する研究の「良書」として扱われていたのである。

　そうした評価は高宮だけではない。本章の冒頭に挙げたトンプソンのトランザクション版（2003年版）に「トランザクション版へのまえがき」を書いているザルドは、その「まえがき」の中で「トンプソンはコンティンジェンシー理論の創始者（founding fathers）の一人であると考えることができる」（Thompson, 2003, p.ix 邦訳 p.i）と明言しているし、「トランザクション版への序文」

を書いているスコットまで、その「序文」の中で「ローレンス＝ローシュとトンプソン——彼らの主著は同年（1967年）に発表された——の研究が組み合わさって、組織のコンティンジェンシー理論が定義された」（Thompson, 2003, p.xxi 邦訳 p.xvi）と持ち上げる。

こうして、トンプソンはその死後、コンティンジェンシー理論の文脈の中で評価が高まっていく。ただし、後世の読者にしてみれば、その印象が強すぎて、チャンドラーとの関係が霞んで見えなくなってしまった。

(4)やはり不思議な共時性

他方、学説史的に忘れてはいけないのは、同じ1967年に、リーダーシップのコンティンジェンシー・モデル（contingency model; 条件即応モデル）で有名なフィードラー（Fred E. Fiedler; 1922-2017）の『新しい管理者像の探究』（Fiedler, 1967）もまた出版されていたことである。

フィードラーは「最も苦手とする仕事仲間（least preferred coworker; LPC）」についての評価をもとにしたLPC尺度を使って測定したLPC得点と集団業績の関係が、リーダーシップ状況に依存しており、普遍的に優れているリーダーシップの特性やスタイルは存在しないことを見出した。これがリーダーシップのコンティンジェンシー・モデルである。またしてもコンティンジェンシー。トンプソン（インディアナ大学）、ローレンス＝ローシュ（ともにハーバード大学）、そしてフィードラー（イリノイ大学）と、所属していた大学は違えども、1967年は、まさにコンティンジェンシーの年だったのである。

ただし、ローレンス＝ローシュはフィードラーのLPC尺度を自らの調査に使っているうえに（Lawrence & Lorsch, 1967b, p.257 邦訳 付録 p.18）、フィードラーをコンティンジェンシー理論の仲間にも挙げている（Lawrence & Lorsch, 1967b, pp.206-207 邦訳 pp.251-252）。実は、フィードラーは1964年からコンティンジェンシー・モデルをタイトルに入れた論文を発表し始めていた（白樫, 1994）。時期的にはフィードラーの方が先だったのである。

フィードラーの『新しい管理者像の探究』も1967年に出版されるとすぐにローレンス＝ローシュが引用している（Lawrence & Lorsch, 1967b, p.257 邦訳 付録 p.18）。またフィードラーの方も、ローレンス＝ローシュの（本と同じデータを使っている）1967年の *ASQ* の論文（Lawrence & Lorsch, 1967a）を出版前の「印刷中（in press）」の段階で引用しており、しかもその論文には載っていないLPC得点と業績の間の順位相関係数を彼らからもらって表（Table 14-2）にして掲載している（Fiedler, 1967, pp.243-244 邦訳 pp.328-329）。このように、両者の間に交流があったことを考えると、ローレンス＝ローシュとフィードラーがともに「コンティンジェンシー」を名乗り始めたことは、自然な成り行きに思える。

ところが、フィードラーとは違い、トンプソンについては、事実として、ローレンス＝ローシュとの間に結びつきや接点らしきものがなかったとすれば、トンプソンの後半第Ⅱ部、特に第12章の記述や書きぶりには、実に不思議な共時性（synchronicity）しかなかったことになる。改めて驚きを禁じえない。

［ 第 6 章 ］

相互連結行動から始まる目的共有
【ワイク】

1 ｜ とにかく難解

　トンプソン同様に*ASQ*の編集長（1977-1985）を務めたワイク（Karl E. Weick; 1936-）の『組織化の社会心理学（第2版）』（Weick, 1979）は、いまや古典ともいうべき有名な文献である。だが、難解さの点では群を抜いている。

　初版は1969年に出版され、1979年版はその第2版ということになるのだが、特に断らずに『組織化の社会心理学』といえば、第2版を指すのが普通である。というのも、第2版では、初版の記述は一部そのまま残ってはいるものの、内容が大きく変わっているからである。なにしろ、分量的にも、参考文献（references）を除いた本文だけで比較して、初版の21 cm × 14 cm × 109ページから、第2版の23.5 cm × 16 cm × 264ページへと、単純に考えても3倍くらいに大幅に増量している。

　たとえば、第2版の第1章の冒頭には、初版にはなかった10個のエピソードが書き加えられている。それぞれに面白いエピソー

ドだとは思いつつも、いったい組織論的にどんな含意があるのか
と考え始めると、まるで禅問答のように迷路に迷い込む。実は、
ワイクのアイデアを理解すると、これら10個のエピソードの解釈
の仕方が全く変わってしまう（いわゆるセンスメーキング）とい
う仕掛けになっているようなのだが……。

　しかし裏を返せば、最初にそのエピソードを読むときには、読
者は何も分からぬままに読まされるということでもある。こんな
調子で、読み進むにつれて、どんどん「??」が頭の中にたまって
いくので、ほとんどの読者は、その分からなさ加減に耐え切れな
くなって、途中で読むことをあきらめてしまう。そうなると、残
念ながら、同書を最後まで読み切ってから最初に戻り、再度10
個のエピソードを読み直して知的興奮を覚える……などという機
会も、もう来ないことになる。

　そこでこの本書第6章では、高橋（2009; 2010a）をベースに、
私のオリジナルのエピソードなども交えつつ、なんとか一気に読
み切れるように工夫してみた。そして難解さの元凶の一つ「イナ
クトメント」についても、今回思い切って、以前から提案（高橋,
2020b, p.153）してきた「環境有意味化」と訳すことに決めた。こ
の概念をカタカナのまま放置していては、結局、誰もワイクを理
解できない。ご批判もあろうが、多分、びっくりするくらい分か
りやすくなったと思う。そして、分かりやすくなったことで、意
外な結末が待っている。それは、本章第6節まで取っておいてほ
しい。お楽しみに。

　ところで、本章では、もちろん第2版の方を紹介するわけだが、
1979年の第2版原典の出版社は、1969年に出版された初版と同
様にアディソンウェズレイ（Addison-Wesley）社なのだが、なぜ

か（事情はよく分からない）、第2版はマグロウヒル（McGraw-Hill）社やランダムハウス（Random House）社からも出版されている。

　また日本語への翻訳の方は、初版（1969）の訳が金児暁嗣訳『組織化の心理学』（なぜか原典タイトルの「社会心理学」が翻訳タイトルでは「心理学」に変えられてしまっている）として1980年に出版されたが、実はこのとき既に原典第2版（1979）は出版されていた。なので出版年だけ見ると第2版の訳のようにも見えるが、これは初版の訳である。第2版の訳は、それからさらに20年近く後の1997年になってから、遠田雄志訳『組織化の社会心理学　第2版』として出版されている。

　それでは、早速始めることにしよう。一応、『組織化の社会心理学』の第1章から、順次解説していくスタイルにはしている。

2 ｜ 行為の中に組織を見出す　（第1章・第2章）

⑴「まるで別人」なのに、なぜ分かる？

　以前、研究室を訪ねてきた新聞記者が、私の顔を見るなり、

　「ホッとしました」

と口にするので、理由を聞くと、

　「新書（とカバンから私の書いた本を取り出す）のカバーについている著者写真を見たら、いわゆる作家さんみたいな写真で……。いやカッコいいんですよ。カッコいいんですけど、作家さんみたいに気難しい人なのかなと思って、ちょっと警戒して、ドキドキしてました」

と言うではないか。だけど、実際に会ってみたら、実物はニコニコしていて、気楽に話を聞けそうで良かった……というオチなのだが、まぁ確かに、この写真はね。でも、これも私だし、私は嫌いじゃないけどね。

　何にせよ写真は難しい。実は私、2005年12月から半年かけて10 kgほど減量した。大学の定期健康診断にひっかかって、医師から呼び出され、こんこんと説得されて……というか、

　「このままだと、もう幸せな50代は迎えられませんよ」
と半ば脅されて、減量することを約束させられてしまったのである。

　努力の甲斐あって、私はほぼ学生時代の体重に戻り、減量は一応成功したのだが、一時期の私は本当に太っていた。東京大学教養学部での助手時代（1984年4月〜1986年12月）に助手の同期だった（でも年齢は私より一回り上だった）哲学者・中島義道（1946-）が、それから30年近くたってから、『東大助手物語』（中島, 2014）なるノンフィクションを書いた。その中で私は「橋口助手」として登場し、意外と活躍する。ただ……まあ仮名だし、多少脚色（記憶違い？）があるのはしょうがないとして、「相撲取りのように恰幅のいい橋口」（中島, 2014, p.180）には、思わず噴き出してしまった。

　別に怒っているわけではない。多分、当時は、周囲はみんなそんな印象を持っていたのだろう。減量後に学外の委員会で再会した、学生時代の私を知るある大物教授（もちろん私よりずっと年上で、私の親と同世代）なんかも、私の顔を見るなり、

　「『○○新聞』で君の記事を見たよ。顔写真が風船みたいに膨らんでてね」

などとかなり失礼なことをあっさりおっしゃる。

　まぁ事実だし、何と言われようが、今は減量に成功したんだから、それでいいじゃないですかという話ではあるのだが、減量に成功したらしたで、実は厄介な問題も起きていた。というのも、それまでに出回っていた減量前のふくよかな（？）私の顔写真しか見ていない人たちは、待ち合わせをしても、誰も目の前にいる私に気づかないのだ。あるイベントでは、出番に間に合わなくなりそうになり、これには先方も焦っただろうが、私も焦った。

　しかしその一方で、不思議なことに、十数年ぶりに減量後の私に再会した減量前からの私の友人たちは、決まって私にこう言うのである。

　「高橋君！　やせたねぇ！　まるで別人だよ！」

　そう。体重と体形そして顔、つまりは外見がこれだけ変わっても、友人たちは私のことを同定できるのである。「まるで別人」なのに！　彼らは、私の肉体的特徴だけではない何かを見て、「高橋君」と同定しているのである。

⑵ 分類学的な特徴で別のものを想像する？

　思うに、人は初見のとき、たとえば、こんな感じで人物を同定しているのではないだろうか。まず使えそうな（＝意味のありそうな）特徴をピックアップして、「ああ、この特徴Aがあるので、これは○○の可能性が高い」と確認作業をする。しかし、実は同じ特徴A（たとえば「眼鏡をかけている」）を持った人は他にもたくさんいて、そうなると別の特徴B（たとえば「丸顔」）も見つけて……と作業を繰り返していく。

　こういう過程ではないかと、頭の中で想像はできるのだが、同

時に、実際には、外見の特徴を次々とピックアップして同定することは、かなり難しいのではないかとも思う。たとえそれが分類学的に重要な特徴であったとしても。

たとえば、私が、ワイクの『組織化の社会心理学』の原典（英語）を斜め読み・拾い読み（知らない英単語は読み飛ばす！）していたときの話（高橋, 2010a, pp.85-86）。そこには、

> メキシコ〇〇は体長15インチから2フィートまでさまざまで、肉は白身で風味も甘みもあり、体重は14ポンドにも達し、コルテス海の北部に生息している。体には17 + 15 + 9のとげがあるので、正確には、このとげの数を数えてメキシコ〇〇と分類される（Weick, 1979, p.29 邦訳pp.36-38）。

というようなことが書いてあった。〇〇は、私の知らない英単語だった。

知らない英単語とはいえ、だいたい当たりはつく。私は想像力を働かせ、とげがあり、その数を数えて分類すると書いてあるので、てっきり〇〇はウニだと思った。ウニの割にはとげの本数が少ないようだが、多分長いとげだけ数えているのだろう。とげといったらウニだ……そう思い込んでしまった私には、長いとげを動かしている巨大なウニが目に見えるようだった。すなわち、メキシコ〇〇とは、コルテス海でとれる巨大なウニで、「身」——実は生殖腺なのだが——が日本のウニのように黄色ではなく白色をしている……と思っていた。

ところが、後になって翻訳を読んでびっくりである。なんと〇〇は魚だったのだ。実は、「メキシコ〇〇」の〇〇は「サワラ

（sierra）」だったのだが、恥ずかしながら、私のようにsierraが「さ
ば」の類の魚を指す単語だということを知らないと、sierraがウニ
だと考えても……辻褄は合う（ような？）。ちなみに、ウニは英語
ではsea urchinというらしい。

　要するに、外見の特徴を部分的にピックアップして、全体を同
定することなんて無理なのだ。とにかく最初は全体を見ないと。
とげを数えるのは、その後だ。実際、学問的にも、数えること、
測定することは、理解のほんの一手段にすぎない。ワイクは、定
量志向の分野の研究者は、そのことを忘れてしまうと批判する
（Weick, 1979, p.29 邦訳p.38）。

　確かにこの例のように、全体を見て、ある種の魚だと分かって
いるものに関しては、その種類を特定するのに、とげの数を数え
るのがもっとも確実な方法だったかもしれない。しかし、仮に魚
を知らない人（宇宙人？）であれば、研究室に保存されているホ
ルマリン漬けのメキシコサワラのとげの数を数えても、それが
「魚」だということすら理解できないのではないか。海で泳いでい
る生きたメキシコサワラを目にし、実際に、釣り上げて、焼いて、
食べてみるまでは。

(3) 使い方、レシピまで分かると多義性は減る

　実際、同定するためには、使い方を知ることは重要である。た
とえば、まだ小学生の私が半世紀後の現代の小学校にタイムスリ
ップしてきたとしよう。目の前、机の上には、平べったい細長い
物体が置いてある。布製で、大きさは縦18 cm×横8 cm、厚みは
1 cm程度といったところか。色は黒で、袋の横にはチャックがつ
いている。よく見ると他の子の机の上にも似たようなものが置い

てある。ただ、色は黒だけではなく、多彩で色々な模様のついているものもある。材質も、布だけではなく、ビニールか革でできているようなものまである。いったい、これは何だろう？　すると一人が、その物体を手に取り、チャックを開けて、中から鉛筆を取り出した。消しゴムも出てきた。

「そうか、これは筆箱、筆入れとして使っている袋なんだ」

　それが分かってしまうと、色や材質に関係なく、私は現代の「筆箱」「筆入れ」を同定することができるようになる。実は、このタイプの「筆入れ」が登場したのは、比較的最近（？）のことなのである（高橋, 2010a, p.87）。

　しかし、使い方を見るだけでもまだ十分ではないかもしれない。たとえば、テレビ番組で素人やタレントに料理を作らせる企画がときどきある。この場合、料理があまり得意ではない出演者に対して、食材の類は与えられていて、「カキフライ」「肉じゃが」「天丼」などのお題が与えられる。もちろん出演者は、これらの料理を食べたことはある（つまり「使った」ことはある）。さてそれでは作れるのか？　実は、難しいのである。それゆえ番組が成立する。

　たとえば、2008年8月3日（日）放送のTBS『噂の！東京マガジン』の「やって！TRY」では、お題は「水餃子」で、25歳の女性が登場し、ひき肉に卵（！）、片栗粉（？）、ネギを混ぜて、餃子の皮に包んで、いったんフライパンで焼いて（??）から煮て「水餃子」を作っていた。見た目、外観は、焼焦げこそついているものの、「水餃子」みたいに見えなくもない。しかし、これは水餃子ではないし、食べると粉っぽくてまずい（と試食した友人がコメントしていた）。それでは、水餃子とは何か、同番組で放送さ

れた水餃子のレシピによれば（レシピでは餃子の皮から作っているが、その部分を除くと）、

①ひき肉250gと調味料（鶏ガラスープの素　大さじ1、醬油　大さじ1、ゴマ油　大さじ1、料理用日本酒　大さじ2、塩・コショウ　ひとつまみ、サラダ油　大さじ2）を混ぜ、よくこねて具を作る

②ニラ、長ネギ、生姜をみじん切りにして具に加え、よく混ぜる

③餃子の皮で具を包み、少し塩を加えたお湯で4分くらい茹でたら完成

という具合に作ったものが（おいしい＝普通の）水餃子ということになる。要するに、「レシピ（recipe; 調理法）」まで分かっていないと、水餃子が何であるのかを理解したことにはならないのである（高橋, 2010a, pp.88-89）。実際に使用してみたり、そのレシピまで分かったりすると、それが何であるのか有意味化するのである。

3 ｜ 因果ループを見出せれば 組織が見えてくる（第3章）

(1) スナップショットでは分からない

　それでは、物ではなくて人の場合はどうだろう。一群の人々を組織だと、人はどのようにして同定できるのであろうか？

　スナップショット（静止画＝写真）で見たとき、もし一群の

人々が同じ「ユニフォーム」「制服」を着ていたら、外見上、「フォーム」が明らかに他の人々とは異なるわけで、そこに組織があるのではないかと想像はできる。

たとえば東京・渋谷のスクランブル交差点のあたりで、同じ制服を着た高校生らしき10人が固まって信号待ちをしていたら、「修学旅行のグループ？」と誰もが想像するはずだ。しかし現実には、同じ「ユニフォーム」を着ているみんなが組織だとは限らないし、逆に服装は違っていても同じ組織の一員だということもありうる（高橋, 2010a, p.85）。これだけでは分からない。もうちょっと観察してみないと。

実際、スナップショット（静止画）ではなく、動き（動画）で見ると、さらにはっきり分かってくる。今の例でも、そのスクランブル交差点で、信号が青に変わった途端、その10人が、揃って同じ方向に歩き始めれば、ほとんどの人は「この10人は修学旅行の班だろう」とほぼ断定するはずだ。動き（行為）が入ると、俄然見え方が変わるのだ。

しかし、それでもまだ、それが本当に組織かどうかは分からない。それを確かめる方法の一つは、その一群の誰か一人を「いじってみる」（たとえば、声をかけて呼び止めてみる）ことである（高橋, 2010a, p.91）。すると、10人のうち5人が、そのいじりに対して反応したではないか。それを見れば、なるほど、少なくともこの5人は同じ班らしいなということになる。どうやら残りの5人は別の班か。そこで、さらにいじってみると、残りの5人も反応してきたので、そうか、この2班は仲が良いみたいだなということになる。

もっといじって、より長時間観察できれば、やがて、その組織

の中で、誰がリーダーで、どのような役割分担をしているのかも理解できるようになってくる。その気になれば、組織図を描くこともできるだろう。つまり、このように、一群の人々の中に因果ループや因果回路の存在を見出すことができたとき（より正確には、因果回路の中に複数の因果ループが埋め込まれている）、人は、相互依存的な関係にあるその一群を「組織」だと認識するようになるのである。

⑵ 因果回路の中の安定した因果ループ

因果回路？　因果ループ？と思われただろうが、それらはこれから説明しよう。まずワイクは、因果マップ（cause map）を考える。これは正確には、人と人の間の相互依存性（interdependence）を表したものではなく、変数と変数の間に因果関係の矢印を引いたものなのだが、人と人の関係を描くのにも容易に転用できる。

因果マップの中の変数には、①出ていく矢印も入ってくる矢印もある相互依存的（interdependent）変数、②入ってくる矢印しかない従属（dependent）変数、③出ていく矢印しかない独立（independent）変数、④矢印がない無関連（irrelevant）な変数の4種類があることになる。そして、この因果マップの中の変数間の矢印が、正（＋）か負（－）の符号付きの矢印であるものをワイクは因果回路（causal circuit）と呼んだのである（Weick, 1979, pp.72-74 邦訳 pp.93-96）。

次に、その因果回路の中で、出ていく矢印も入ってくる矢印もある①相互依存的変数の一つを選び、その変数から出発して矢印を次々とたどっていき、また出発点まで戻ることができたとする。このようにして完結したパス（経路）が、因果ループ（causal loop）である。同じ相互依存的変数からでも、ループが複数本引ける可能性があるが、そのいずれもが因果ループである。各相互依存的変数で同様のことが起こるので、一つの因果回路には、何本もの因果ループが見出されるだろうが、それでもかまわない。

各因果ループは、ループに含まれている矢印についている負の符号の数が偶数か奇数かで分類される。

⒜偶数ならば、逸脱・増幅（deviation-amplifying）ループで不安定。
⒝奇数ならば、逸脱・減衰（deviation-counteracting）ループで安定。

このうち⒜の逸脱・増幅ループの場合、ある変数が増加か減少にいったん動き出すと、その動きは（システムが壊れるまで）止まらなくなってしまう。これは悪循環だけではなく良循環の場合もあり、最初のごく小さなきっかけ（逸脱）から増幅過程を経て大きなかつ複雑な変化がもたらされることもある（Weick, 1979, p.81 邦訳p.104）。

対照的に、⒝の逸脱・減衰ループの場合は自己調節が行われる。なぜなら、ある変数が増加（減少）に動けば、逆に減少（増加）を促すような矢印となって戻ってくることを意味するからである。別の言い方をすれば、⒝は1940年代からサイバネティクスでいわれていた、いわゆるフィードバック（Wiener, 1948）──正確に言うと負のフィードバック──のことである。

それに対し、⒜は後に1990年代になって複雑系で注目されるようになる正のフィードバックのことで（Arthur, 1994）、これが出てきたので、⒝をわざわざ負のフィードバックと言い分けるようになったという経緯がある。ただし、ワイクの本が書かれたの

は1970年代なので、ワイクは、こうした正負のフィードバックについては言及していないが。

　そして、実際に描いてみれば分かることだが、因果ループや因果回路は、しばしば会社や学校といった諸々の人工的な境界には関係なく展開していてもいいものなのだ。先ほどの東京・渋谷のスクランブル交差点で出会った修学旅行生の班行動の場合でも、たまたま彼らに声をかけたおじさんが、渋谷の穴場の観光スポットを教えてあげて、「分からなかったら、気軽に電話して聞いてよ」と電話番号を教え、実際、何度か電話がかかってきて、教えてあげていたら、もうそのおじさんも、組織の一員といってもいい存在になる。かくして、ワイクの第3章は次の文章で締めくくられる。

　　組織や有機体の内側での事象は、人工的な境界を超えて展開している因果回路に結びつけられている（Weick, 1979, p.88 邦訳 p.114）。

　すなわち、濃淡やまとまりはあっても、この世は果てしなく広がる因果回路であり、境界というのは、その因果回路の上に人工的に設けられたものにすぎない。その意味では、ワイクもまた本書第1章で紹介したような超企業・組織論的な世界観の持ち主だった。

　そして、こうして存在する因果ループのうち、より安定したサイクルについては、次のワイク第4章で、相互連結行動サイクルと呼ばれ、組織化の構成要素として活躍することになる。

4 │ 相互連結行動サイクルを組み立てる（第4章）

(1) 組織化の構成要素は安定した相互連結行動サイクル

　第4章「相互連結行動と組織化（Interlocked behaviors and organizing）」は、『組織化の社会心理学』の核心部分である。まず、組織化の過程の構成要素である安定的な相互連結行動サイクルが概念化される。それは、次のような「2人以上の人々の間の相互連結した（interlocked）個人行動」である（Weick, 1979, p.89 邦訳 p.115）。

> ① ある人の行動は、他の人の行動に依存して決まる（contingent on）のだが、この依存性（contingencies）のことを「相互作用（interacts）」と呼ぶ。ここで、相互作用が双方向ではなく一方向の概念になっていることには注意がいる。
> ② 行為者Aによる行為が行為者Bの特定の反応を喚起し――ここまでは相互作用（interact）――、さらにそれに行為者Aが反応するとき、この完結した連鎖のことを「二重相互作用（double interacts）」と呼ぶ。

　いきなり「??」だとは思うが――なおかつ「またしてもコンティンジェンシーか」と思われるかもしれないが、なにしろコンティンジェンシー理論の嵐が吹き荒ぶ1970年代末の本なので――この①②の用語法がかなり独特なので、目障りかとは思ったが仕方なく、ただでさえ分かりにくい文章に、元の英単語まで併記してしまった。①②で一方向の作用のことを「相互作用（interact）」

と呼んでいるが、相互作用とは、普通は文字通り「相互」つまり双方向の作用であり、これは誤用といってもいいくらいに独特な用語法である。したがって、②で二重相互作用（double interacts）と呼んでいるものが、普通なら「相互作用」である。

　用語法が不適切なのは、それだけではない。この第4章には、基本的に、二重相互作用と相互連結行動サイクルを一緒に使っている段落がない。つまり、段落によって二重相互作用か相互連結行動サイクルかのどちらかが用いられていて、両者の関係が明確に示されていないのである。唯一の例外が、第4章の結論、最後のページで、「相互連結行動サイクルや二重相互作用と様々に言及されてきたこれらの集合構造が、組織化の要素である」（Weick, 1979, p.118 邦訳p.152）と述べられている。

　このことからすると、どうやらワイクは、二重相互作用と相互連結行動サイクルは同じものと考えているらしい。そこで本書では、苦肉の策として、これ以降、ワイクの引用の中で「二重相互作用」が出てくる際には、「相互連結行動サイクル（二重相互作用）」と表記することにした。いずれにせよ、ワイクの用語法には多々問題があり、そのことが、この本の難解さを助長していることは間違いない。

(2) 相互連結行動サイクルの存在証明

　この第4章の目的は、まず、組織化の過程の構成要素である相互連結行動（interlocked behavior）を概念化することである（Weick, 1979, p.89 邦訳p.116）。相互連結行動サイクル（二重相互作用）という依存反応パターン（contingent response pattern）が、ワイクの組織化の分析単位となる（Weick, 1979, p.89 邦訳p.115）。そのため

に、3つの既存研究——①集合構造、②相互等値構造、③最小社会状況——について述べている。意外かもしれないが、ワイクの理論は机上の空論ではなく、実験等の既存研究を基礎にして構築されているのである。

①集合構造：目的よりも先に手段について収斂する……人々は、最初手段について収斂するのであって、目的についてではないというのが、オルポート（Allport, 1962）の集合構造（collective structure）の決定的ポイントである。実際、ビジョンや抱負や意図を共有する必要などなく、たとえ共有するとしてもずっと後になってからである（Weick, 1979, p.91 邦訳 pp.117-118）。

②相互等値構造：必要なのは相互予測……目的の共有は相互連結行動を永続させるのに不可欠のものではないという主張は、ウォレス（Wallace, 1961）によってより明確に説明される。相互連結行動は、人々が他者の動機を知らなくても、目的を共有していなくても可能であり、全体の構造や誰がパートナーであるかさえ知る必要はない。相互等値構造（mutual equivalence structure）で決定的に必要なことは相互共有ではなく、相互予測である。つまり、Aにとって、ある状況下でのBの行動が予測可能であり、Bの行動がA自身の活動に予測可能な形で関連させうるのであれば、AとBの間で相互連結行動を生成・維持できる（Weick, 1979, p.100 邦訳 p.129）。

③最小社会状況：安定した互恵構造……そのことは最小社会状況（minimal social situation）の実験でも確かめられている。2人の人が互いの存在を知らされずに別々の部屋に入れられ、

各人の前には、他者に罰を与えるボタンと報酬を与えるボタンがあり、2つのうち、どちらかひとつのボタンを押すことができる。こうした実験によって、相互に有利な互恵的な相互作用を生み出すことが可能であることが分かったのである。1960年代には、そのために必要な条件についての研究も進んだ（Kelley, 1968）。

このうち、②相互等値構造の例としてワイクが挙げたものは、日本ではなじみがないので、別の例にアレンジしてみる。たとえば、小さな子供が、サンタクロースにクリスマス・プレゼントをお願いしたとしよう。そしてクリスマスの朝、目を覚ますと、子供の枕元にプレゼントが置かれていた。すると、この子供は毎年クリスマスが近づくと、サンタクロースにプレゼントをお願いするようになる。枕元にプレゼントを置いている人が、本当は誰であるのかを知る必要もないし、なぜプレゼントを置いてくれるのかも知る必要はない。

以上のことから、相互連結行動サイクルには共有した目的も必要なければ、全体の構造や誰がパートナーであるかさえも知る必要がないことが分かる。必要なのは相互予測だけである。相互連結行動サイクル自体には、意味なんかなくてもいいのである。そのような相互連結行動サイクルを構成要素とし、それに意味を与えるのが、組織化の過程なのだから。

(3) 相互連結行動サイクルは多様な目的で利用可能

このように、複数人が相互連結行動を繰り返すことで、相互連結行動サイクル（interlocked behavior cycle）が、故意か偶然か、

組織内には多数存在することになる。組織の中で安定的なものは
これらのサイクルであり、ワイクは、組織の盛衰における安定的
な構成単位は相互連結行動サイクル（二重相互作用）だと考えて
いる（Weick, 1979, p.110 邦訳p.143）。そうした安定した相互連結
行動サイクルがプールされていたとき、そこから、いかにして過
程に組み立てられていくのだろうか。

　実は、その際、前項で主張されているように、目的の共有は必
要ないということが重要になる。むしろ、多様な目的を持った者
が、そのサイクルを使える（Weick, 1979, p.90 邦訳p.117）という
ことが重要なのだ。たとえば、次の話のように。

　近所に住んでいる祖父母の家まで、毎日、母親が作った食事
を運んでいる小学校低学年の少女がいた。少女は学校から帰っ
たら、すぐに玄関に置いてある食物を詰めたタッパ入りの紙バ
ッグをもって祖父母の家に届けに行くようにと母親から言われ
ていた。最初の頃は面倒に思っていた少女だが、祖父母がくれ
るお菓子やお駄賃をなぐさみに、この相互連結行動に加わって
いた。しかし、そんな少女も、毎回毎回、祖父母の喜ぶ顔を見
ているうちに、食事を届けること自体が楽しくなり、今では苦
にすることもなく、日課として繰り返すようになっていた。

　そんなある日、いつものように学校から帰ると、その日は、
なぜか玄関の外に紙バッグが置いてあった。少女は、母親が留
守なのだろうと思い、そのままいつものように、その紙バッグ
をもって祖父母の家に届けに行った。祖父母はいつものように
孫の元気な姿を見て喜び、少女もまたいつものように祖父母の
喜ぶ顔を見て、しばらく楽しい時間を過ごした。ただ、いつも

と違っていたのは、その日、紙バッグの中身を用意したのが自分の母親ではなく、祖父母に恨みを持つ人間であったということ。そしてその食物には致死量の毒物が混入されていたということだった。もちろん少女には殺意などなく、恨みを持つ人間と目的など共有しているわけはないのだが、安定的に相互連結行動が行なわれ、結果的にあの惨劇が起きたのだった（高橋, 2010a, pp.93-94）。

この話は私の創作なのだが、このようにひとたび安定した相互連結行動サイクルが形成されてしまうと、予測性（mutual prediction）が高くなり、それは多様な目的を持った者にも利用可能になる（Weick, 1979, p.100 邦訳 pp.129-130）。そのため、知らぬ間に善意で悪事に加担してしまうことまで起こるわけだ。

⑷ 多様な目的から共通目的へのシフト

こうして、これらの相互連結行動サイクルは組織の中で安定し、多様な目的を持った者にも利用可能なので、より大きなモジュール（subassemblies）へと組み立てることができる。その際、相互連結行動サイクル同士の結合は緩い結合（loose coupling）でいい。ここで、2つのシステムが、両者をつなぐ共通変数がほとんどないかまたは弱いとき、緩く結合されている（loosely coupled）という（Weick, 1979, pp.111-113 邦訳 pp.144-146）。

そして、その際に、共通目的へのシフトが起こる。たとえば、ディール＝ケネディの『企業文化』（Deal & Kennedy, 1982）の中で、企業文化を論じる際に取り上げられた3人の石工の逸話は象徴的である。中世の旅人が、道端で一緒に働いている3人の石工

に出会い、一人ひとりに、何をしているのかと尋ねた。

　　最初の石工は「石を切っています」と答えた。二番目の石工は
　　「（建物の土台の）隅石を作っています」と答えた。三番目の石
　　工は「寺院を建てています」と答えた（Deal & Kennedy, 1982,
　　p.41, 邦訳 p.72）。

　最初の石工が答えたような3人による「石を切る」という相互
連結行動サイクルは、色々な目的で利用可能である。実際、この
場合は2番目の石工が答えたように、「建物の隅石を作る」目的
で使われている。そして、他の相互連結行動サイクルと組み合わ
せていくことで、最終的には3番目の石工が答えたように、「寺院
を建てる」という共通目的が達成できることになる。このとき、
多様な目的から共通の目的へのシフトが起きていることが分かる
（Takahashi, 2024）。
　つまり、最初は、メンバーは多様な目的を達成する共通の手段
として、一つの相互連結行動サイクルに収斂していただけなので
ある。しかし、この相互連結行動サイクルが他のサイクルと組み
合わされて、次第に大きなモジュールへと組み立てられていくと、
共通目的が出現するようになる。その際、相互連結行動サイクル
のプールから過程を組み立てるために使われるのがレシピ、すな
わち組立ルール（assembly rule）である（Weick, 1979, p.113 邦訳
p.146）。
　こうなると、各サイクルの多様な目的が消えたわけではないが
（＝残ったままだが）、出現した共有目的に従属するようになる。

メンバーの多様な目的を追及する手段として、いったん彼らが相互連結行動に収斂すると、多様な目的から共通の目的へと微妙なシフトが起こる。多様な目的はそのまま残っていても、それらは出現した共有された目的の集合へと従属するようになる（Weick, 1979, p.92 邦訳 pp.119-120）。

　こうして多様な目的から共通の目的への微妙なシフトが生ずる。これがワイクの考える組織化なのである。共通の目的は、共通の手段——ここでは相互連結行動サイクルのこと——に先立つのではなく、むしろ後に続く。なぜなら、意味は、しばしば将来を見越した（prospective）ものではなく回顧的（retrospective）なものだからである。行為はいくつかの理由で生起し、行為が完結したときにのみ、その行為をレビューすることができ、どんな決定が下されたのか、どんな意図があったのかを知ることができるのである（Weick, 1979, p.92, 邦訳 p.120）。

　以上のような組織化の議論こそが『組織化の社会心理学』の核心部分である。ここまで来れば、ワイク第1章の冒頭で、組織化を例証する10個のエピソードを並べた後での「組織化」の難解な定義：「知覚できる相互連結行動で、総意として妥当性を確認した多義性を削減する文法」（Weick, 1979, p.3 邦訳 p.4）の意味が分かるのではないだろうか。そして、こうした「共通手段が先で、共通目的は回顧的に後に続く」組織化の話を、進化論メタファー（比喩的表現）を用いて説明しようとしたのが、『組織化の社会心理学』第5章以降の後半部分なのである。

5 | 組織化の進化論メタファー
（第5章～第9章）

ワイクの自然淘汰モデルの説明は、キャンベル（Donald T. Campbell）の社会文化的進化モデルを中心に行われる（Weick, 1979, pp.122-129 邦訳pp.158-168）。そして、

> 組織化の過程が組み立てられるとき、組織化の過程は自然淘汰の過程に似ていると思われる。この類似性を利用し、自然淘汰が行われると仮定される過程を雛形として、組織化をモデル化するつもりである。組織化の四つの要素とは、(1)生態学的変化、(2)イナクトメント、(3)淘汰、それに(4)保持である（Weick, 1979, p.130 邦訳pp.168-169; (1)～(4)は筆者が付与した）。

これら4要素の因果回路として、ワイクは図6-1を提示しているが（Weick, 1979, p.132 邦訳p.172）、根拠はよく分からない。4要素のうち(2)は、本来、進化論では「変異」のはずだが、ワイクはこれを「イナクトメント（環境有意味化）」に置き換えている。そのうえで、ワイク第6章～第8章を、(2)～(4)の進化論メタファ

図6-1 組織化の4要素の因果回路

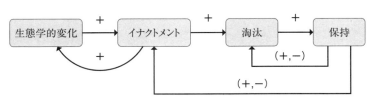

（出所）Weick (1979) p.132, Figure 5.1（邦訳p.172）

ーを使った組織化の説明に充てていく。

(1) 生態学的変化

　人はスムーズに運んでいる事柄には気がつかない。人の注意を喚起するのは変化が生じたときである。つまり、「生態学的変化が、有意味化しうる環境（enactable environment）すなわち有意味化（sense-making）の素材をもたらす」（Weick, 1979, p.130 邦訳p.169）というわけだ。

(2) イナクトメント（環境有意味化）

　ワイクは、まずイナクトメントについて、次のように記述している。

①「経験の流れの中に差異が生じたとき、行為者はより注意を払うために、これらの変化を分離するある行為をとるかもしれない。この分節化の行為はイナクトメントの一形態である」（Weick, 1979, p.130 邦訳p.169）

②「イナクトメントは有機体が外部『環境』と直接やりとりする唯一の過程である。イナクトメントの後に続くすべての過程は、編集された素材やどんなエピソードでもイナクトメントによって抜粋抽出されたものに働きかけるものである」（Weick, 1979, p.130 邦訳p.170）

③「外部環境は、人々のイナクトメントの周囲で文字通り曲がり、有意味化（sense-making）の活動の大部分は、行為から外部性を分離する努力である」（Weick, 1979, pp.130-131 邦訳p.170）

上の①〜③で「イナクトメント」を「環境有意味化」に置き換えると、意味がよく通じることが分かるだろう。ただし、ワイクのように、自然淘汰の過程として「生態学的変化→変異→淘汰→保持」を持ち出したうえで、イナクトメントは変異に当たる（Weick, 1979, p.130 邦訳 p.169）と、わざわざ淘汰と別物に位置づけてしまうと、イナクトメントは、②のように、次の淘汰過程に単に多義的な素材を提供するだけ（Weick, 1979, p.131 邦訳 p.170）になってしまう。

それに、ワイクは工夫しているつもりかもしれないが、そもそもワイク自身のイナクトメントの説明に淘汰が混じってしまっているのだ。たとえば、

　マネジャーが多義性に立ち向かい、それを減らそうとするとき、彼らは論理を仮定する。（中略）きっと環境には秩序があり、意味があるはずだと仮定し、マネジャーは秩序を押し付ける努力をしてみて、それによって「発見された」秩序正しさを有意味化（enacting）しているのである（Weick, 1979, p.160 邦訳 p.208）。

要するに、イナクトメントを淘汰から分けようとすることには無理がある。変異と淘汰の両方を合わせて、イナクトメント＝環境有意味化とした方が、ずっとスッキリする。ここらへんが進化論メタファーの限界なのだろう。

⑶ 淘汰

したがって、淘汰の説明にも、なんだかイナクトメントの説明でも出てきたような文言が並ぶことになる。

淘汰は、有意味化された（enacted）多義的表現に、多義性を削減しようとさまざまな構造をあてがうことを含んでいる。これらのあてがわれる構造は、しばしば相互に結び付けられた変数を含んだ因果マップの形をとるのだが、それらは過去の経験から形成されたものである。（中略）これらのマップは、意味を成すか成さないかの輪郭をはっきりさせるテンプレート（型板）のようなものだ（Weick, 1979, p.131 邦訳 p.170）。

要するに、既に有意味化されている環境／因果マップは、現在の多義性をふるいにかけるとき用いられるということで、有意味化された環境は、淘汰のメカニズムとしての機能を持っていることになる（Weick, 1979, p.177 邦訳 p.228）。もうイナクトメントも淘汰もごちゃ混ぜである。ちなみに⑷保持で詳しく述べるが、ワイクによれば、「有意味化された環境」と「因果マップ」はニュアンスの違いだけでほぼ同義とされている。

そして、困ったことに、多義性の削減において、繰り返し有効であるような因果マップは生き残り、助けにならない因果マップは排除されることもまた淘汰と呼んでしまっているわけだ。すなわち、淘汰の結果、「特定の多義的表現の特定の解釈は生き残り、将来の同じように見える状況にあてがわれる可能性があるので保持される」（Weick, 1979, p.131 邦訳 p.171）。

こんな風に、因果マップは淘汰する側にもされる側にも出てく

るので、淘汰過程のイメージがごちゃごちゃになってしまうわけ
だが、いずれにせよ、こうなってしまうと、「イナクトメントと淘
汰は、どちらも有意味化（sense-making）が起こるために、両者
の区別はしばしば困難」（Weick, 1979, p.185 邦訳p.239）になって
しまうし、しかも、イナクトメントも淘汰過程も試行錯誤的なの
で（Weick, 1979, p.185 邦訳p.239）、両者を区別するのは無理筋な
のである。変異と淘汰を合わせてイナクトメント（環境有意味化）
とするのが自然であろう。

⑷ 保持

　ワイクによれば、保持（retention）とは「思い出しやすさ」の
ことで、それ以上のものではない（Weick, 1979, p.207 邦訳p.268）。
そして、「保持は、うまくいった有意味化（sense-making）の産物、
すなわち有意味化された環境（enacted environments）と呼ぶ産物
の比較的ストレートな貯蔵を含んでいる」（Weick, 1979, p.131 邦
訳p.171）。

　ワイクは、「有意味化された環境」と「因果マップ」はほぼ同義
だが、若干ニュアンスに違いがあるとしている。すなわち、有意
味な（meaningful）環境は組織化のアウトプットであってインプ
ットではないことを強調するときは「有意味化された環境
（enacted environment）」と呼ばれ、保持された内容が編集された変
数間の因果関係の図のような形に蓄えられていることを強調する
ときは「因果マップ（cause map）」と呼ばれる（Weick, 1979, pp.131-
132 邦訳pp.171-172）。

　ただし、ワイク第8章後半の保持の性質についてのワイクの説
明は分かりにくい。ひょっとするとワイク自身も分かっていない

のかもしれない。たとえば、ワイクはデボノ（De Bono, 1969）の提唱する記憶モデルを取り上げているが、ワイクの図8.2（Weick, 1979, p.211 邦訳p.274）は元のデボノの図（De Bono, 1969, p.101）とは明らかに異なっている（間違っている！）。このことを見ても、ワイク自身がこの「ゼリー・モデル（jelly model）」をきちんと理解していたのかどうか疑わしい。

⑸ 組織化の意味するもの

　ワイク最終章になる第9章「組織化の意味するもの（Implications of organizing）」でまとめられている組織化の絵（picture）とは次のようなものである（Weick, 1979, p.236 邦訳pp.306-307）。

①組織のいたるところに常に多数の「イナクトメント（enactment）→淘汰（selection）→保持（retention）」のESR連鎖（sequence）が存在している。組織メンバーの数ほどもあるかもしれない。

②ESR連鎖は保持過程Rのところでつながっていて、保持過程の内容、特に繰り返される相互連結行動サイクル（二重相互作用）が、固い結合（tightly coupled）で安定しているので、これが組織内の主要な安定源になっている。

③組織内には多数のESR連鎖が存在しているが、ESR連鎖間のイナクトメント同士、淘汰同士は互いにルーズに結びついただけで、ほぼ独立に同時進行している。

　イメージを湧かせるために、ワイクの記述（Weick, 1979, p.236 邦訳p.306）に従って、各ESR連鎖を図柄が「E→S→R」である

図6-2 ESR連鎖

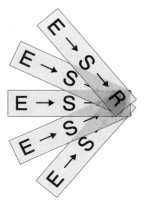

(出所)高橋 (2009) p.260, 図1

1枚のカードにたとえてみよう。今、このカードを図柄「E→S→R」が合うように重ねて束にし、Rのところに親指を置いて扇形に広げてみよう。すると図6-2のようになる。この扇形に開いたカードで、扇の要の部分に当たる親指のところに保持過程Rがあり、要から淘汰Sさらにイナクトメントeと遠くなるほど、淘汰S間の距離、さらにイナクトメントE間の距離が開き、互いにあまり接触しなくなる(=結合が緩くなる)。そして組織のESR連鎖は「E→S→R」と親指のところの保持過程Rに向けて収斂する。

6 │ 環境の有意味化でよかったのか？

(1) イナクトメントとは何だったのか

既に述べたように、『組織化の社会心理学』は、第4章の組織化

の議論こそが核心部分であり、そこで展開した「共通手段が先で、共通目的は回顧的に後に続く」組織化の話を、進化論メタファーを用いて説明する第5章以降の後半部分は、おまけみたいなものである。

　しかし、前半第1章〜第4章が難解なうえに、後半に入るとイナクトメント（enactment）とは何かについてのワイクの言説が難解すぎたために、読者は難解箇所を避けて、誰もが多少予備知識のある進化／自然淘汰の方に逃げ込み、根拠不明の図6-1でお茶を濁した。要するに、現実逃避をしたわけだ。

　その挙句、有名な経営学者が「これからの経営にはイナクトメントが重要になる」などと堂々と発言することになる。これなどは、多分、ある種の経営施策と勘違いした「イナクトメント」の典型的誤用例だと思われるが、そのことを指摘する人もいない。要するに、みんなイナクトメントが何だか分からなかったのだ。

　多分、この先生は、ワイク第5章に書いてある「彼らは環境にリアクト（react）するのではなく、イナクト（enact）するのである」（Weick, 1979, p.139 邦訳p.181）という文章（ただし邦訳では「彼ら」が主語だが、原文では「ミュージシャン」が主語）あたりを数少ない手掛かりの一つにして、受動的なreact（反応）に対してenactは能動的だとピンときて（?）、「イナクトメントが重要になる」と発言してしまったのではないだろうか。ワイクの文章には、こうした印象操作的な表現が多いので、要注意である。

　実は、似たような文章は、主語が違うだけでワイク初版第5章にも存在していた。「人間という行為者は環境に反応する（react）のではなく、環境を演ずる（enact）のである」（Weick, 1969, p.64 邦訳p.124）と訳されていた。この初版の訳に至っては、誤解する

以前に、何を言っているのか分からないので、「イナクトメントとは環境に能動的に働きかけることだ」といった印象すら持てないだろう。

　もともと辞書的には、イナクトする（enact）とは、法を制定する、劇を上演するという意味のはずだが（だから初版邦訳では「演ずる」と訳したのだろう）、このままでは何のことだかさっぱり分からない。そのせいか、第2版（Weick, 1979）の邦訳では、イナクトメントに訳語を当てず、カタカナのまま使い続け、このことがさらに難解さを増長させてきた。頻出のenacted environmentも「イナクトされた環境」とそのまんまだ。もっとも、ただ日本語にすればいいというものでもない。実は初版（Weick, 1969）の邦訳では、enactmentは「実現」と訳され、enacted environmentは「実現的環境」「実現された環境」と訳されていたが、これではチンプンカンプンである。これで理解できた人がいたら驚きである。

　こうしたことから、本書では、イナクトメントの訳語を環境有意味化にした。この訳語は、ワイクの次のような言説のニュアンスとも符合している。曰く、「イナクトメントは遠心的有意味化（efferent sense-making）として記述しうる。遠心的（efferent）という修飾語句は遠心性の（centrifugal）とか外側へ（conducted outward）という意味だ」（Weick, 1979, p.159 邦訳p.206）。つまり外側（環境）に向かって有意味化を進めていくこと、すなわち環境有意味化がイナクトメントなのである。

　以上のような理由から、本章では、enactmentを「環境有意味化」、enactあるいはsense-makingを「有意味化する」あるいは「有意味化」と訳してきた。そうすることで、初めて意味が通じる。

⑵ 有意味化の対象は環境でよかったのか？

さて、賢明な読者はもう気づいているのではないだろうか。そう、話がおかしいのだ。「イナクト（有意味化）された環境」と「因果マップ」は同義だとかワイクが言っているあたりから、もはやイナクトの対象が、環境なのか、組織なのかも分からなくなってくる。同書は難解というか、読んでもよく分からない本だった——特にイナクトメントは訳が分からない——ので、見過ごされてきたが、本章の解説のように、ここまで分かりやすくなると、ワイクが間違っていたことが分かる。

実は、下手に進化論メタファーを採用してしまったがために、過程の最初が生態学的変化から始まることになってしまい、そのため、いつの間にか淘汰の対象は、因果マップではなく、有意味化された環境にすり替わってしまっていたのだ。これはおかしいのである。なぜなら、どんなに環境有意味化の話をしても、所詮、環境に関する認識のお話であり、組織内の安定的な相互連結行動サイクルを構成要素とした組織化の説明にはならないからだ。道理で難解（？）なはずだ。というより、読んで分かってはいけなかったのだ。

ちなみに、初版も第2版も第5章が進化論モデルの話に充てられているのだが、試しに、用語としてのenactの出現回数を数えてみると（表6-1）、初版では、第5章の途中まで（〜p.68）はenacted environmentが使われ、進化論が導入された以降（p.69〜）はenactmentが使われていた。それ以外のenactの用法としては、動詞として1回、enacted information 2回、enacted meaning 1回だけで、enactedはほぼenvironmentの修飾語として使われていたことになる。要するにイナクトの対象は環境であり、イナクトメン

トは環境の有意味化だったのだ。

それに対して、第2版ではenacted environment も enactment もどちらも出現回数が約4倍に跳ね上がる。なかでも特徴的なのは、修飾語としてenactedを使うときの節操のなさである。もちろんenacted environmentが59回と依然多いのだが、それ以外にも、動詞として（14回は目的語がenvironment）あるいは修飾語enactedとしてenactは52回も使われている。もはやenvironmentに限らず、何にでもenactが使えるという感じでワイクは使いまくるのである。

このように第2版でイナクトが節操なく乱用されたことで、読者はそれに幻惑され、ごまかされてしまった。本来、イナクトの対象は環境であり、イナクトメントは環境有意味化だったはずなのに。

しかし、組織化の過程の話をするのであれば、本当は環境の有意味化の話ではなく、安定的な相互連結行動サイクルの有意味化の話をしなければいけなかったのだ。それを、ワイクは進化論モデルとイナクトメントの話にのめり込んでしまい、本来の趣旨を見失ってしまったのではないだろうか。確かにイナクトメントの話自体は面白かったが、この話をまともに議論するのであれば、

表6-1　用語 "enactment" と "enacted environment" の出現回数

		～第4章	第5章	第6章～	計
初版 (1969)	enacted environment	2	10	3	15
	enactment	0	10	37	47
第2版 (1979)	enacted environment	2	6	51	59
	enactment	5	45	144	194

(注) 見出しや図も含めて数えている。スキャン・データを使っているので、回数は不正確かもしれないが、これでもおおよその傾向はつかめる
(出所) 筆者作成

心理学者ギブソン（James Gibson; 1904-1979）のアフォーダンスの議論も援用すべきであった（高橋, 2010a, pp.121-122）。

7 | 有意味化では、歴史も合理性も回顧的に作られる

ということで、『組織化の社会心理学』後半の進化論メタファーの話は、有意味化について書かれたワイクの続編『センスメーキング イン オーガニゼーションズ』（Weick, 1995）の話で置き換えた方がよさそうだ。それに、こんなことは誰も言わないが、多分、イナクトメントの話がよく分からないということで、ワイクは続編（Weick, 1995）を書いたのではないだろうか。続編を読んだとき、私はそう直感した。

その続編では、第2章「センスメーキングの7つの特性（Seven properties of sensemaking）」の冒頭（Weick, 1995, p.17 邦訳 p.22）で、「これまで見てきたセンスメーキングの記述には、理解・解釈・帰属といった他の説明プロセスとは異なる少なくとも7つの顕著な特性がある」として、次の7つの特性：①アイデンティティ構築に基づき、②回顧的で、③有意味な環境をイナクトする、④社会的で、⑤進行中の、⑥抽出された手掛かりに焦点を合わせた、⑦正確さよりももっともらしさを追求する過程だと理解できるとしている。

3番目の特性に「有意味な環境をイナクトする（enactive of sensible environment）」が入っており、「組織生活において、人々が自分の直面する環境をしばしば部分的に作り出すという事実を留めるために、イナクトメントという言葉を用いている」（Weick,

1995, p.30 邦訳 p.41）とも書いている。まさに環境有意味化である。

そして、「イナクトメントに関する他の議論は、通常、イナクトメントを選択的知覚あるいは抵抗を受けない行為と誤解しているが、ポラック他（1989）は知覚と行為をうまく融合している」（Weick, 1995, p.78 邦訳 p.107）と、イナクトメントには知覚と行為両方が含まれるとしている。

実際、センスメーキングは有意味化、その特殊なものとして環境のセンスメーキング（＝イナクトメント）は環境有意味化だと位置づけて読み直せば、2冊の本の趣旨は明らかになる。同時に、『組織化の社会心理学』後半が無用だったことも明らかになるが。

とはいえ、ワイクのセンスメーキングの説明もまた難解である。そこで本節では、高橋（2012）から、私なりの有意味化の事例を紹介することで、センスメーキング＝有意味化とは何かを考えてみよう。

(1) 『サンダーバード』そっくりな『海底軍艦』？

最初の東京オリンピックの前年、1963年12月22日に封切られた東宝特撮映画『海底軍艦』。艦首にドリルをつけたその独特なスタイルの海底軍艦「轟天号」の絵（写真？）を、当時、小学校に入るか入らないかという頃の私は、理髪店の待合室で、少年マンガ誌（どうやら『少年マガジン』1964年1月10日号だったらしい）のグラビアで、食い入るように見つめていた記憶がある（当時は、多分まだ、ひらがなしか読めなかった）。色こそ違うものの、そのフォルムはまるで、あの特撮人形劇『サンダーバード』のジェットモグラそのものであった。

結局、映画館に連れて行ってもらうこともなく、テレビでも放

送された記憶はなく……、しかし『海底軍艦』「轟天号」の名前と形だけはしっかりと記憶に刻み込まれていた。それから半世紀近くたって、2010年9月、私はその『海底軍艦』をDVDで見ることになる。『東宝特撮映画DVDコレクション 海底軍艦』（デアゴスティーニ・ジャパン, 2009）で、DVDには、詳細な解説冊子もつけられていた。

　まあ、ストーリーについては解説するほどのこともないが（失礼？）、なんといっても魅力的なのは特撮シーンである。南海の孤島にある地下の秘密基地兼工場からの轟天号の発進シーンは、『サンダーバード』のサンダーバード2号の発進シーンを連想させた。艦首にドリルをつけて艦尾からジェットを噴いて地中にもぐる姿は『サンダーバード』のジェットモグラそのもの。そして、挙句は、潜水艦にもかかわらず、小さな水平補助翼を出して、腹から垂直にジェットを噴射してホバリングしたり空を飛んだりする轟天号の勇姿は、サンダーバード1号を彷彿とさせた。というわけで、かつてのサンダーバード大好き少年の目には、DVDの中の轟天号が、ますますサンダーバードのパクリに見えてしまった。

　ところが、それから1週間ほど時間がたったとき、私は、ふとあることに気がついて、背筋がゾクゾクッとした。そうなのだ。時間的順序が逆なのだ。私が『サンダーバード』を見たとき、私はもう小学校中学年になっていた。調べてみると、NHK総合テレビで毎週日曜日の18時からの50分番組として放送が始まったのは1966年4月10日なのである。本国英国でのテレビ放映も、その前年の1965年。ということは、サンダーバードのメカが登場する2年も前に、既にそれらの印象的なパーツを備えた轟天号は

存在していたのである。

　なんとも人の記憶というのはいい加減なものである。自分で作ったストーリーに都合がいいように、時間的順序まで変えられてしまうとは。それにしても恐るべし、東宝特撮映画。ひょっとして、逆にサンダーバードの方が、そのパクリだったのかも？　そう思うと痛快である。事実、『サンダーバード』の放映が英国で始まった1965年に、AIP映画が海外で『海底軍艦』の89分再編集版（もともとは94分）を*Atragon*のタイトルで公開したらしい（*Atragon*は atomic dragon に由来するそうだ）。可能性は十分にあるのだ。

　海底軍艦のデザインを担当していたのは、私の少年時代に、少年たちの生活を文字通り彩っていたプラモデルの箱絵や空想科学イラストを描いていた、あの小松崎茂（1915-2001）だったらしい。これまた知ってしまうと、なんだか鼻が高い。しかし、あいまいな記憶ながら、確か小松崎茂はサンダーバードのプラモデル・シリーズの箱絵も描いていたのではないだろうか。実際、「小松崎茂 ONLINE 美術館」（https://shigerukomatsuzaki.com/gallery/）には、あの懐かしいサンダーバードの箱絵の数々が残っている。いったい、ご本人はどんな気持ちでジェットモグラ等の箱絵を描いていたのだろう。そう思うと口惜しくもある。

(2)『海底二万里』

　ところで、潜水艦物のSFの先駆けといえば、なんといってもフランスのジュール・ベルヌ（Jules Verne; 1828-1905）のSF小説『海底二万里』であろう。『海底二万里』は、1869年3月20日から1870年6月20日にかけてフランスの雑誌『教育と娯楽』に連載さ

れ、書籍の形では、第1部が1869年10月、第2部が1870年6月に出版され、さらに1871年11月に挿絵入り豪華版が出版されている（詳しくは訳者・朝比奈美知子による「解説」[Verne, 1869; 1870, 邦訳下巻 pp.468-469] を参照のこと）。

　このSF小説で初めて、巨大な潜水艦が登場するのである。映画『海底軍艦』は、日本のSFの祖といわれる押川春浪（1876-1914; 東北学院の創設者押川方義の長男）が、東京専門学校（現早稲田大学）在学中の1900年（なんと明治33年）に発表したSF小説『海島冒険奇譚 海底軍艦』をかなり大幅にアレンジしたものとされている。もともと『海島冒険奇譚 海底軍艦』は、ジュール・ベルヌの『海底二万里』の影響を受けていたともいわれる。

　小説『海島冒険奇譚 海底軍艦』の方で登場する潜水艇「電光艇」には、『海底二万里』のノーチラス号にはない、轟天号のような（ドリルではないが）毎秒300回転の回転式の三角衝角「敵艦衝破器」がついていた。他方、轟天号が、巨大生物に電撃を与えて撃退するシーンなどは、ウォルト・ディズニーが映画化した1954年の実写版『海底二万哩』（原題：20000 Leagues under the sea）に登場する万能潜水艦「ノーチラス号」を彷彿とさせる。この映画の原作はもちろんジュール・ベルヌの『海底二万里』である。

　実は、私は子供の頃に、母に連れられて、その総天然色（当時の言い方！）のディズニー映画『海底二万哩』を映画館で観て、感激した記憶がある。ただ、私は1957年生まれで、どうして1954年米国公開、1955年12月日本公開の米国映画を日本の映画館で観ることができたのか？　どうも不思議ではある。あれはリバイバル上映だったのか？　そう思って、検索してみると、ディズニー映画『海底二万哩』は、その後『海底2万マイル』と名前

を変えて、1988年にVHSビデオ化、2003年にDVD化されていた。そこで、早速DVDを買い求めた（日本公開が何年かは書いていなかった）。そして、ワクワクしながらDVDを見始めたのである。

　確かに映画の各シーンは、なんとなく見覚えがある。我ながらよく覚えているなと感心しつつ、そうそうこんな映画だったと子供の頃の記憶を確認しながら見ていた。ところが……。DVDを見始めて100分を経過したときに、私はまだ3分の1もお話が終わっていないと感じ、あと30分弱に、どうやって残りのエピソードを詰め込んで決着するのだろうかと、進むにつれて疑問符がどんどん頭の中にたまっていった。そして案の定、原作の小説とも異なるあっけない幕切れで映画は終わってしまった。「えっ！これで終わりなの？」

　そう、私の記憶の中ではストーリーとしてつながっていたはずの印象的なエピソードの多くは、映画のDVDでは、くしの歯が欠けたように抜け落ちていたのである。DVDを見終わった後、しばし呆然とし、思い直して冷静になってよく考えてみた。

　私が映画で見たと記憶していた膨大なエピソードは、とても127分の映画の中に収まり切れる分量ではなかった。私の記憶が正確だったのは、潜水艦「ノーチラス号」の外形や内装・動力室、潜水服などのメカの部分だけで、私が映画の中で見たと思っていたストーリーの大部分は、私がその後SF小説として読んだ『海底二万里』によって、私の頭の中で再構成されたものだったのである。

　それにしても、視覚的にインパクトのあるデザインの持つ力はすごいものだ。1954年のアカデミー賞の美術賞・視覚効果賞を受

賞しただけのことはある。なにしろ、覚えていたストーリーは無茶苦茶でも、ノーチラス号のメカだけはしっかりと覚えていたわけだから。特に、ノーチラス号の外形デザインは見事で、艦首に衝角を持った独創的デザインの潜水艦ノーチラス号が、航行する船舶の横腹に体当たりをして穴を開け、沈めてしまうシーンは（少年の心には）痛快であった。

しかし、原作のジュール・ベルヌのSF小説『海底二万里』のノーチラス号は「両端が円錐状の、きわめて長い円筒形」（Verne, 1869, p.137 邦訳上巻 p.183）とされ、ディズニー映画のノーチラス号のユニークな造形美は、映画のオリジナルなのである（ただし、押川［1900］の潜水艇「電光艇」には、既に三角衝角「敵艦衝破器」がついていたが）。ちなみに、もともとの『海底二万里』の革装2冊セット（私が確認したのは、第1部は1869年発行の第3刷、第2部は1870年発行の第6刷）には、挿絵は1枚もなかった。

ところで、ディズニー映画『海底二万哩』が公開された1954年に、米国海軍が就役させた世界初の原子力潜水艦の名前も「ノーチラス」であった。これはジュール・ベルヌのノーチラス号にちなんで名づけられたものといわれる。もっとも、ジュール・ベルヌのノーチラス号という名前自体も、米国の技師ロバート・フルトン（後に蒸気船で有名になる）が1800年前後にナポレオンのフランス政府に設計図を売り込んだ小潜水艦「ノーチラス号」に由来しているといわれる。その意味では由緒正しく連綿と続いてきた名前で、代々、実在したものもお話だけだったものも含めて、画期的な潜水艦が「ノーチラス号」を襲名してきたともいえる。

そして、巨大な潜水艦の出現を予言したともいわれるジュール・ベルヌの『海底二万里』のノーチラス号の大きさは、長さ70

m、最大幅 8 m であり（Verne, 1869, pp.137-138 邦訳上巻 p.183）、それに対して実在した米国海軍の原子力潜水艦ノーチラス号は長さ 97.5 m、最大幅 8.5 m だった。ほぼ予言は的中したといえるのか？　それとも当てにいったのか？

(3) 自己成就予言

　実は、ジュール・ベルヌの SF 小説は、ノーチラス号だけではなく、後々実現される乗り物が登場する予言書的な存在としても有名である。その一つ、『月世界旅行』（正確には 1865 年発表の『地球から月へ』と 1870 年発表の『月世界へ行く』の 2 部作）では、月世界旅行を実現する国が米国というだけではなく、実際に人類を月に運んだアポロ宇宙船と同じ 3 人乗りで、ほぼ同じ大きさ、同じアルミニウム製の大砲の弾が、同じ米国フロリダ半島の巨大な大砲から打ち上げられて、同じように、戻ってきて太平洋に着水して、浮かんでいるところを軍艦に見つけられて回収されるという驚きの予言的内容なのである。

　この類似性は、1969 年 7 月 20 日に月面に着陸したアポロ 11 号に代表されるアポロ計画の時代には話題となっていた有名なお話である。「大砲で打ち上げるなんて……」と笑うかもしれないが、『月世界旅行』の中で、太平洋に着水した砲弾を発見するのはサスケハナ号なのだ。そう、なんと幕末 1853 年の黒船来航時のペリー艦隊の旗艦だった米国海軍の軍艦なのである（1868 年に退役）。そんな米国南北戦争（1861〜1865 年）終結後間もない 1860 年代という時代設定で書かれていた SF 小説（1869〜1870 年；アポロ 11 号のちょうど百年前）だったという事実に、われわれはまず素直に驚くべきなのである。

もっとも、『月世界旅行』について言えば、ナチス・ドイツで
V2ロケットを開発して、それから米国に亡命し、アポロ計画をは
じめとする米国の宇宙開発の中心となったヴェルナー・フォン・
ブラウン（Wernher von Braun; 1912-1977）が、もともとジュー
ル・ベルヌのSF小説に影響を受けていたともいわれており、その
意味では、アポロ計画自体が、自己成就予言のようなものだった
といえるのかもしれない。正確に言うと、『月世界旅行』がベスト
セラーになり、当時のヨーロッパの青少年に熱狂的な興奮を呼び
起こし、その愛読者の中から、フォン・ブラウンの師匠に当たる
ドイツのヘルマン・オーベルトなどの世代が育っていったといわ
れる（的川, 2000, pp.14-19）。

アポロ11号の司令船の名称「コロンビア（Columbia）」は『月
世界旅行』に登場する発射用の大型の大砲「コロンビアード砲
（Columbiad）」にもちなんでつけられたといわれる。つまり、ジ
ュール・ベルヌが『月世界旅行』で「予言」していた未来に導か
れながら、フォン・ブラウンは自分の手で「予言」を現実のもの
として形にしていったと見ることもできる。

そして『聖書』の中にも、予言書と思われているものがある。

(4) ヨハネの黙示録

私は、限りなく無宗教の人間である。もちろんキリスト教徒で
はない。『聖書』も手にしたことがなかった。そのときまでは。

それは1970年代前半、私が高校生のときだった。私は元祖テ
レビ人間といってもいいくらいのテレビ人間で、ラジオをあまり
聴かなかった。クラスメートがはまっていた『オールナイトニッ
ポン』（ニッポン放送、1967年10月1日～）のような深夜放送も、

試しに聴いてはみたものの、すぐに飽きて聴かなくなってしまった。

　そんな人間が、なぜか深夜にラジオのダイヤルを回していると、なぜか名古屋市の東海ラジオにピタッとダイヤルが合って（当時、私が住んでいたのは、遠く離れた北海道小樽市であった）、そしてなぜか知らない深夜放送でリスナー投稿のショートショート（短編小説よりも短い小説のこと）を朗読するコーナーが始まったのである。朗読されたのは、「もくしろく」というタイトルのショートショートだった。

　ちなみに、後になって、この番組で朗読されたショートショートの傑作選『夜と万年筆』（蟹江篤子編, 1977）が出版されており、それによれば、番組名は『ミッドナイト東海』で、朗読もしていたDJは東海ラジオの蟹江篤子アナウンサー、放送日は1974年7月12日、作者は小島将英（ペンネームはプロクシマ・ケンタウリ）だったことが分かった（私が本の存在を知って入手できたのは2010年）。

　もちろん、そんなことを当時は知る由もなく、そもそも、この「もくしろく」が「黙示録」で、新約聖書の最後にある『ヨハネの黙示録』からきていると分かったのは、放送を聴いた後、辞書を引いてからだった（当時はPCもインターネットも検索サイトもなかった時代）。もちろん、この放送を聴くまで、私は「黙示録」という単語すら知らなかった。

　おそらく、キリスト教徒ではない日本人の多くが「黙示録」という言葉を最初に聞いたのは、フランシス・フォード・コッポラ監督、マーロン・ブランド主演の戦争映画『地獄の黙示録』（原題：*Apocalypse now*）ではないかと思う。この映画のテレビCMは

圧倒的で、ワーグナーの「ワルキューレの騎行」を大音響のスピーカーで鳴らしながら米軍の武装ヘリの編隊がベトナムの村落を襲うシーンは、「黙示録」の強烈なインパクトを与えた。しかし、この映画はもっと後、1979年の作品だった（日本公開は1980年）。だから、私は「黙示録」という言葉すら知らなかったのである。

では、ラジオで聴いた「黙示録」（蟹江篤子編, 1977, pp.250-268）とは、いったいどんなお話だったのか？　実は、こんなあらすじだったのである。

　　ある日の深夜、公園でテレパシーでUFOを呼んでいた主人公の目の前に、UFOが着陸する。そして、人間の子供くらいの大きさの宇宙人が現れる。足までたれた服からは金色の足がのぞき、胸には金色のベルトをしめていた。目は赤く、髪の毛も顔も白く、頭部は輝いていた。主人公は、その宇宙人を見た途端、その足もとに倒れて、気を失った。そして、主人公が同じ公園で目を覚ますと、何か文字の書かれた金属板がバッグの中に入っていた。その文字を書き写したものを東京外語大に行っている友人に送り、金属板は名大工学部金属学科に行っている友人に渡して、それぞれ分析してもらうと、金属はチタンだったが、測定できないくらい桁違いに硬いものであったこと、そして書かれていた文字はギリシャ語で「私はアルファでありオメガである」と書かれていたことが分かった。その言葉は新約聖書の黙示録に登場する。そして黙示録には、主人公が遭遇したのとよく似た神の姿が描かれていた。

「知らなかった」

好奇心を掻き立てられた私は、翌日、早速、本屋に行って『新約聖書』を立ち読みし、『ヨハネの黙示録』の中に似たようなことが書いてあるのを確認してから買い求め、家に帰ってむさぼるようにして読んだ。実は、このお話は『ヨハネの黙示録』の最初（第1章7-17）に書いてあるお話を、ヨハネではなく、現代の若者が体験するという設定にアレンジした物語だったのだ。

　そして、「私はアルファでありオメガである」とは、『ヨハネの黙示録』の中で、その者が発した言葉とされている（第1章8）。予備知識として、新約聖書が最初ギリシャ語で書かれたもので、ギリシャ語のアルファベットの最初がアルファ、最後がオメガだということを知っていると、すんなりと意味が理解できる。つまりアルファベットで「私はAでありZである」と言っているわけだ。実際、『ヨハネの黙示録』の終わりの方では、こう言い換えられている。「私はアルファでありオメガである。最初の者であり最後の者である。始めであり終わりである」（第22章13）

　それが神なのか、神の使いなのか、はたまた宇宙人なのかは横に置いておいて、素直に理解すれば、要するに、創造主を名乗る者がこの世を終わらせるために現れたということになるのだろう。

　だが、『ヨハネの黙示録』で、私に意味が分かったのはそこまでだった。他の部分に書いてあることは、私には暗号か何かみたいにしか読めなかった。地名や人名の類の固有名詞についての知識があれば、もう少しは楽しめたのだろうが、いかんせん決定的に知識が不足していた。なので、すぐに飽きてしまい、そのまま『ヨハネの黙示録』のことは忘れていた。あの恐ろしい原発事故が起こるまでは。

(5) チェルノブイリ

それから10年以上が経過して、1986年4月26日、当時のソビエト連邦（ソ連）ウクライナ共和国のチェルノブイリ原子力発電所で、史上最悪の原発事故が起きた。チェルノブイリ原子力発電所事故である。

まるでSF小説の世界さながらに、なんとチェルノブイリ原子力発電所の4号炉が、炉心溶融いわゆるメルトダウンを起こして爆発したのだ。広島に投下された原爆の400倍とも500倍ともいわれる大量の放射性物質が、ソ連領内のウクライナ共和国、ベラルーシ共和国、ロシア共和国に降りそそいで、土壌や水系、地下の帯水層を汚染した。

事故後の対応の遅れも被害を拡大させた。ソ連政府の発表による死者数は、運転員・消防士合わせてわずか33人だったが、2000年に発表された数字では、ロシアの事故処理従事者86万人中、5万5,000人が既に死亡していたという。放射能で汚染された地域での健康被害は計り知れない。

そして、この原発事故のとき、『ヨハネの黙示録』が、一部の人々の注目を集めることとなった。注目を集めたのは、『ヨハネの黙示録』の中の次の部分だった。

> 天からたいまつのように燃えている大きな星が落ちた。そして川の三分の一と水源の上に落ちた。その星の名はニガヨモギという。そして水の三分の一はニガヨモギになった。そして多くの人がその水が苦くなっていたのでその水のために死んだ（第8章10-11）（岩隈, 1990, p.77）。

頭の部分は、何やら原子力を象徴している……といえなくもないが、このどこがチェルノブイリ原発事故と関係しているのか？実は、チェルノブイリという地名がウクライナ語で「ニガヨモギ」という植物を意味しているとして、当時、（一部で）話題になったのである。『聖書』の解釈本（岩隈, 1990）によれば、「ニガヨモギになった」とは「ニガヨモギのように苦くなった」の意味とされるが、そもそもニガヨモギは有毒性ではなく（岩隈, 1990, p.77）、そのため、有毒ではないニガヨモギで多くの人が死ぬのは本来おかしいので、従来色々な解釈が行われてきた。そのいわば論理的なミッシング・リンクを埋めたのがチェルノブイリ原発だったのである。

　というようなことを当時在籍していた東京大学教養学部の教官談話室で雑談していたら、同席していたウクライナ史が専門の中井和夫が、

　「高橋さんは、そういうことにも興味があるの？」

と訊いてくれたので、私が、

　「大好きです！」

と答えると、ご自分がかつて『朝日新聞』に書いた記事（中井, 1987）のコピーをくれた。その記事には、もちろん『ヨハネの黙示録』についての記述もあったが、私をさらに興奮させてくれたのは、次のような内容だった。

　ウクライナがキリスト教を導入したといわれる986年（988年という説もある）から、ちょうど千年後に、チェルノブイリ原発事故が起きている。またウクライナにソビエト政権が確立した1920年からは66年で、これは世の終末にアンチ・キリストが支配するとされた期間とも一致する。だとすると、ウクライナ人にとって

のチェルノブイリ原発事故はこの世の終わりであり、次の千年は至福の千年になるはずだ。

ここまで読めば、（私のような）単純な読者の多くは、「聖書の予言が当たった」と思うのではないだろうか（もっとも、至福の千年になるはずが、2014年3月18日のロシアによるクリミア併合や2022年2月24日から始まったロシアのウクライナ侵攻は、いったいどうなっているのかと疑問には思うが）。

こうしたナイーブな感想の持ち主に対しては、チェルノブイリと呼ばれるヨモギは、分類学上はオウシュウヨモギのことで、ニガヨモギの近縁種にすぎないから、予言が当たったわけではないというロマンのない（？）反論がなされることもある。しかし、もともと地名としてのチェルノブイリの語源は、植物のヨモギではなく、9世紀以降に傭兵として雇われていたアジア系遊牧民の集団の名前からきたらしい。つまり、正確に言うと、原発事故は、ヨモギの名を持った地域で起きたのである。

そして、よく考えてみると、チェルノブイリがニガヨモギそのものであるかどうかにはかかわらず、そのことにかこつけて、もっと恐ろしいことが起きていた可能性があり、背筋が寒くなる。なぜなら、原発を建設する前から預言書『ヨハネの黙示録』は存在していたからである。

当たり前のことだが、チェルノブイリ原子力発電所が着工されたのは戦後であり、1971年に着工された1号炉の運転開始は1978年である。つまり、そもそも原発の立地場所として、わざわざ『ヨハネの黙示録』に書いてあるニガヨモギを想起させるチェルノブイリを選んだのはなぜなのか。日本人的な感覚で言えば、縁起が悪いとされる地名の場所をわざわざ選んで原発を建てたよ

うなものである。誰かの意志のようなものが働いたのだろうか？

そして、原発事故自体が通常運転中ではなく、安全装置を外した手動の動作実験中に起きており、しかも何重もの複合要因が重なって初めて起こる類の事故だったということまで考えると、何やら恐ろしくなってくる。『聖書』に書いてある預言を実行するために、誰かが神に成り代わって手を下した……というようなことは考えたくもないが。

(6) 有意味化は回顧的

以上のようなお話が、センスメーキング——本書では有意味化——と呼ぶ現象に関する私なりの体験事例集になる。そこそこ長く生きていれば、このくらいの体験は……とは思いつつ、私はラッキーだったのかもしれないとも思う。いくつもの偶然が重ならないと、センスメーキングは体験できないからだ。

まだ体験したことがない、自分でもセンスメーキングを体感してみたいという人に、私がお薦めしているのが、乾くるみの小説『イニシエーション・ラブ』（乾, 2004）である。一見、普通の（どちらかというと退屈な）青春恋愛小説で、本文は文庫版255ページなので、すぐにサラサラと読み終えられる。ところが、最後の4ページにさしかかる頃から話がつながらなくなり始め、最後の2行で頭の中は大混乱に陥る。

裏表紙にも書いてあるが、最後の部分は絶対に先に読んではいけない。ウェブに掲載されている解説も、アマゾンの書評も事前に読んではいけない（ネタばらししている悪質な書評がある）。最後の2行で大混乱に陥り、人によってかかる時間は違うだろうが（私の場合は30分ほどかかった）、モヤモヤしながらあれこれ回顧

した後で、「あぁそうか！」と分かった瞬間、日常生活の退屈な記述の中に散乱していたたくさんの手掛かりから、一気に小説全体を通観するストーリーが出現する。それがセンスメーキングなのだ。

　そのストーリーのもっともらしさを、あなたは何度も何度も回顧的に本を読み直すことで確認するに違いない。そしてきっと、そのストーリーを他の誰かに話したくなるはずだ（答え合わせをしたくなる？）。

　有意味化を自分で体感するにせよ、しないにせよ、いずれにせよ、『組織化の社会心理学』（Weick, 1979）の前半第1～4章で、①構成要素である安定的な相互連結行動サイクルを共通手段として組織化が始まり、②共通目的はその後に回顧的に続く、としていた組織化の過程の議論は、この有意味化をもって完結する。言い換えれば、共通目的がどのように回顧的に見出されるのかをこうした有意味化現象として説明できれば、ワイクの議論は完結することになる。

　私の事例のおさらいをしておこう。『海底軍艦』と『サンダーバード』の関係は、実は時間的順序ですら、回顧的に再構成されてしまっているという事例だった。『海底二万里』の場合は、視覚的にインパクトのあるデザインは記憶に残るのだが、ストーリーの方は、後になって回顧的に再構成されてしまうことがあるという事例である。そして、『月世界旅行』や『ヨハネの黙示録』のように、一見、予言が現実になったと思われるような事例も、よくよく調べてみると、予言が当たったのではなく、実は自己成就予言、すなわち、自分の手で予言を実現しようとした人々がいた可能性があることを示しているのである。

それだけではない。われわれ人間の日常生活では、そもそも自分のフレームワークに収まらないものは、見ていないし聞いてもいないのである。たとえば、かつて、建設中の東京スカイツリー（2008年7月14日着工～2012年2月29日竣工）がテレビなどでも話題になり始めていた頃の話。話題にはなっているし、テレビでは見るけれど、まだ生で見たことがない……と嘆いていたら、ある日の夕方、大学からの帰宅途中、いつものように歩いていると、まさに目の前、東大医学部附属病院の横に、でっかい東京スカイツリーがニョキッと立って見えていることに気がついてびっくりした。

毎日通勤していて、その場所を通っているはずなのに、スカイツリーがあんなに大きくなるまで、気がつかなかった自分自身に驚いた。しかも、そのことを同僚や学生に話したら、誰もそのこと（＝東大本郷キャンパスから東京スカイツリーが見えること）に気がついていなかったのである。つまり、その「像」は目には入っていたはずなのに（＝目の網膜には像を結んでいたはずなのに）、見ていなかったのだ。

ただし、この場合は、テレビ等で東京スカイツリーを何度も見ていて、建設中のその形をよく知っていたので、視界の中の「異物」「刺激」に気がついた途端、「あっスカイツリーだッ」とすぐ声が出るほどに、自分のフレームワークの中にすんなりと収まった例である。目に見える像が、瞬時に「スカイツリー」という単語で説明されたわけだ。こういう場合は「解釈（interpretation）」と呼ばれる。

それに対して、自分のフレームワークに収まらずに、しっくりこないアイテムも存在する。その場合には、それが何なのかにつ

いて、自分のフレームワークに収めるための活動、プロセスが必要になる。それが有意味化＝センスメーキング（sensemaking）なのである（Weick, 1995, ch.1）。それを環境に対して行うのが環境有意味化＝イナクトメントだったわけだ。ワイクによれば、センスメーキングとは、「項目をフレームワークの中に置くこと」（Weick, 1995, p.6 邦訳 p.8）なのだそうだ。

⑺ 有意味化現象により共通目的は回顧的に見出されていく

　このように一般的な有意味化（sensemaking in general）は、①進行中の事象（ongoing events）の流れの中で、②辻褄の合わない、しっくりこない何かをきっかけ（cues）に始まり、③その何かに対して、過去の経験を回顧（retrospect）して光が当てられる。そして、④もっともらしさ（plausibility）のある推測が仕立てられる。組織的なセンスメーキング（organizational sensemaking）であれば、これにさらに、環境有意味化（enactment）、アイデンティティ（identity）、社会的接触（social contact）が加わる（Weick, 1995, ch.1）。

　たとえば、アイデンティティと組織的有意味化の関係をワイク（Weick, 1995, ch.2）にしたがって説明すると、次のような感じになる。われわれは、外出時や人に会う前には、半ば無意識のうちに、鏡に自分の顔や姿を映して、外観をチェックしている。それは、他人に対して見せたい自分の姿、見せたくない自分の姿というものがあり、できるだけ一貫して、他人から好印象を持ってもらいたいから、そうしているのだろう。自分の姿を、意識して自分から鏡に映した場合でも、無意識のうちに鏡に映っていた場合でも、鏡に映った自分の姿は、常に自己概念（self-concept）と比

較しながらチェックされ、そうしたプロセスを繰り返すことで、望ましいアイデンティティを維持しようとするのである。

実は、組織の場合も同じである。ただし、光が鏡で反射されることで姿が見える代わりに、組織的行為が外部の反応を引き起こすことで、自分の組織のイメージが見えてくる。たとえば組織外部の傍観者が「よくもまあ、あんな会社にいられるねぇ」などと否定的な話をするのを聞けば、ちょうど人間が鏡を見ながら身だしなみを整えるように、組織（のメンバー）はアイデンティティを直してでも肯定的な組織イメージになるようにするだろう。

ダットン＝デュケリッチがいうように、人は、「肯定的な組織のイメージを保ち、否定的な組織のイメージを修復するように個人的に動機づけられている」（Dutton & Dukerich, 1991, p.548）のである。このように、自己の確認に失敗したとき、一貫性のある肯定的な自己概念を維持しようとして、有意味化が生じる（Weick, 1995, p.23 邦訳 p.30）。

ストウ（Staw, 1975）は、60人の学生を各々3人からなる20組の集団にランダムに分けて、中規模の電子機器会社の年次報告書を与えて30分で財務的課題を解かせた。結果を発表させた後に、「高成績」か「低成績」の評価をランダムに与えた（ちなみに「高成績」は、売上高の見積額が1万ドル程度しか離れていないという意味）。すると、ランダムに評価されたにもかかわらず、「高成績」とされた集団のメンバーは、「低成績」とされた集団のメンバーと比べて、集団の団結力、影響力、コミュニケーション、変化への対応力、モチベーション、能力、指示の明確性のすべてについて、自分たちの集団を有意に高く評価していたのである。

つまり、偽の結果にもかかわらず、その結果と辻褄が合うよう

に、過去の自分たちの集団の姿を後知恵で評価していたのである。すなわち、「人は理由もなく強化されていく反応に直面するとき、ありもしない構造を発見しようとする。彼らが主にやっていることは発明」なのだ（Weick, 1995, p.84 邦訳 p.114）。

ワイクは、有意味化が回顧的だといっているが、それは、後知恵（hindsight）で過去の経験の意味を考えているということである。それは私が挙げた有意味化の体験事例からも明らかだろう。時間的順序も、ストーリーも、後知恵で再構成されている。そして、予言は当たるのではなく、当てる──自己成就する──のだ。

有意味化の重要な目標は、秩序（order）、明確さ（clarity）、合理性（rationality）の感覚が得られることである（Weick, 1995, p.29 邦訳 p.39）。ミンツバーグのいう「感得された戦略（realized strategy）」（Minzberg, 1978, p.935）もそうだとワイクは指摘する。戦略というフレームワークも、後知恵の産物なのである。経営的な観点から言えば、リーダーとは意味を与える者（sense-giver）であり、そのとき、「戦略」はフレームワークの一つとして用いられる……というようなことになる（Weick, 1995, ch.1）。

以上のような有意味化現象によって、共通目的は回顧的に後になって見出されていくのである。

［終　章］

合目的的組織ができるまで

▼

1 ｜ ほぼ 10 年おきに出現した
　　　組織論重要文献 5 冊

　本書第 1 章でも問題提起したように、そもそも、組織論で扱っている「組織」とはいったい何なのか？　その問いに答える形で、20 世紀に形成されてきた「組織論」を整理してみたい。まず、本書で取り上げてきた組織論の重要文献 5 冊を取り上げ順に並べてみよう。

1938 年　バーナードの『経営者の役割』（Barnard, 1938）

1947 年　サイモンの『経営行動』（Simon, 1947）

1958 年　マーチ＝サイモンの『オーガニゼーションズ』（March & Simon, 1958）

1967 年　トンプソンの『オーガニゼーション・イン・アクション』（Thompson, 1967）

1979 年　ワイクの『組織化の社会心理学（第 2 版)』（Weick, 1979）

こうして並べてみると、まるで里程標（マイルストーン）のように、ほぼ10年おきに出現してきたことが分かる。これらの中でも特に、最初の『経営者の役割』（Barnard, 1938）の果たした役割は大きい。本書第2章で指摘したように、専門経営者バーナードの着想が、後続の大学研究者たち（特にサイモン）の論理的思考の礎になったことは間違いない。たとえば、サイモンを代表するアイデア「限定された合理性」についても、指摘したように、『経営者の役割』の中で既に「個人には、限られてはいるが、重要な選択力（capacity of choice）があるものと考えた」（Barnard, 1938, p.38 邦訳p.39）と、サイモンの『経営行動』よりもむしろ明確な記述があった（Takahashi, 2015a）。

そこで、この章では、Takahashi（2024）に沿って、そのバーナードから始めて、ほぼ半世紀をかけて、バトンをつなぐようにして形成されてきた組織観の変遷を、本書第2章〜第6章での解説の中から抜き出しながら追いかけてみることにしよう。

2 │ 合目的的組織の
バーナード＝サイモン理論

⑴ 合目的的システムだから組織に見える

われわれに組織として見えているもの、それをバーナードは協働システム（coöperative system）と呼んだ。そして、協働システムには、それを構成する多くの具体的な要素やサブシステムを結びつけて、全体として一つの「組織」として機能しているように見せる「何か」があるとし、それを公式組織（formal organization）

と呼んだのである（Barnard, 1938, ch.6）。

　人間だけの集団を考えてみても、それが烏合の衆ではなく、組織に見えるのは、メンバーが合目的的に動いているように見えるからであろう。そこでバーナードは、まず「(1)相互にコミュニケーションできる人々がいて、彼らに(2)貢献意欲があって、(3)共通目的を達成しようとするとき」、公式組織が成立していると考えた（Barnard, 1938, p.82 邦訳 p.85）。

　こうして、バーナードは、コミュニケーション（communication）、共通目的（common purpose）、貢献意欲（willingness to serve）の3つを公式組織の成立条件だと大胆に提示したのである（Barnard, 1938, ch.7）。つまり、公式組織は、共通目的とそれへの貢献意欲の点で、ただの集団とは明らかな違いがあると指摘したわけだ。

　であれば、公式組織が一瞬の存在ではなく、さらにある程度の時間、存続するためには、共通目的に関してはその有効性（effectiveness）、貢献意欲に関しては能率（efficiency）が必要であると、バーナードは考えを進めた。そして、短期的には有効性・能率のどちらかだけでもいいが、寿命が長くなればなるほど両方が必要になると、公式組織の存続条件として有効性、能率を提示したのである（Barnard, 1938, ch.5; ch.7）。

　専門経営者であるバーナードは、そこに経営者としての役割を見出したのだといってもいいだろう。すなわち、相互にコミュニケーションできる人々の集団において、人々の貢献を引き出して共通目的を達成し、達成したらさらに目的を更新・設定し、その合目的的システム（purposive system）を存続・維持することこそが、経営的職能なのだとバーナードは看破したのである（Barnard, 1938, ch.15）。

⑵ 組織は意思決定の連鎖／ネットワーク

ところで、バーナードは、達成しようとする目的によって制約が決まると考えていた。バーナードはコモンズ（Commons, 1934）の影響も受けて次のように主張する。

> もしわれわれが目的達成という見地から、このシステムないし情況の一群に接近すれば（むしろこのように接近するときにのみ）、諸要素ないし諸部分はつぎの二種類に区別されるようになる。すなわち、他の要因が不変のままならば、その要因を取り除くか、あるいは変化させると、めざす目的を達成するような要因と、不変のままの他の要因とである。前者はしばしば制約的要因（limiting factors）と呼ばれ、後者は補完的要因（complementary factors）と呼ばれる（Barnard, 1938, pp.202-203 邦訳 p.212）。

後のワイク（Weick, 1979）の環境有意味化にも通じる発想をしていたわけである。そして、コモンズ（Commons, 1934）の次の部分を引用する（Barnard, 1938, p.204 邦訳 p.214）。

> しかし制約的要因と補完的要因はたえず交代している。制約的要因であったものは、それがひとたびコントロールされると補完的要因となり、他の要因が制約的要因となる（Commons, 1934, p.629）。

バーナードは、制約的要因のことを別の言い方で戦略的要因（strategic factor）とも呼び、「意思決定のために必要な分析とは、

要するに『戦略的要因』を捜し求めることである」（Barnard 1938, p.202 邦訳 p.211）と主張する。つまり、第2章でも述べたように、次から次へと戦略的要因を探索して、それに応じて必要とされる意思決定機会が次々と連鎖反応的に生まれ、意思決定が行われていく。バーナードは、こうした戦略的要因が次々と入れ替わることで生じる意思決定の連鎖を考えていた。

それに対して、サイモンの意思決定の連鎖はちょっと趣が異なる。サイモンにとって、意思決定とは問題解決であり、組織の中で特定のポジションにいるということは、特定のコミュニケーションを受け取ることを意味し、そのことで、たとえば販売部長は、販売部長らしい問題 —— 既に『経営者の役割』（Barnard, 1938, ch.4）で「心理的要因（psychological factors）」と呼び、後に『オーガニゼーションズ』（March & Simon, 1958, ch.6）が「状況定義（definition of the situation）」と呼ぶことになる —— を与えられることになるとサイモンは考えた（Simon, 1957b, p.xvii）。

こうなると、与えられた問題には正解があり、仮に問題が同じであれば、誰が解いても正解は同じになるはずだ。そこでサイモンは、バーナードが補助決定（subsidiary decision）と呼んでいたもの（Barnard, 1938, p.188 邦訳 p.197）を、改めて意思決定前提（premise）と呼び直し、意思決定を「諸前提から結論を引き出す過程」（Simon, 1976, p.xii 邦訳序文 p.8）と定式化したのである。バーナードが考えていた意思決定の連鎖は、サイモンによって、意思決定前提を伝達するコミュニケーションのネットワークのようなものに変質してしまった。

そして、このイメージは『オーガニゼーションズ』でより強化されることになる。同書は、そのほぼ冒頭部分で、次のように主

張する。

> 他の多くの社会的影響過程との対比で、組織内影響過程特有の特性を一つに要約しようとすれば、拡散性（diffuseness）に対して特定性（specificity）である（March & Simon, 1993, p.21 邦訳p.3）。

ここでいう特定性（specificity）には、経路（channel）の特定性だけでなく、内容（content）の特定性も含まれる（March & Simon, 1993, pp.21-22 邦訳pp.3-4）。つまり、噂の拡散性などとは対照的に、組織では、明確に限定された少ない経路で特定の伝達先まで伝えられるし、受け手についても多くのことが知られているので、受け手の反応の予測可能性も高くなる。このことが後にワイクがいう安定した相互連結行動サイクルが成立するための基礎になる。しかも、伝達内容にも特定性があり、やろうと思えば、極端な場合、ほとんど暗号のような共通専門用語を用いることもできる。

⑶ 各意思決定では合目的性が合理性に化ける

このようにサイモンが考えた意思決定の連鎖——というより意思決定のネットワーク——は、バーナードの公式組織成立3条件（コミュニケーション、共通目的、貢献意欲）のうち、コミュニケーションを精緻化したものだったといっていいだろう。では残る2条件を、サイモンはどのように扱ったのか。貢献意欲は、公式組織存続2条件（有効性、能率）の一つである能率と合体させて、組織均衡に昇華させてしまった。

そして、残る共通目的は有効性と合体させた。まず、各意思決定で合目的性をいかに確保するか？　サイモンは、目的・手段連鎖に対応する目的の階層（hierarchy of ends）では、「各層（level）は下の諸層にとっては相対的に目的として考えられ、上の諸層にとっては相対的に手段として考えられる」（Simon, 1976, p.63 邦訳 p.79）とし、それを上から一段一段下りて目的を順次、行動・実施に移していく限りは合目的的だと、次のように説明していた。

　合目的性（purposiveness）の概念には、決定の階段（hierarchy of decisions）の考えが含まれている——この階段を下りる一歩（step）は、その下りる直前の段にある目的の実施にある。行動は、それが一般的目的によって導かれるかぎり合目的的（purposive）であるし、それがあらかじめ選ばれた目的を達成する代替案を選択するかぎり合理的（rational）である（Simon, 1976, p.5 邦訳 p.8）。

そのうえでさらに補足して、「『合理的』のこの定義は正確ではない。第4章でより詳細に論じられよう」（Simon, 1976, p.4 邦訳 p.23）と予告する。サイモンに言わせれば、「目的を達成するためにとる手段が適切な手段かどうかは、純粋に事実的な問題である」（Simon, 1976, p.48 邦訳 p.60）し、「決定は、それが目指している目的が与えられるならば、それが正しいかどうかを決めることができる」（Simon, 1976, p.49 邦訳 p.60）。そして予告通り、その第4章において、「手段」の代わりに、ゲーム理論（von Neumann & Morgenstern, 1944）の「戦略」概念を用いて、

決定の課業は次の三つのステップを含んでいる。(1)すべての代替的戦略を列挙すること。(2)これらの戦略の各々から生ずる結果のすべてを確定すること。(3)これらの結果の集合の比較評価。「すべて」という言葉は故意に用いられている（Simon, 1976, p.67 邦訳p.85）。

と記述し、サイモンはこれを客観的合理性と定義したのである。

　言い換えれば、各意思決定では、人間は、合目的性から姿を変えた合理性に従う必要がある。こうして、バーナードが組織らしさの源と考えた合目的性は、サイモンの意思決定の連鎖／ネットワークでは、各意思決定における合理性へと化けたのである。

　そのうえで、人がすべての自分の代替案とそれらのすべての結果を知ることは明らかに不可能であり、そしてこの不可能性が、実際行動の客観的合理性のモデルからの非常に重要な逸脱となっていると指摘する。すなわち、(1)(2)(3)は、実際の行動では遠く及ばないと否定することで、「限定された合理性（bounded rationality）」を暗示するのである（Simon, 1976, ch.5）。

　素直に理解すれば、(1)(2)(3)の点で、客観的合理性に及ばないものが「限定された合理性」であるということになる（ただし、本書第3章で指摘したように、『経営行動』の元の本文では「限定された合理性」は一度も登場しない）。

　とはいうものの、サイモン自身も認めるように、この論法は脆弱である。なぜなら、この目的の階層が、「単一の枝分かれしていくものとして統合されていることはめったになく、もつれた蜘蛛の巣（a tangled web）状に、弱く不完全にしか連結していない断片的な要素の集合になっている」（Simon, 1976, p.63 邦訳p.79）

からだ。「にもかかわらず、組織も個人も、その行動に何か合理性が残っているとすれば、それはまさしく、この不完全でときどき矛盾している階層なのである」（Simon, 1976, p.64 邦訳 p.81）。

3 | 社会学者トンプソンと心理学者ワイクの挑戦

(1) 合目的的組織ならばテクニカル・コアがあるはず

このように脆弱な目的の階層に代わるものとしてトンプソンが考えたものが、コア・テクノロジーだった。サイモンは合理性を経済的基準で論じたが、トンプソンはさらに手段的基準でも論じようとしたのである（Thompson, 1967, p.14 邦訳 p.19）。

トンプソンは、組織をオープン・システムとしてとらえ、ホメオスタシスのようなものを想定しているのだが、同時に、サイモンのように組織内の人間の行為は合理性の基準に従うとも考えた。つまり、「合理性の基準に従うオープン・システム」（Thompson, 1967, p.11 邦訳 p.15）というのが、トンプソンの組織観なのである。

ここで「ホメオスタシス（homeostasis）」とは——本書第1章でも触れたように——『広辞苑（第7版）』（2018）によれば、いわゆる恒常性のことで、「生物体の体内諸器官が、外部環境（気温・湿度など）の変化や主体的条件の変化（姿勢・運動など）に応じて、統一的・合目的的に体内環境（体温・血流量・血液成分など）を、ある一定範囲に保っている状態、および機能」（p.2715; 下線は筆者による）のことだった。そう、実は、ホメオスタシスの定義の中にも下線部のように「合目的的」が隠れていたのである。

そして、トンプソンは、われわれの日常生活を支えているもの

はランダムな行動ではなく、計画的な行為であり（Thompson, 1967, p.8 邦訳 p.10）、組織の行為は、筋の通ったあるいは合理的なものであると期待される（Thompson, 1967, p.1 邦訳 p.1）とした。

　それでは、いったいどんなときに、ランダムではない、計画的で筋の通った合理的な行為が見られるのか。トンプソンはまず、

　　手段的行為（Instrumental action）は、一方で望む結果（desired outcomes）、他方で原因／結果関係の確信（beliefs about cause/effect relationships）につながっている。望む結果があれば、その実現に必要な変数とその操作方法は、その時の知識状態で示される（Thompson, 1967, p.14 邦訳 p.19）。

とし、そこにテクノロジーすなわち技術的合理性が存在する。そして、その技術的合理性は手段的・経済的の2つの基準によって評価される（Thompson, 1967, p.14 邦訳 p.19）。ここで、引用文中の「望む結果」を「目的（purpose）」に置き換えてみれば、トンプソンが、バーナードのいう制約的要因または戦略的要因に相当する変数を考えていたことが分かる。実際、トンプソンは、バーナードの戦略的要因に言及している（Thompson, 1967, p.148 邦訳 p.211）。

　そして、そうしたテクノロジーの中でも、「個人では操作することが不可能・非実用的なテクノロジーを操作するために、複雑な組織は作られた」（Thompson, 1967, p.15 邦訳 p.20）と考えた。そのため、「すべての合目的的組織（purposive organization）の芯（core）は、一つあるいはそれ以上のテクノロジーからなっている」（Thompson, 1967, p.19 邦訳 p.26）ことになる。

トンプソンは、合理性の基準に従うオープン・システムのコアにある技術的レベルでは、不確実性が極力取り除かれ、クローズド・システムとなったコア・テクノロジーがあり、そこでは技術的合理性が追求されているはずだと考えたのである（Thompson, 1967, pp.10-12 邦訳 pp.13-16）。

(2) 相互連結行動から始まる目的共有、そして有意味化

では、そのテクノロジーは、どうやって形成されてきたのか。ワイクは、まず「意図されてか偶然か、多数の相互連結行動サイクルが組織内で生まれている」（Takahashi, 2024）とする。ここで重要なことは、最初から目的について収斂している必要はないということである。まず、複数の人間が共通手段として相互連結行動を繰り返すようになり、その結果として、安定した相互連結行動サイクルが多数形成される。実際、相互連結行動を行う者にとって、目的を共有することは必ずしも必要ではない。

しかし、ひとたび安定した相互連結行動サイクルが形成されると、それは多様な目的を持った者にも利用可能になることから、より大きなモジュールに組み立てられていくことになる。たとえば、何をしているのかと尋ねられた3人の石工の逸話のように：

最初の石工は「石を切っています」と答えた。二番目の石工は「（建物の土台の）隅石を作っています」と答えた。三番目の石工は「寺院を建てています」と答えた（Deal & Kennedy, 1982, p.41 邦訳 p.72）。

「石を切る」という相互連結行動サイクルは色々な目的で利用

可能である。この場合は建物の隅石を作る目的で使われている。そして、他の行動サイクルと組み合わせていくことで、最終的には寺院を作るという共通目的を達成できることになる。このとき、多様な目的から共通の目的へとシフトしていることが分かる（Takahashi, 2024）。

　メンバーが多様な目的を達成する手段として相互連結行動に収斂すると、多様な目的から共通の目的への微妙なシフトが生ずる。多様な目的は残るが、出現した共有目的に従属するようになる（Weick, 1979, p.92 邦訳 pp.119-120）。

　これがワイクの考える組織化なのである。

4 ｜ 合理性は回顧的

(1) サイモンの合理性は経済的基準

　このように組織化のプロセスで考えれば、合目的性から化けたサイモンの合理性も、そして共通目的自体も、実は事後的に作られたものだったことになる。そしてサイモンも、そのことには薄々気づいていたようだ。そのことを本節では高橋（2012）をベースにしてまとめておこう。

　たとえば、組織の階層構造の中でも、下の方になればなるほど、その意思決定は多分、サイモンが「能率の原則」と呼ぶ次のような基準に則って行われることになるだろう。

　管理の基本的な原則は、「よい」管理の合理的性格からほとん

ど直接に出てくるのであるが、それは、同じ費用のいくつかの代替案の中から管理目的の最大の成果に導く一つがいつも選択されなければならない；また同じ成果ならば、最小の費用の一つが選ばれなければならないということである（Simon, 1976, pp.38-39 邦訳p.47）。

これがサイモンの考える合理性であり、経済的基準で考えていたことがわかる。サイモンの『経営行動』の初版（1947）の第9章「能率の基準」では、

能率の基準は、主に利益目的で導かれる営利組織に適用するのが最も理解しやすい。そのような組織では、能率の基準は、個人が利用できるすべての代替案の中から、最大の純（貨幣）利益を組織にもたらすものの選択を命じる（Simon, 1976, pp.172-173 邦訳p.222）。

と、営利組織への適用は容易だからと横に置いておいて、非営利組織、特に公的組織で成果（results）を測定することの困難さを強調していた（高橋, 2012, p.163）。

しかし、実際に生きている組織の中で、能率の原則を意思決定に用いることには無理がある。事実、初版から50年後の第4版（1997）になると、サイモンは、今度は「第9章のコメンタリー」を追加して（高橋, 2012, p.163）、「企業における結果の測定」と題して、「第9章では公的組織において結果を測定することの困難さをかなり強調し、またビジネス組織の方がより容易であるという議論をしてきた」（Simon, 1997, p.272 邦訳p.421）と話を始めたう

えで、実は、営利組織でも成果を測定することは困難だとして、その難点を列挙しているのである。この難点を逆手にとれば、要するに、ごく短期の限りなく独立した決定問題にまでブレークダウンされていないと「能率の原則」は使えそうにない。

(2) 能率の原則は意思決定の後に使われる

実際、「能率の基準」のように、成果の客観評価だとかにこだわればこだわるほど、副作用と障害がすぐに発生する（高橋, 2004）。次のような光景は、21世紀初頭、成果主義を導入した日本企業では、どこでも日常的に観察された現象である（高橋, 2005, p.24）。

①毎年成果を査定すると明言されれば、誰だって、1年以内に「成果」の出せるような仕事ばかりをやるようになる。

②各人に目標を立てさせて、その達成度を成果として見るなどと書けば、低めの目標を掲げるのが賢い人間というものであろう。高めの目標を掲げるのは馬鹿である。

③客観指標、たとえば成約件数を基準に挙げれば、それだけをピンポイントで狙って件数を稼ごうとして採算度外視で契約をとってくる愚か者が必ず出てくる。

④会社にとってクレーム処理は、それで会社の評判が決まってしまうほど重要な仕事だが、クレームというのは事前に予測できない。どんなクレームが発生するかわからないし、どこが受けるかもわからない。「三遊間ゴロ」を拾うようなものだとある会社の人が言っていたが、課と課、部と部の間で部署間に転がってくるようなクレームをもう誰も拾わなくなる。

⑤いくら客観指標を使ったって、目標の設定に客観的根拠がなければ、その目標値を使った成果の評価が客観的であるわけがない。

　後に、ミュラー（Muller, 2018）は、実績基準、透明性、金銭的報酬への「測定執着（metric fixation）」が好ましくない結果をもたらすと主張する。たとえば、測定され、報酬が与えられるものばかりに注目が集まって、他の重要な活動はないがしろにされるのはどこでも見かける光景だし、測定され、報酬が与えられるものはすべて悪用されるという「法則」が独立別個に発表されてもきた（Muller, 2018, p.19 邦訳p.20）。にもかかわらず、自分の判断に自信を持てない権力者や自分の足跡を残したい新任の経営者、特に外部登用のジョブ・ホッパーは、経験に基づく深い知識を持たないがために、標準化された測定に頼り、それで成果を誇示する傾向がある。

　では、一般に「能率の原則」は無意味なのか？　実は、能率の原則には、本来の使い道があるのである。能率の原則は、本来は、意思決定の際に事前に用いられるものではなく、実は、意思決定の事後に用いられるものなのである（高橋, 2012, p.164）。生きている組織を観察してみれば、生きている組織の中で、意思決定を事後的に正当化・合理化する際に用いられる定義が、まさに「能率の原則」だったのだ。「こっちの方が安い」あるいは「こっちの方がパフォーマンスがいい」という言い方は、実に分かりやすい理屈を提供してくれる。サイモンも次のように付け加えていた。

　実際には、能率の「原則」は、原則というよりはむしろ定義と

考えられるべきである。すなわち、それは「よい」あるいは「正しい」管理行動が意味することの定義である（Simon, 1976, p.39 邦訳 p.47）。

まさしく、それ以上でもなく、それ以下でもない（高橋, 2012, p.166）。

(3) だから会議が開かれる

だから会議が必要なのである。意思決定論の教科書では、複数の選択肢から最適・最善のものを選択するなどともっともらしく書くのだが、実際の企業や組織の中の意思決定では、そんな事例はむしろ少ないだろう（高橋, 2010a, p.57）。実際の多くの意思決定では、そもそも、「これはいい！」という選択肢が一つでも見つかると、その段階で初めて会議やらミーティングやらの「意思決定の機会」を設け、その開催までの期間に、その他の代替案をあくまでも比較対象として用意することが多い（高橋, 2012, pp.166-167）。

なぜそんなことをするのか？　理由は簡単である。合議でものごとを決める際には、なぜこの選択肢を選ぶのかということを皆で納得するために、複数の代替案を比較検討した結果、この選択肢がベストだったということを皆で確認する手続き、すなわち合理化のプロセスが必要だからである。そのとき、この選択肢がベストだと確認するために、能率の原則が活躍することになる（高橋, 2012, p.167）。

したがって、ワンマン経営者の会社では、こんな無駄な手続きは必要のないことも多い。文字通り鶴の一声、社長が「これはい

い！」と言えば、それで十分なので、代替案は1つか2つあれば足りる。実際、日本企業に関しては、こうした決定の仕方と用意する代替案の数に関係があったことも調査データから指摘されてきた（Takahashi & Takayanagi, 1985）。要するに、「合理的な意思決定」とか「合理的な行動」とかは、事後的に説明がつけられるもの、あるいは回顧的に言い訳ができるもののことなのであり、複数の明らかに見劣りするような選択肢を用意しておくことは、たとえそれが事後的であっても、納得性と後々の説明責任を考えると重要な手続きなのである（高橋, 2012, p.167）。

5 │ 共通目的を持った
　　合目的的組織ができるまで

　組織とは何か？　その問いへの答えは、これまで見てきたように、共通目的（common purpose）と合目的性（purposiveness）を軸に整理することができる。バーナードが考えるような共通目的を持った合目的的組織（purposive organization）であれば、脆弱ながらも、共通目的を頂点とした目的の階層に基づく経済的合理性があるはずだとサイモンは考えた。それに対してトンプソンは、合目的的組織であれば、組織のコアにテクノロジーすなわち技術的合理性が存在するはずだと考えた。しかし、人々は最初から共通目的を持っているわけではない。ワイクによれば、安定した相互連結行動サイクルが一度形成されると、それは多様な目的を持った者にも利用可能で、それゆえ、より大きなモジュールへと組み立てることができる。その結果、共通の目的へとシフトしていくのである。

あ と が き

「君の専門は何ですか？」

　若い頃、そう聞かれると、私は必ず「組織論です」と答えていた。実際、学会活動のメインは、ずっと組織学会だったし、大学院進学時に迷うことなく高柳暁先生に師事したのも、あの有名なサイモンの『経営行動』の翻訳者だったからだ。

　だが不思議なことに、1984年に東京大学教養学部の助手（このときは統計学教室の助手だった）として就職し、大学教師としてのキャリアを歩み始めて以来、大学教師生活40年の間で、組織論の授業を持ったのは東京大学教養学部助教授時代に「組織理論」という少人数の半期授業を3年担当しただけ。それ以外は一度もない。東北大学経済学部、東京大学経済学部、そして東大定年退職後の東京理科大学経営学部でも、私は組織論を担当したことがないのである。

　そのせいもあってか、30年に及ぶ東京大学経済学部時代、私のゼミでは、毎年度後期には、組織論の古典を1冊選んで読むようにしてきた。まぁ、私自身の学問的欲求不満のはけ口と言っては、学生さんには申し訳ないが……。その際のテキスト選定の基準は、一人では読む気がしないくらい難解だが、組織論を学んだことのある人なら著者名・書名くらい一度は聞いたことがある有名な古典という基準だった。その中で、生き残った組織論の本、なかには記憶が定かではないが4〜5回もゼミで読んだことのある本が、本書で取り上げた5冊なのである。

　私の若い頃から、バーナード、サイモン、マーチ＝サイモンの3冊は近代組織論を代表する業績として有名だった。だが、トン

プソンとワイクに関しては、それほどの共通認識は得られていないかもしれない。その最大の理由は、近代組織論3冊に関しては、時代的に、解説を書く経営学者が何人もいたのに対して、トンプソンとワイクの時代には、そうした解説を書く経営学者がいなくなってしまったからである。

そして、ワイクより後になると、特に21世紀に入ると、欧米では研究の発表媒体が、ジャーナル（つまり論文）中心になってしまう。まとまった1冊の学術専門書を書いて、自説を世に問う雰囲気はどんどん失われていった。出版社側も、ビジネス書、教科書（リーディングスを含む）以外は商業的に成り立たないという事情があるので、「難解な名著の時代」は終焉を迎えた……と私は感じている。

そして、運よく「難解な名著」としての評価を勝ち得たはずの名著たちも、いまや雑な扱いを受けている。まるで用語辞典・人名辞典のようになってしまった組織論の教科書の中では、普通はせいぜい数行で説明はおしまいである。数ページも解説が書いてあれば稀有な存在で、本書のように1冊の本に50ページ以上も割いて解説を書くような学者、ライターなど、今時は流行らないのだ。でも数ページでは、とても1冊の本の内容を理解できないし、多分、解説を書いた人も、本の内容を要約するだけで精一杯、批判できるほどには読み込んで理解していないはずだ。

経営学や組織論では、文献学という言葉も死語になりつつあるようだが、これまで、数理モデルだ、計量分析だ、事例研究だと好き勝手に研究させてもらってきた私のような人間が、本書のような文献学的な本、しかも1冊に50ページ以上も割いて解説を書くことは、好き勝手やらせてもらってきたことへの罪滅ぼしみた

いなもんだと思う。そして組織論に関しては、こんな本を書く人間は、私が最後になりそうな気がする。

　と自虐的に呟いたら、「なんかカッコイイね」と弾んだ声が返ってきた。妻敦子には、いつも背を押してもらって感謝している。

謝辞：編集者である堀口祐介さんとの付き合いは何十年になるだろう。にもかかわらず、これが堀口さん編集担当の最初の本になる。堀口さんの熱心な勧めがなければ、本書はまず書かれなかっただろう。文字通りの長年のご厚情に心より感謝申し上げたい。

謝辞2：本書のもとになっている何本かの論文は、文部科学省の科学研究費補助金（基盤研究 (C) 17530278・21530351・26380454・19K01857）による研究成果の一部である。ここに記して謝意を表したい。

謝辞3：「謝辞」というより「謝意」かもしれないが、既にお気づきのように、本書では、日本人研究者に敬称をつけずに、いわゆる呼び捨てにしている。もともとは「先生」とか「教授」とかをつけて原稿を書き始めていたのだが、第6章に哲学者の中島義道さんを登場させる段に及んで、敬称はやめることにした。実は、昔、中島さんが「私、いずれは中島義道と呼び捨てにされたいんですよね。だって、外国人の学者はみんな呼び捨てだし、日本人でも本当に偉い先生って、みんな呼び捨てじゃないですか」と言っていたのを覚えていたからである。確かに、敬称がない方が、歴史上の人物のような別格感が生まれて良い。むしろ敬愛の念を込めて、敬称は略させてもらった。

参考文献

- Allport, F. H. (1962) A structuronomic conception of behavior: Individual and collective: I. Structural theory and the master problem of social psychology. *Journal of Abnormal and Social Psychology*, 64 (1), 3-30.
- Ando, F. (2021) The influence of individual and organizational ambidexterity on their interpretations of the workplace. *Annals of Business Administrative Science*, 20 (5), 155-168.
- Ansoff, H. I. (1965) *Corporate strategy.* New York, NY: McGraw-Hill. (広田寿亮訳『企業戦略論』産業能率短期大学出版部, 1969)
- 荒川敏彦 (2001)「ヴェーバーの『殻』概念：『鉄の檻』への疑問」日本社会学会大会.
- 荒川敏彦 (2007)「殻の中に住むものは誰か：『鉄の檻』的ヴェーバー像からの解放」『現代思想』35 (15), 78-97.
- Arthur, W. B. (1994) *Increasing returns and path dependence in the economy.* Ann Arbor, MI: University of Michigan Press. (有賀裕二訳『収益逓増と経路依存：複雑系の経済学』多賀出版, 2003)
- Baker, T., & Nelson, R. E. (2005) Creating something from nothing: Resource construction through entrepreneurial bricolage. *Administrative Science Quarterly*, 50 (3), 329-366.
- Barnard, C. I. (1938) *The functions of the executive.* Cambridge, MA: Harvard University Press. (山本安次郎・田杉競・飯野春樹訳『新訳 経営者の役割』ダイヤモンド社, 1968)
- Barnes, R. M. (1937; 1940; 1949; 1958) *Motion and time study.* New York, NY: John Wiley & Sons. (1937年版の訳：太城藤吉訳『作業動作研究：作業に於ける動作と時間』東洋書館, 1943；1958年版の訳：大坪檀訳『動作・時間研究 (第4版)』日刊工業新聞社, 1960)
- Berelson, B. (1952) *Content analysis in communication research.* New York, NY: Free Press (稲葉三千男・金圭煥訳『内容分析』みすず書房, 1957)
- Burns, T. & Stalker, G. M. (1961) *The Management of innovation.* London, UK: Tavistock.

- Chandler, A. D., Jr. (1962) *Strategy and structure: Chapters in the history of the American industrial enterprise.* Cambridge, MA: MIT Press.（三菱経済研究所訳『経営戦略と組織：米国企業の事業部制成立史』実業之日本社, 1967；有賀裕子訳『組織は戦略に従う』ダイヤモンド社, 2004）
- Cohen, M. D., March, J. G., & Olsen, J. P. (1972) A garbage can model of organizational choice. *Administrative Science Quarterly, 17* (1), 1-25.
- Commons, J. R. (1934) *Institutional economics: Its place in political economy.* New York, NY: Macmillan.
- Cyert, R. M., & March, J. G. (1963) *A behavioral theory of the firm.* Englewood Cliffs, NJ: Prentice-Hall.（松田武彦監訳 井上恒夫訳『企業の行動理論』ダイヤモンド社, 1967）
- Davis, S. M., & Lawrence, P. R. (1977) *Matrix.* Reading, MA: Addison-Wesley.（津田達男・梅津祐良訳『マトリックス経営：柔構造組織の設計と運用』ダイヤモンド社, 1980）
- Deal, T. E., & Kennedy, A. A. (1982) *Corporate cultures: The rites and rituals of corporate life.* Reading, MA: Addison-Wesley.（城山三郎訳『シンボリック・マネジャー』新潮社, 1983；新潮文庫, 1987；［同時代ライブラリー］岩波書店, 1997）
- De Bono, E. (1969) *The mechanism of mind.* New York: Simon and Schuster, London, UK: Cape. (Pelican books edition, Baltimore: Penguin, 1971).（箱崎総一・青井寛訳『頭脳のメカニズム：発想の源泉はどこにあるか』［ブルーバックスB-185］講談社, 1972）
- Deci, E. L. (1975) *Intrinsic motivation.* New York, NY: Plenum Press.（安藤延男・石田梅男訳『内発的動機づけ：実験社会心理学的アプローチ』誠信書房, 1980）
- Dill, W. R. (1958) Environment as an influence on managerial autonomy. *Administrative Science Quarterly, 2* (4), 409-443.
- DiMaggio, P. J., & Powell, W. W. (1983) The iron cage revisited: Institutional isomorphism and collective rationality in organizational fields. *American Sociological Review, 48* (2), 147-160.
- Dollard, J., & Miller, N. E. (1950) *Personality and psychotherapy: An analysis*

in terms of learning, thinking, and culture. New York, NY: McGraw-Hill. (河合伊六・稲田準子訳『人格と心理療法：学習・思考・文化の視点』誠信書房, 1972)

- Duncan, R. B. (1976) The ambidextrous organization: Designing dual structures for innovation. In R. H. Kilmann, L. R. Pondy, & D. P. Slevin (Eds.), *The management of organization design* (Vol.1: Strategies and implementation, ch. 9: pp.167-188). New York, NY: North-Holland.

- Dutton, J. E., & Dukerich, J. M. (1991) Keeping an eye on the mirror: Image and identity in organizational adaptation. *Academy of Management Journal, 34* (3), 517-554.

- Emerson, R. M. (1962) Power-dependence relations. *American Sociological Review, 27* (1), 31-41.

- Fayol, H. (1917) *Administration industrielle et générale*. Paris, FR: Dunod. (佐々木恒男訳『産業ならびに一般の管理』未來社, 1972)[1]

- Fiedler, F. E. (1967) *A theory of leadership effectiveness*. New York, NY: McGraw-Hill. (塚本要・小田川圭甫・金盛晃一・矢崎暢三訳 山田雄一監訳『新しい管理者像の探究』産業能率短期大学出版部, 1970)

- 藤本隆宏 (2001)『マネジメント・テキスト 生産マネジメント入門 Ⅰ：生産システム編』日本経済新聞出版.

- 藤本隆宏 (2002)「生産システムの進化論：トヨタの強さの真の源泉は何か」『赤門マネジメント・レビュー』1 (5), 405-443.

- Gilbreth, F. B., & Gilbreth, L. M. (1917) *Applied motion study: A collection of papers on the efficient method to industrial preparedness*. New York, NY: Sturgis & Walton, London, UK: George Routledge & Sons.

- Gouldner, A. W. (1959) Organizational analysis. In R. K. Merton, L. Broom, & L. S. Cottrell (Eds.), *Sociology today: Problems and prospects* (pp. 400-428). New York, NY: Basic Books.

- Guetzkow, H., & Simon, H. A. (1955) The impact of certain

---

1. 筆者が参照したのは、1979年にDunodから出版されたPierre Morin版で、その奥付には1918年とあるが、佐々木 (1984) の研究により、出版年は1917年だったことが分かっている (佐々木, 1984, pp.241-245)。

communication nets upon organization and performance in task-oriented groups. *Management Science, 1* (3/4), 233-250.

- Gulick, L. H., & Urwick, L. (Eds.) (1937) *Papers on the science of administration.* New York, NY: Institute of Public Administration.
- Hamel, G., & Prahalad, C. K. (1994) *Competing for the future.* Boston, MA: Harvard Business School Press. (一條和生訳『コア・コンピタンス経営：大競争時代を勝ち抜く戦略』日本経済新聞出版, 1995)
- 林周二 (1962)『流通革命：製品・経路および消費者』中公新書.
- Herzberg, F., Mausner, B., & Snyderman, B. B. (1959) *The motivation to work.* New York, NY: John Wiley & Sons.
- Hoops, J. (2003) *False Prophets: The gurus who created modern management and why their ideas are bad for business today.* Cambridge, MA: Perseus. (有賀裕子訳『経営理論 偽りの系譜：マネジメント思想の巨人たちの功罪』東洋経済新報社, 2006)
- 飯野春樹 (1978)『バーナード研究：その組織と管理の理論』文眞堂.
- 乾くるみ (2004; 2007)『イニシエーション・ラブ』原書房；(文春文庫) 文藝春秋.
- 岩隈直 (訳註) (1990)『希和対訳脚註つき新約聖書13 ヨハネ黙示録』山本書店.
- 蟹江篤子編 (1977)『夜と万年筆：ミッドナイト東海・朗読コーナーの本』有文社.
- Kelley, H. H. (1968) Interpersonal accommodation. *American Psychologist, 23* (6), 399-410.
- Koontz, H. (1961) The management theory jungle. *Journal of the Academy of Management, 4* (3), 174-188.
- Koontz, H., & O'Donnell, H. (1955) *Principles of management: An analysis of management functions.* New York, NY; McGraw-Hill.
- Kuhn, T. S. (1962; 1970; 1996) *The structure of scientific revolutions.* Chicago, IL: University of Chicago Press. (初版 [1962] の翻訳に改訂と補章を加えたもの：中山茂訳『科学革命の構造』みすず書房, 1971)
- Kuwashima, K., Inamizu, N., & Takahashi, N. (2020) In search of

ambidexterity: Exploration and bricolage. *Annals of Business Administrative Science, 19* (4), 127-142.

- Lave, J., & Wenger, E. (1991) *Situated learning: Legitimate peripheral participation.* Cambridge, UK; New York, NY: Cambridge University Press. (佐伯胖訳『状況に埋め込まれた学習：正統的周辺参加』産業図書, 1993)

- Lawrence, P. R., & Lorsch, J. W. (1967a) Differentiation and integration in complex organizations. *Administrative Science Quarterly, 12* (1), 1-47.

- Lawrence, P. R., & Lorsch, J. W. (1967b) *Organization and environment: Managing differentiation and integration.* Cambridge, MA: Harvard University Press. (吉田博訳『組織の条件適応理論：コンティンジェンシー・セオリー』産業能率短期大学出版部, 1977)

- Lévi-Strauss, C. (1962) *La Pensée sauvage.* Paris, FR: (Agora) Plon. (大橋保夫訳『野生の思考』みすず書房, 1976)

- Levine, S., & White, P. E. (1961) Exchange as a conceptual framework for the study of interorganizational relationships. *Administrative Science Quarterly, 5* (4), 583-601.

- Levinthal, D. A., & March, J. G. (1993) The myopia of learning. *Strategic Management Journal, 14* (S2), 95-112.

- Lewin, K. (1935) *A dynamic theory of personality: Selected papers* (Donald K. Adams & Karl E. Zener, trans.). New York, NY: McGraw-Hill (相良守次・小川隆訳『パーソナリティの力学説』岩波書店, 1957)

- Lowry, S. M., Maynard, H. B., & Stegemerten, G. J. (1927; 1932; 1940) *Time and motion study and formulas for wage incentives.* New York, NY: McGraw-Hill. (野田信夫・加藤威夫訳『時間研究による作業標準決定法』マネジメント社, 1932)

- Luce, R. D., & Raiffa, H. (1957) *Games and decisions: Introduction and critical survey.* New York, NY: John Wiley & Sons.

- March, J. G. (1991) Exploration and exploitation in organizational learning. *Organization Science, 2* (1), 71-87.

- March, J. G., & Simon, H. A. (1958; 1993) *Organizations.* (1st ed.) New

York, NY: John Wiley & Sons. (2nd ed.) Cambridge, MA: Blackwell.（初版の訳：土屋守章訳『オーガニゼーションズ』ダイヤモンド社, 1977；第2版の訳：高橋伸夫訳『オーガニゼーションズ 第2版：現代組織論の原典』ダイヤモンド社, 2014）

・的川泰宣（2000）『月をめざした二人の科学者：アポロとスプートニクの軌跡』（中公新書1566）中央公論新社.

・Maynard, H. B., Stegemerten, G. J., & Schwab, J. L. (1948) *Methods-time measurement.* New York, NY: McGraw-Hill.（林茂彦訳『MTMメソッド〜タイム設定法』技報堂, 1956）

・Merton, R. K. (1938) Social structure and anomie. *American Sociological Review, 3* (5), 672-682.

・Merton, R. K. (1940) Bureaucratic structure and personality. *Social Forces, 18* (4), 560-568. (Merton, R. K. [1957] *Social theory and social structure.* (Rev. and enl. Ed., ch.6: pp.195-206). NewYork, NY: Free Press.（森東吾・森好夫・金沢実・中島竜太郎共訳『社会理論と社会構造』みすず書房, 1961に第6章「ビューロクラシーの構造とパースナリティ」[pp.179-189] として所収）

・Merton, R. K. (1949) Social structure and anomie: Revision and extensions. In R. N. Anshen (Ed.), *The family: Its function and destiny* (pp.226-257). New York, NY: Harper & Row.

・Merton, R. K. (1957) Social structure and anomie. In R. K. Merton, *Social theory and social structure* (Rev. and enl. Ed., ch.4: pp.131-160). New York, NY: Free Press.（森東吾・森好夫・金沢実・中島竜太郎訳『社会理論と社会構造』みすず書房, 1961に第4章「社会構造とアノミー」[pp.121-148] として所収）

・Miller, N. E. (1944) Experimental studies of conflict. In J. McV. Hunt (Ed.), *Personality and the behavior disorders: A handbook based on experimental and clinical research.* Vol. 1 (pp.431-465). New York, NY: Ronald Press.

・Miller, N. E., & Dollard, J. (1941) *Social learning and imitation.* New Haven, CT: Yale University Press.（山内光哉・祐宗省三・細田和雅訳『社会的学習と模倣』理想社, 1956. 翻訳では、「ニール・E・ミラー, ジョン・ド

ラード, エール大学人間関係研究所共著」とされている)

- Minzberg, H. (1978) Patterns in strategy formation. *Management Science, 24* (9), 934-948.
- Mitomi, Y., & Takahashi, N. (2015) A missing piece of mutual learning model of March (1991). *Annals of Business Administrative Science, 14* (1), 35-51.
- Mitzman, A. (1970) *The iron cage: An historical interpretation of Max Weber.* New York, NY: Alfred A. Knopf. (安藤英治訳『鉄の檻：マックス・ウェーバー 一つの人間劇』創文社, 1975)
- Muller, J. Z. (2018) *The tyranny of metrics.* Princeton, NJ: Princeton University Press. (松本裕訳『測りすぎ：なぜパフォーマンス評価は失敗するのか？』みすず書房, 2019)
- 中井和夫「私家版辞典 チェルノブイリ」『朝日新聞』1987年2月10日夕刊7面.
- 中島義道 (2014)『東大助手物語』新潮社.
- 中屋敷均 (2022)『遺伝子とは何か？：現代生命科学の新たな謎』(ブルーバックス B-2198) 講談社.
- 押川春浪 (1900)『海島冒険奇譚 海底軍艦』
  - http://www.aozora.gr.jp/cards/000077/files/1323_36134.html
- 大塚久雄 (1938)『株式会社発生史論』有斐閣.
- 折原浩 (1969)『危機における人間と学問：マージナル・マンの理論とウェーバー像の変貌』未來社.
- 折原浩 (1996)『ヴェーバー「経済と社会」の再構成：トルソの頭』東京大学出版会.
- Parsons, T. (1960) *Structure and process in modern societies.* New York, NY: Free Press.
- Penrose, E. T. (1959; 1980; 1995) *The theory of the growth of the firm.* Oxford, UK: Basil Blackwell. 3rd ed. Oxford, UK: Oxford University Press. (第2版の訳：末松玄六訳『会社成長の理論 (第2版)』ダイヤモンド社, 1980；第3版の訳：日髙千景訳『企業成長の理論 (第3版)』ダイヤモンド社, 2010. 引用の邦訳のページ数は第3版の訳による)

- Pfeffer, J., & Salancik, G. R. (1978) *The external control of organizations: A resource dependence perspective*. New York, NY: Harper & Row.
- Porac, J. F., Thomas, H., & Baden-Fuller, C. (1989) Competitive groups as cognitive communities: The case of Scottish knitwear manufacturers. *Journal of Management Studies, 26*(4), 397-416.
- Prahalad, C. K., & Bettis, R. A. (1986) The dominant logic: A new linkage between diversity and performance. *Strategic Management Journal, 7*(6), 485-501.
- Rumelt, R. P. (1974) *Strategy, structure, and economic performance*. Boston, MA: Harvard Business School Press.（鳥羽欽一郎・山田正喜子・川辺信雄・熊沢孝訳『多角化戦略と経済成果』東洋経済新報社, 1977）
- 佐々木恒男 (1984)『アンリ・ファヨール：その人と経営戦略、そして経営の理論』文眞堂.
- Sayer, D. (1991) *Capitalism and modernity: An excursus on Marx and Weber*. London, UK; New York, NY: Routledge.（清野正義・鈴木正仁・吉田浩・栗岡幹英訳『資本主義とモダニティ：マルクスとウェーバーによる知的探検』晃洋書房, 1993）
- Schumpeter, J. A. (1934) *The theory of economic development: An inquiry into profits, capital, credit, interest, and the business cycle*. Cambridge, MA: Harvard University Press.（塩野谷祐一・中山伊知郎・東畑精一訳『経済発展の理論（上・下）』岩波文庫, 1977）
- Selznick, P. (1949) *TVA and the grass roots: A study in the sociology of formal organization*. Berkeley, CA: University of California Press, London, UK: Cambridge University Press.
- 白樫三四郎 (1994)「フレッド・E. フィードラー：人と業績」『大阪大学人間科学部紀要』20, 71-106.
- Simon, H. A. (1945) Book Review: Theory of Games and Economic Behavior. By John von Neumann, Oskar Morgenstern. *American Journal of Sociology, 50*(6), 558-560.
- Simon, H. A. (1947; 1957b; 1976; 1997) *Administrative behavior: A study of decision-making processes in administrative organization*. New York, NY:

Macmillan. 3rd and 4th (eds.). New York, NY: Free Press. (第2版の訳：松田武彦・高柳曉・二村敏子訳『経営行動』ダイヤモンド社, 1965；第3版の訳：松田武彦・高柳曉・二村敏子訳『経営行動：経営組織における意思決定プロセスの研究』ダイヤモンド社, 1989；第4版の訳：二村敏子・桑田耕太郎・高尾義明・西脇暢子・高柳美香訳『【新版】経営行動：経営組織における意思決定過程の研究』ダイヤモンド社, 2009)

- Simon, H. A. (1957a) *Models of man: Social and rational: Mathematical essays on rational human behavior in a social setting.* New York, NY: John Wiley & Sons. (宮沢光一監訳『人間行動のモデル』同文館, 1970)

- Simon, H. A. (1960; 1965; 1977) *The new science of management decision,* 1st ed. and revised (3rd) ed. (*The shape of automation,* 2nd ed.). Englewood Cliffs, NJ: Prentice-Hall. (第3版の訳：稲葉元吉・倉井武夫訳『意思決定の科学』産業能率大学出版部, 1979)

- Simon, H. A. (1991) *Models of my life.* New York, NY: Basic Books. (安西祐一郎・安西徳子訳『学者人生のモデル』岩波書店, 1998)

- Staw, B. M. (1975) Attribution of the "causes" of performance: A general alternative interpretation of cross-sectional research on organizations. *Organizational Behavior and Human Performance, 13* (3), 414-432.

- Takahashi, N. (1986) On the principle of unity of command: Application of a model and empirical research. *Behavioral Science, 31* (1), 42-51.

- Takahashi, N. (1987) *Design of Adaptive Organizations: Models and Empirical Research.* Lecture Notes in Economics and Mathematical Systems 291. Berlin, GW; Heidelberg, GW; New York, NY: Springer-Verlag.

- Takahashi, N. (1989) *Organizational activation: A theory and assessment.* Discussion Paper No. TM&ARG-16, Faculty of Economics, Tohoku University.

- Takahashi, N. (1992a) An evaluation of organizational activation. *Omega, 20* (2), 149-159.

- 高橋伸夫 (1992b)『経営統計入門：SASによる組織分析』東京大学出版会. 著者版 (全文PDF) https://doi.org/10.15083/00074153

- 高橋伸夫 (1992c)「日本企業におけるやり過ごし」『組織科学』*26* (3),

21-32.

- 高橋伸夫（1993）『組織の中の決定理論』朝倉書店.著者版（全文PDF）https://doi.org/10.15083/00074817
- 高橋伸夫（1994）「モデル：ジャンケンを通して見る意思決定の戦略」小林康夫・船曳建夫編『知の技法』東京大学出版会, 147-157.
- 高橋伸夫（1995; 2003; 2006b; 2016a）『経営の再生：戦略の時代・組織の時代』（初版；新版；第3版；第4版）有斐閣.
- 高橋伸夫（1996；2002ｂ）『できる社員は「やり過ごす」』ネスコ／文藝春秋；（日経ビジネス人文庫）日本経済新聞出版.
- 高橋伸夫（1997）『日本企業の意思決定原理』東京大学出版会.著者版（全文PDF）https://doi.org/10.15083/00074167
- 高橋伸夫（1998）「組織ルーチンと組織内エコロジー」『組織科学』32（2）, 54-77.
- 高橋伸夫編（2000）『超企業・組織論：企業を超える組織のダイナミズム』有斐閣.
- 高橋伸夫（2002a）「ペンローズ『会社成長の理論』を読む」『赤門マネジメント・レビュー』1（1）, 105-124.
- 高橋伸夫（2004; 2010b）『虚妄の成果主義：日本型年功制復活のススメ』日経BP；（ちくま文庫）筑摩書房.
- 高橋伸夫（2005）『〈育てる経営〉の戦略：ポスト成果主義への道』（講談社選書メチエ）講談社.
- 高橋伸夫（2006a）「ぶらり日本語 やり過ごし」『日本語学』25（2）, 4-5.
- 高橋伸夫（2007; 2020b）『コア・テキスト 経営学入門』（初版；第2版）新世社.
- 高橋伸夫（2008）「『限定された合理性』はどこに：経営学輪講 Simon（1947, 1957, 1976, 1997）」『赤門マネジメント・レビュー』7（9）, 687-706.
- 高橋伸夫（2009）「組織化とは何か？：経営学輪講 Weick（1979）」『赤門マネジメント・レビュー』8（5）, 233-262.
- 高橋伸夫（2010a）『組織力：宿す、紡ぐ、磨く、繋ぐ』（ちくま新書

842) 筑摩書房.

- 高橋伸夫 (2010c)『ダメになる会社：企業はなぜ転落するのか?』(ちくま新書875) 筑摩書房.
- 高橋伸夫 (2012)「殻：(7) センスメーキング」『赤門マネジメント・レビュー』11 (3), 145-172.
- 高橋伸夫 (2013a)『殻：脱じり貧の経営』ミネルヴァ書房.
- 高橋伸夫 (2013b)「ランダムではない行為の中に組織を見出す：経営学輪講 Thompson (1967)」『赤門マネジメント・レビュー』12 (4), 327-348.
- Takahashi, N. (2015a) Where is bounded rationality from? *Annals of Business Administrative Science, 14* (2), 67-82.
- 高橋伸夫 (2015b)『経営学で考える』有斐閣.
- Takahashi, N. (2016a) Strategy and structure follow technology: A spinout proposition of J. D. Thompson's *Organizations in Action. Annals of Business Administrative Science, 15* (1), 15-27.
- 高橋伸夫 (2016b)『大学4年間の経営学が10時間でざっと学べる』KADOKAWA.
- 高橋伸夫 (2020a)「日本における組織のシミュレーション研究」『赤門マネジメント・レビュー』19 (3), 77-98.
- 高橋伸夫 (2021)『コア・テキスト 経営学キーワード』新世社.
- Takahashi, N. (2023) On the "yarisugoshi" phenomenon found in the situation where "decision making by flight" of the garbage can model occurs. *Annals of Business Administrative Science, 22* (5), 59-74.
- Takahashi, N. (2024) Where lies an organization's purposiveness? *Annals of Business Administrative Science, 23* (2), 21-34.
- Takahashi, N., Ohkawa, H., & Inamizu, N. (2014) Spurious correlation between self-determination and job satisfaction: A case of Company X from 2004-2013. *Annals of Business Administrative Science, 13* (5), 243-254.
- 高橋伸夫・大川洋史・稲水伸行・秋池篤 (2013)「組織の打診調査法」『組織科学』47 (2), 4-14.
- Takahashi, N., & Takayanagi, S. (1985) Decision procedure models and

empirical research: The Japanese experience. *Human Relations, 38* (8), 767-780.

- Taylor, F. W. (1903) Shop management. *Transactions of the American Society of Mechanical Engineers, 24,* 1337-1480 (No.1003). (上野陽一訳・編『科学的管理法』産業能率短期大学出版部, 1969に「Ⅱ工場管理法」[pp.41-219] として所収)

- Taylor, F. W. (1911) *The principles of scientific management.* New York, NY: Harper & Brothers. Reissued 1967 by New York, NY: W. W. Norton. (上野陽一訳・編『科学的管理法』産業能率短期大学出版部, 1969に「Ⅲ科学的管理法の原理」[pp.221-336] として所収)

- Taylor, F. W. (1947) *Scientific management.* New York, NY: Harper & Brothers.

- Thompson, J. D. (1967; 2003) *Organizations in action: Social science bases of administrative theory.* New York, NY: McGraw-Hill. New Brunswick, NJ: Transaction. (1967年版の訳：高宮晋監訳 鎌田伸一・新田義則・二宮豊志訳『オーガニゼーション・イン・アクション：管理理論の社会科学的基礎』同文舘出版, 1987；2003年版の訳：大月博司・廣田俊郎訳『行為する組織：組織と管理の理論についての社会科学的基盤』同文舘出版, 2012)

- Tushman, M. L., & O'Reilly, C. A. (1996) Ambidextrous organizations: Managing evolutionary and revolutionary change. *California Management Review, 38* (4), 8-30.

- Velupillai, K. V. (2018) *Models of Simon.* London, UK；New York, NY: Routledge.

- Verne, J. (1869; 1870) *Vingt mille lieues sous les mers.* Paris, FR: Hetzel. (朝比奈美知子訳『海底二万里 (上・下)』岩波文庫, 2007)

- Viteles, M. S. (1953) *Motivation and morale in industry.* New York, NY: W. W. Norton. (London, UK: Staples Press 版 [1954] もある)

- von Bertalanffy, L. (1968) *General system theory: Foundations, development, applications.* New York, NY: George Braziller. (長野敬・太田邦昌訳『一般システム理論』みすず書房, 1973)

- von Neumann, J., & Morgenstern, O. (1944; 2004) *Theory of games and economic behavior*, 1st ed. and 60th anniversary ed. Princeton, NJ: Princeton University Press. (銀林浩・橋本和美・宮本敏雄監訳『ゲームの理論と経済行動（全5巻）』東京図書, 1972-1973；ちくま学芸文庫（全3巻）, 2009；武藤滋夫訳『ゲーム理論と経済行動：刊行60周年記念版』勁草書房, 2014)

- Vroom, V. H. (1964) *Work and motivation*. New York, NY: John Wiley & Sons. (坂下昭宣・榊原清則・小松陽一・城戸康彰訳『仕事とモティベーション』千倉書房, 1982)

- Wallace, A. F. C. (1961) *Culture and personality*. New York, NY: Random House.

- Weber, M. (1921-1922) Bürokratie. *Grundriss der Sozialökonomik*, III. Abteilung, *Wirtschaft und Gesellschaft*, Tübingen, GW: Verlag von J. C. B. Mohr (SS. 650-678)[2]. (阿閉吉男・脇圭平訳『官僚制』（角川文庫1545）角川書店, 1958)

- Weick, K. E. (1969; 1979) *The social psychology of organizing*. (1st；2nd eds.). Reading, MA: Addison-Wesley. (2nd ed. は 他 に New York, NY: McGraw-Hill と New York, NY: Random House からも出版されている) (初版の訳：金児暁嗣訳『組織化の心理学』誠信書房, 1980；第2版の訳：遠田雄志訳『組織化の社会心理学（第2版）』文眞堂, 1997)

- Weick, K. E. (1995) *Sensemaking in organizations*. Thousand Oaks, CA:

---

2. 『経済と社会』(*Wirtschaft und Gesellschaft*) は、ウェーバーの没後1921～1922年に4分冊で出版された。折原 (1996, p.5) によれば、マックス・ウェーバーが1920年に亡くなった際に遺した『経済と社会』の未定稿は次の2束だった。(A) 1911～1913年頃に執筆したが、第一次世界大戦勃発のため日の目を見ず、執筆後若干の補足がなされただけの「旧稿」634ページ。(B) 第一次世界大戦終了後、「旧稿」を素材に大幅な改訂をし、途中まで脱稿し、一部分は校正まで済ませ、第1分冊として刊行しようとしていた「改訂稿」180ページ。そこで、まず (B)「改訂稿」の方が予定通り第1分冊となって出版され、『社会と経済』第1部となった。残る (A)「旧稿」は妻マリアンネによって第2部・第3部に編纂されて、後続の第2・3・4分冊として出版された。筆者が参照したドイツ語の原典はTübingen: Verlag von J. C. B. Mohrから1947年に出版された『社会経済学綱要 (*Grundriss der Sozialökonomik*)』第3版 (Dritte Auflage) の 第III部 (III. Abteilung)『社会と経済』(2分冊) の第2分冊 (2. Halbband) に所収された第3部 (Dritter Teil)「支配の諸類型 (Typen der Herrschaft)」の第6章「官僚制 (Bürokratie; 目次ではBureaukratie)」pp.650-678 (2分冊通しページ数) である。

Sage Publications.（遠田雄志・西本直人訳『センスメーキング イン オーガニゼーションズ』文眞堂, 2001）

- Wiener, N. (1948[3]; 1961) *Cybernetics: Or control and communication in the animal and the machine.* New York, NY: John Wiley & Sons, Paris, FR: Hermann et Cie. 2nd (ed.). Cambridge, MA: MIT Press.（初版の訳：池原止戈夫・彌永昌吉・室賀三郎訳『サイバネティックス：動物と機械における制御と通信』岩波書店, 1957；第2版の訳：池原止戈夫・彌永昌吉・室賀三郎・戸田巌訳『サイバネティックス：動物と機械における制御と通信』岩波書店, 1962；岩波文庫, 2011）

- Williamson, O. E. (1975) *Markets and hierarchies: Analysis and antitrust implications.* New York, NY: Free Press.（浅沼萬里・岩崎晃訳『市場と企業組織』日本評論社, 1980）

- Williamson, O. E. (Ed.) (1990) *Organization theory: From Chester Barnard to the present and beyond.* New York, NY: Oxford University Press.（飯野春樹監訳 磯村和人・岩田浩・田中求之・西岡健夫・庭本佳和・藤井和弘訳『現代組織論とバーナード』文眞堂, 1997）

- Woodward, J. (1965) *Industrial organization: Theory and practice.* London, UK: Oxford University Press.（矢島鈞次・中村寿雄訳『新しい企業組織：原点回帰の経営学』日本能率協会, 1970）

- 山之内靖 (1997)『マックス・ヴェーバー入門』（岩波新書503）岩波書店.

- 安田雪・高橋伸夫 (2007)「同型化メカニズムと正統性：経営学輪講 DiMaggio and Powell (1983)」『赤門マネジメント・レビュー』6 (9), 425-432.

- 山田卓生・河内宏・安永正昭・松久三四彦 (2018)『民法Ⅰ総則（第4版補訂）』有斐閣.

- 横田理博 (2011)『ウェーバーの倫理思想：比較宗教社会学に込められた倫理観』未來社.

---

3. 初版の出版年はコピーライト的には1947年であるが、著者自らによる「日本語版へのまえがき」によれば「この書物Cyberneticsを書いたのは1947年、それが出版されたのは、1948年でありました」とあり、翻訳でも1948年とされているので、1948年を採用した。

Weber (1920) について

Weber (1920) は『プロテスタンティズムの倫理と資本主義の精神 (*Die protestantische Ethik und der Geist des Kapitalismus*)』のことであるが、複雑な事情があるので、具体的にどの文献を指すのかを解説しておく。『プロテスタンティズムの倫理と資本主義の精神』は、『宗教社会学論文集 (*Gesammelte Aufsätze zur Religionssoziologie*)』の第1巻として本になって1920年に出版されたが、もともとは、1904/1905年に『社会科学・社会政策雑誌 (*Archiv für Sozialwissenschaft und Sozialpolitik*)』Vol.20, pp.1-54/Vol.21, pp.1-110に発表された同名の原論文「プロテスタンティズムの倫理と資本主義の『精神』("Die protestantische Ethik und der >>Geist<< des Kapitalismus")」に改訂を加えたものとされている。論文から本になるときに、原論文にどのような改訂が施されたかについては、梶山訳・安藤編 (ウェーバー, 1920/1994) が、1920年の本と1904/1905年の原論文とを対比して読めるように訳している。

また、1920年に本として出版される際に、その書名から1904/1905年の原論文のタイトルにあった精神Geistの引用符が脱落している。こうした混乱は、ウェーバーがWeber (1920) の改訂と校正までは手がけたものの、その間に肺炎を患って、刊行を見届けることなく1920年に急逝したことも原因といわれる。なお、本書で引用している大塚訳 (ヴェーバー, 1920; 1988; 1989; 1991) では、その裏表紙や訳者序文の冒頭でWeber (1920) の邦訳であるとしているにもかかわらず、書名の中でわざわざ>>Geist<<と引用符をつけて、論文と同じ表記にしているが、その理由は分からない。

本書では、1920年出版の本の方の『プロテスタンティズムの倫理と資本主義の精神』を引用することにするが、本書での邦訳の引用ページ数は、特にことわりのない限り、ワイド版岩波文庫の大塚久雄訳 (ヴェーバー, 1920/1991) によっている。ドイツ語の原典のページ数は、Weber (1920) と同じ出版社から1934年に出版された版が私の手元にあるので、その版によっている。

・Weber, Max (1920) *Die protestantische Ethik und der Geist des Kapitalismus.*

Tübingen, GW: Verlag von J. C. B. Mohr.

- Weber, Max (1930) *The Protestant ethic and the spirit of capitalism*. (Talcott Parsons, Trans.). New York, NY: Charles Scribner's Sons. (Original work published 1920)
- ウェーバー, マックス (1938)『プロテスタンティズムの倫理と資本主義の精神』(梶山力訳).有斐閣. (原著1920年)
- ウェーバー, マックス (1955-1962)『プロテスタンティズムの倫理と資本主義の精神 (上・下)』(梶山力・大塚久雄訳). (岩波文庫5392-5393) 岩波書店. (原著1920年).
- ヴェーバー, マックス (1988; 1989; 1991)『プロテスタンティズムの倫理と資本主義の精神』(大塚久雄訳). 岩波書店, (岩波文庫), (ワイド版岩波文庫91). (原著1920年)
- ウェーバー, マックス (1994)『プロテスタンティズムの倫理と資本主義の《精神》』(梶山力訳・安藤英治編). 未來社. (原著1920年)

　ちなみに、パーソンズの英訳は1930年に英国で出版されたが、私の手元にある第2刷が出版されたのは1948年で、なんと増刷に18年もかかっている。なお21世紀に入って、コールバーグ (Stephen Kalberg) による新英訳が、何度か版を改めてマイナーな出版社から出版された後、最終的に2011年にOxford University Pressから出版されている。コールバーグの新英訳の版の関係は複雑なので、高橋 (2013a) 第1章の章末付録を参照のこと。

- Weber, M. (2011) *The Protestant ethic and the spirit of capitalism* (Revised 1920 ed.) (Stephen Kalberg, trans.). New York, NY; Oxford, UK: Oxford University Press. (Original work published 1920)

事項索引

〈 英数字 〉

3つの状況標準化　245
ENIAC　99, 150, 213, 223, 224
ESR連鎖　309, 310
LPC尺度　281, 282
LPC得点　281, 282
PDCAサイクル　31
POSDCORB　31
QCD　117
T型フォード　247

〈 ア行 〉

アイデンティティ　333
あいまい性　273
アセスメント　263
後知恵　335
アフォーダンス　315
アポロ11号　23
アポロ計画　23, 322, 323
安定した互恵構造　298
意思決定者・問題解決者　179
意思決定前提　99, 101, 117, 151, 340
意思決定における事実と価値　139
意思決定の環境　97
意思決定の機会　351
意思決定のネットワーク　341
意思決定の連鎖　92, 95, 101, 108, 339〜341, 343
意思決定モデル　232
意思決定連鎖の基盤　95
依存関係　249
依存性　296
依存反応パターン　297
一体化　181
──度　180, 181, 185

逸脱・減衰ループ　294
逸脱・増幅ループ　294
逸脱的行動　187
──の社会的文化的原因の分析　184
一定貨幣額をもってするソキエタス　47
一般化不確実性　272, 273
一般システム理論　225
一般相対性理論　222
イナクトメント　284, 304, 306〜316, 333
イノベーション　214, 216, 219, 221
──のグレシャムの法則　216
──の制度化　216
意味を与える者　335
因果回路　293〜295
因果マップ　293, 307, 308, 313
因果ループ　291, 293〜295
インダストリアル・エンジニアリング（IE）　19
ウェーバーの官僚制　36
衛生要因　94
営利企業　10
営利組織　348, 349
遠心的有意味化　312
『オーガニゼーションズ』の主張　187
『オーガニゼーションズ』の組織観　170
『オーガニゼーションズ』の成り立ち　221
オープン・システム　240, 242, 344, 346
──戦略　239
──のホメオスタシス　239
思い出しやすさ　308

〈 カ行 〉

会計的職能　28
回顧　333
解釈　332
階層的取引　109, 111
外的報酬の効果　79
「回避・回避」葛藤　202
科学的管理法　11, 17, 18, 21, 93,
　179, 238, 243
科学的思考　220
科学としての管理論　134
限られてはいるが重要な選択力　65
隠された投資　269
拡散性　170, 341
確実同値額　274
学習の近視眼　219
革新　185, 187
確信の度合　266
拡大化　253
拡大方向　253
隔離機能　45, 48, 50
固い結合　309
価値体系　143
価値判断　139, 140
葛藤　198
──行動理論　199
──の3類型　198
カーネギー学派　232
可能な結果に関する選好　266
株式会社　49
環境のセンスメーキング　316
環境有意味化　107, 284, 306, 308,
　310, 312〜314, 316, 333, 339
環境要素　273
緩衝化・平準化・標準化　246
完全組織　89
感得された戦略　335
管理階層　271
管理過程　112, 113
──学派　32

──論　32, 55
管理原則　25, 29, 31, 133, 134
管理行動における合理性　142, 156
管理サイクル　31
管理職能　112
──論　55
管理責任の性質　104, 113
管理的決定の心理　145, 157
管理的職能　29
管理人　135
官僚主義的な儀礼主義　185
官僚制　32, 37, 39, 238, 243, 267
──のイメージ　33
──の機能と逆機能　35
──の逆機能　188, 189
──の特質　34
管理論　238, 243
──への教訓　151
関連表（分割表）　278
機会主義　104〜106, 108, 110, 111
──的行動　104
──要因　104
──の理論　104, 113
機械的管理システム　276
企業形態論　46
企業内取引　111
企業の起源　46
企業の境界　253
機構　235
──（組織）は戦略に従う　235, 237
技術的合理性　241, 242, 244, 257,
　345, 346
──のアセスメント　262
──の手段的基準　243
技術的職能　28
技術的要件　231
期待効用　266
──理論　206
期待損失　266
期待理論　191, 192
きっかけ　333

技能専門化　258
客観的合理性　65, 142〜147, 151,
　152, 343
境界活動　261
境界線　252
境界単位　245
境界としての企業　45, 252
境界要素　260
競争戦略　249
共通手段　331
共通目的　85〜88, 301, 302, 331,
　333, 335, 338, 341, 342, 347, 352
――を持った合目的的組織　352
協働行為の諸原則　80, 81
協働システム　51, 56, 58, 76, 337
――内の個人間相互作用　75
――における心理的および社会的要因
　75
――における物的および生物的制約
　65
協働戦略　249
協働的影響の対象としての個人　76
共有依存性　258, 259
共有目的　302
協力ゲーム　203, 265
キリスト教的な禁欲　39
金銭的・物質的誘因　93, 94
近代組織論　52, 174, 232
――の創始者　54, 55, 115
組立ルール　302
グレシャムの法則　215
クロス表　278
クローズド・システム　241, 242, 346
――戦略　238, 239
――の論理に基づいたコア・テクノロ
　ジー　242
経営職能　112
経営人　134, 135, 210
――の合理的選択　210
経営的職能　338
計画的な行為　345

計画のグレシャムの法則　214〜216
経済人　134, 210
――的合理性　64
――の意思決定　212
経済的基準　244, 257
計算的決定戦略　266
系列取引　111
経路　341
――の特定性　170, 171
結合機能　51
結託　265
――マネジメント　267
決定の階段　132, 342
決定問題　266
ゲホイゼ　41, 42, 43, 44
ゲーム理論　64, 141, 143, 147, 152,
　156, 157, 159〜161, 163, 174, 178,
　190, 203〜205, 207, 210, 223, 265,
　342
権威の理論　94
原因／結果関係の確信　266
権限委譲説　120
権限受容説　95, 97, 120
権限と責任の一致　265
限定された合理性　62, 64, 65, 78,
　108, 118, 121〜123, 128〜131,
　138, 139, 145, 147, 150〜152, 158,
　161, 162, 221, 337, 343
――の原則　122
限定された選択力　158
コア・コンピタンス　255, 256
コア・テクノロジー　230, 231, 242,
　244, 248, 255, 344, 346
――のクローズド化を可能にする装置
　244
行為の中に組織を見出す　285
行為の中の組織　240
効果的遂行　193
貢献意欲　85〜88, 338, 341
貢献者　52, 84
公式組織　9, 10, 51, 82〜84, 86, 88

〜91, 111, 115, 180, 337, 338, 341
——の諸要素　91
——の成立条件　85, 86, 112, 180
——の存続条件　85, 86, 112, 338
——の定義　82
——の理論　85
——の理論と構造　81
交渉解　203
恒常性　50, 344
構成概念　83, 84
構成要素の相互依存性　272, 274
公的組織　348
行動科学　222, 223
行動経済学　223
行動硬直性　35
合目的性　132, 133, 142, 342, 343,
　347, 352
合目的的　132, 342, 344
——システム　54, 56, 112, 337, 338
——組織　241, 336, 337, 344, 345,
　352
——組織のテクニカル・コア　228
効用関数　143
効用曲面　143
合理性　140, 142, 143, 146, 161, 335
——の基準　240, 262, 264, 346
——の基準に従うオープン・システム
　240, 262, 344
——の限界　64, 78
——の制約　137, 138, 148, 151
——の定義　143, 144
——の認知限界　203
——の領域　151
——の領域の限界　137
合理的　132, 342
——選択　210, 212
——選択の理論　78, 160
——側面　180
——な意思決定　352
——な行動　352
——モデル　238, 265

個人間の一様性　264
個人・集団間相互作用　76
個人的意思決定　102, 103
個人的葛藤　197, 198
個人的／全体的合理性　158
個人的動機と協働の能率　76
個人の生物的能力　67
個人の適応様式　185
個人の能力の生物的制約　67
御都合主義　105
「古典的」組織論　32, 188
コーポレート・アイデンティティー
　187
ゴミ箱モデル　70〜72, 118, 174, 216,
　273
コミュニケーション　85〜89, 112,
　338, 341
——上の限界　88
——のネットワーク　340
コレガンティア　47
コングロマリット的多角化　254
混合した代替案　201
混合戦略　206, 207
コンティンジェンシー　275, 278,
　279, 296
——性　272〜275, 278
——・プラン　279
——・モデル　282
——要因　251〜253, 272, 275
——理論　22, 25, 174, 217, 230, 232,
　260, 275〜282, 296
——理論との共時性　275
コンフリクト　197
コンメンダ　47〜49

〈 サ行 〉

最高組織　89
最小社会状況　298
最適な代替案　211
最適な満足基準　211
サイバネティクス　294

財務的職能　28
財務的パフォーマンス　269
作業工学　16
サーブリッグ　14, 16
差別的出来高給制度　19
参加者　52, 84
参加の決定　98, 103, 191, 193, 196
サンプリング　207
時間研究　11, 12, 20, 21
──に基づいた奨励給　19
──派　16
時間標準設定方式　16
事業部　235
──制　231, 234, 261
──制組織　233, 257, 260, 261
自己安定化　239
自己概念　333, 334
自己充足性　258
自己成就　335
──予言　331
事実的命題　140
事実判断　139, 140
事象　333
市場開発　253, 255
市場浸透　253
市場取引　109～111
システム　51, 225, 227
──としての組織　51, 252
──の変数　238
──理論　225
自然　204, 207
──システム　239, 271
──システム・モデル　238, 265
──人　49
──淘汰モデル　304
事前に設定された標準　93
私的人格　103
支配的結託　265, 267, 269, 271
──のドミナント・ロジック　269
社会化率　218
社会的関係　62

社会的構成　260
社会的接触　333
社会的目的と協働の有効性　76
社会的要因　62, 76, 77
社会文化的進化モデル　304
集権化　261
集権的職能別部門組織　234
集合構造　298
従属変数　293
集中型テクノロジー　243, 251, 252,
　255
主観確率　266
──の理論　207
受諾圏　95, 96
手段的基準　257, 344
手段的行為　241, 345
手段・目的連鎖　143
受動的機械　179, 182
受容圏　264
受容不能性　202
純戦略　206
状況定義　75, 76, 78, 118, 210～212,
　340
商業的職能　28
情報的側面　80
奨励給　20, 21
──制度　21
職能別組織　257, 260, 261
職務不満足　94
ジョブ・ホッパー　350
所与の価値　144
所与の環境　150, 158
所与の状況　144, 145, 147, 150, 158
進化論メタファー　303, 304, 306,
　311, 313, 315
新結合　221
深耕　218
心理的環境　158
──の制約　148
心理的要因　76, 77, 78, 81, 118, 157,
　158, 340

垂直的統合　250, 252, 254, 255
水平的多角化　254
ステークホルダー（利害関係者）　84,
　113
スナップショット　291, 292
スラック　271
成果主義　349
生産の決定　103, 190, 191
生態学的変化　304, 305, 306, 313
成長戦略　236, 237
成長ベクトル　253, 254, 256
制度的手段　185
正のフィードバック　294
製品開発　253
生物的要因　62, 77
制約的要因　107, 339, 345
制約の三角形　137, 138, 148, 151,
　158
「接近・回避」葛藤　201
――行動理論　199
「接近・接近」葛藤　202
ゼリー・モデル　309
セルフ・アセスメント　262, 263
ゼロ和ゲーム　206
ゼロ和2人ゲーム　204, 207
全財産をもってするソキエタス　47
センスメーキング　284, 315, 316,
　330, 331, 333
――の7つの特性　315
選択　132
――機会　70
――の可能性を限定した選択モデル
　78
――の代替案　75
――力　63, 77, 78, 158, 337
――を狭める技術　65, 78, 158
専門化の基礎と種類　92
戦略的多様性　269
戦略的変革　253
戦略的要因　107, 241, 339, 340, 345
戦略と組織はテクノロジーに従う

231
相互依存性　258
相互依存的変数　293, 294
総合本社　235
相互共有　298
相互作用　296, 297
相互等値構造　298, 299
相互に関係する要素の複合体　227
相互予測　298
相互連結行動　62, 283, 297, 299,
　301, 303, 346
――サイクル　63, 172, 295～297,
　299, 301～303, 309, 313, 331, 341,
　346, 352
疎外労働者　183
ソキエタス　47～49
測定執着　350
組織化　63
――の意味するもの　309
――の絵　309
――の構成要素　295
――の進化論メタファー　304
組織開発　174
組織拡大の方向性　250
組織活性化　174, 187
――のフレームワーク　180
組織活動の均衡維持の問題　113
組織間対立　197, 203
組織均衡　149, 194, 341
組織構造　231, 234, 250, 257, 260
組織行動論　93
組織人格　103
組織づくり　237
組織的意思決定　102, 103
組織的決定の心理　145
組織的怠業　18
組織的伝達　171
組織的有意味化　333
組織デザイン　231, 250～252, 257
組織ドメイン　250～252
――の3次元　251

組織内影響過程　341
組織内葛藤　196, 197
——・対立　202
組織内コンフリクト　196
組織内集団対立　202
組織内伝達　172
組織内取引　111
組織内部の依存性　258
組織における計画と革新　214
組織における合理性　241
組織の解剖学　150
組織の拡大方向　251, 254
組織の環境適応理論　277
組織の機会主義的要因　107
組織の境界　169
組織の均衡　165
組織の合理性　231
——と組織構造　260
組織の仕事　112
組織の失敗の枠組み　110
組織の「同型化」　38
組織の中の意思決定の過程　102
——・連鎖　97
組織は戦略に従う　231, 233
組織論的管理論　55
組織を維持する仕事　112

〈 夕行 〉

怠業　17
代替的戦略　142
多角化　250, 253
——企業　269
——全般　255
——戦略　237
——のパターン　269
多義性　306, 307
タスク環境　247, 249, 251, 252, 256, 260, 261
単位公式組織　89
単位組織　89, 92
探索　218

——・深耕　216, 217, 221
チェルノブイリ　327
——原子力発電所事故　327〜329
知覚差異　202
逐次依存性　258
秩序　335
仲介型テクノロジー　243, 244, 251, 252, 255
中心的仮説　84
超企業　52
——・組織論　45, 52, 53, 84, 111, 295
長連結型テクノロジー　243, 252
地理的空間　260
ツーボス・モデル　25
提携・結託　203
適応的行動の意図と意味　63
出来高差別給　19
テクニカル・コア　241, 245, 246, 261, 271, 344
テクノロジー　260〜262
——と組織構造　257
——の3様態　243
デシマル・ミニッツ　12
鉄の檻　37, 38, 40〜44
天職　36, 37, 39, 44
——義務の行動様式　44
動機づけ衛生理論　94
動機づけ要因　94
動機づけ理論　174
動機的制約　193
動機的・態度的側面　179
統計家　204, 207
統計学語源説　278
統計的決定理論　174, 203, 204, 207, 208, 210
統合　277
動作研究　11, 13, 14, 20, 21
——派　16
動作節約原則　15
同心的多角化　254

統制的側面　79, 80
淘汰　304, 306〜309
同調　185, 187
道徳性の広さ　114
道徳的要因　104
逃避主義　185, 187
特定性　170, 341
独立変数　293
ドミナント・ロジック　267, 269, 270
ドメイン　247〜249, 251, 252, 256, 265
――合意　249
取引相手の少数性　110
取引完遂に伴うコスト　109
取引コスト　109〜111
――理論　111
トレードオフ　218

〈 ナ行 〉

内外製区分の決定　109
内発的動機づけ　20, 79, 80, 193
内部展開型　255, 256
内容　341
――の特定性　171
ニガヨモギ　328, 329
二重構造　217
二重相互作用　296, 297, 300, 309
二重目的メカニズム　271
日本経営品質賞　262
人間関係の非人格化　34
人間行動の機械的側面　179
人間の異質性の表出　264
人間の選択力の限界と組織　63
人間有機体間の相互反応　63
ネットワーク　51, 52
能率　338
――の概念　149
――の基準　150, 349
――の原則　347, 349, 350
能力と問題状況のバランス　70

〈 ハ行 〉

パワー　249
判断的決定戦略　267
範疇化　34
非営利企業　10
非営利組織　348
比較不能性　202
非効果的遂行　193
非貢献者　183
非公式組織　90, 91, 115
非人格的競争　35
標準作業時間　12
「平等扱い」重視　35
日和見主義　105
ピラミッド型組織　24, 25
ファンクショナル職長　21
――制　22, 23
フィードバック　294
不確実性　202
――・複雑性　110
複合公式組織　89
――の構造　88
複合組織　88, 89, 92
物的要因　62
負のフィードバック　294
部門化　259
――の諸理論　258, 261
部門間分業・調整問題　11
プラン・ドゥ・シー　31
ブリコラージュ　219〜221
ブリコルール　220
ブルームの予想　193
プログラム　150
――概念　99
――化された意思決定　98〜100, 267
――化されない意思決定　99
――の階層構造と開発　216
――のレパートリー　211〜214
「プログラム実施」ステップ　213, 214
「プログラム想起」ステップ　213, 214

プロジェクト組織　24
プロジェクト・チーム　24
プロジェクト・マネジャー制　24
分化　277
文化的目標　184, 185, 187
分権的事業部　261
ベイズ統計学　208
ベイズの定理　208
変異　306
便宜主義　105
法人　48
補完的要因　107, 339
保持　304, 306, 308, 309
──過程　309, 310
補助決定　101, 117, 340
保全的職能　28
ホメオスタシス　50, 239, 240, 344

〈 マ行 〉

埋没費用　215
マトリックス組織　22, 23, 24
マネジメント・チーム　267～269
満足基準　211, 212
満足尺度　194
満足な代替案　211
見過ごしによる決定　71, 72
無関心圏　181
無関心度　180～182, 185
無関連な変数　293
無限責任　49
無差別圏　95, 96, 181, 264
明確さ　335
命令の一元性の原則　23, 25
メソッド・タイム設定法　16
メンバー行動の予測可能性を高める
　264
目的共有　283
目的差異　202
目的達成の制約　66
目的達成を阻む問題状況　67
目的の階層　144, 342

モジュール　301
持株会社　234, 261
モチベーション　94, 191
もっともらしさ　333
問題解決　118
──活動　100
──者　183
──による決定　71, 72

〈 ヤ行 〉

役割概念　172
やり過ごしによる決定　71～73
誘意性　191
有意味化　63, 305, 307, 308, 312,
　313, 315, 316, 330, 331, 333～335
──現象　333, 335
──された環境　307, 308, 313
──の対象　313
誘因─貢献　194
誘因の経済　92
有機的管理システム　276
有限責任制　50
有効性　338, 342
緩い結合　301
要素還元主義　226
予測性　301

〈 ラ行 〉

リーダーシップ　113, 114
──のコンティンジェンシー・モデル
　281
──の質　114
両利きの経営　217
両利きの組織　217
倫理的命題　140, 141
連結型テクノロジー　255
連合形成　250
ロスアラモス問題　224

〈 ワ行 〉

ワーク・モチベーション　91, 92, 103

——理論　22　　　　　　ワンボス・モデル　25

事項索引

人名・著作・媒体索引

〈 英数字 〉

『1ダースなら安くなる』 14

〈 ア行 〉

アインシュタイン,A. 222
アーウィック,L. 26, 27, 30, 33
『新しい管理者像の探究』 281, 282
荒川敏彦 43
アンシェン,R.N. 186
アンゾフ,H.I. 253, 254, 256
飯野春樹 59
『意思決定の科学』 50, 99, 101
『一般システム研究学会誌』 225
『一般システム理論』 225
『イニシエーション・ラブ』 330
乾くるみ 330
『イノベーションの管理』 276
ウィリアムソン,O.E. 104～106, 108
　　～111
ウェーバー,M. 32, 33, 36～39, 42,
　　44, 256, 267
ウォレス,A.F.C. 298
ウッドワード,J. 276, 277
『海島冒険奇譚 海底軍艦』 319
エッカート,J.P.,Jr. 223
エディントン,A.S. 222
エマーソン,R.M. 249
大塚久雄 42, 48
『オーガニゼーション・イン・アクショ
　　ン』 96, 228, 232, 253, 336
『オーガニゼーションズ』 9～17, 19,
　　20, 27, 28, 32～35, 37, 59, 99, 100,
　　102, 135, 170, 172, 173, 175, 177
　　～179, 187～191, 194, 197, 201,
　　203, 204, 210, 213, 216, 221, 223,
　　224, 336, 340

押川春浪 319
オドンネル,H. 31
オーベルト,H. 323
オライリー,C.A. 217
オルポート,F.H. 298

〈 カ行 〉

『会社成長の理論』 268
『海底軍艦』 316～319, 331
『海底二万哩』 319, 321
『海底二万里』 318, 319, 321, 331
『科学的管理法』 12
『科学的管理法の原理』 12
『学者人生のモデル』 123
梶山力 41
蟹江篤子 324
『管理科学論文集』 26
『官僚制』 36
『季刊管理科学』 26
『企業戦略論』 253
『企業の行動理論』 232
『企業文化』 301
「技術的問題としての組織」 26
ギフォード,W.S. 54, 55
ギブソン,J. 315
キャノン,W.B. 50
キャンベル,D.T. 304
ギューリック,L. 26, 30, 33
ギルブレス夫妻 13～16
クリック,F.H.C. 83
グールドナー,A.W. 188, 238
グレシャム,T. 215
クーンツ,H.D. 32
『経営原則』 31
『経営行動』 64, 99, 100, 116, 121～
　　124, 128, 131, 134, 135, 149, 152,
　　153, 155, 156, 158～161, 163, 165

〜 167, 190, 194, 204, 232, 270, 336, 337, 343, 348
『経営者の役割』 54〜60, 63, 65, 79, 82, 91, 93, 96, 98, 108, 111〜113, 115, 159, 336, 337, 340
ゲッコウ, H. 173, 177, 178
『月世界旅行』 322, 323, 331
ケネディ, A.A. 301
『ゲームと決定』 203, 273
『ゲーム理論と経済行動』 142, 156, 157, 204
『現代組織論とバーナード』 108
『鉱業協会会報』 27
『工場管理』 12
『行動科学』 225
小島将英 324
コッポラ, F.F. 324
小松崎茂 318
コモンズ, J.R. 106〜108, 339
コールバーグ, S. 44

〈 サ行 〉

サイアート, R.M. 231, 232, 265
サイモン, H.A. 9, 11, 16, 19〜22, 26, 32, 34, 35, 50, 52, 62, 64, 65, 75, 76, 78, 84, 92, 95〜104, 108, 115〜118, 120〜125, 128, 130〜132, 135, 136, 138〜150, 152, 153, 155, 157〜162, 167, 170, 173, 177, 178, 180〜182, 184, 190〜195, 197, 199, 204, 210, 211, 213, 221, 231, 232, 240, 244, 245, 258, 261, 264, 265, 267, 268, 270, 336, 337, 340〜343, 347, 348, 350, 352
サランシック, G.R. 250
ザルド, M.N. 229
『産業組織』 276
『産業ならびに一般の管理』 27, 28, 31, 55
『サンダーバード』 316〜318, 331
『地獄の黙示録』 324

『仕事とモチベーション』 191, 193
『市場と企業組織』 104, 108, 109
清水剛 154
シュンペーター, J.A. 221
『人格と心理療法』 200
『新約聖書』 326
スコット, W.R. 229, 239
ストウ, B.M. 334
ストーカー, G.M. 276, 277
『聖書』 328, 330
セイヤ, D.S. 43
セルズニック, P. 59, 60, 188
『センスメーキング イン オーガニゼーションズ』 315
『戦略と組織構造』 231, 233, 236, 257, 260
『続・1ダースなら安くなる』 14
『組織化の社会心理学』 63, 283, 285, 288, 296, 303, 310, 315, 316, 331, 336
『組織と環境』 277, 278
「組織論ノート」 26

〈 タ行 〉

高宮晋 228, 229, 279, 280
高柳暁 59, 124, 135
タッシュマン, M.L. 217
ダットン, J.F. 334
ダラード, J. 199〜202
ダンカン, R.B. 217
チャンドラー, A.D., Jr. 231, 233〜238, 257, 260, 261, 277, 281
ディズニー, W. 319
デイビス, S.M 25
ディマージオ, P. 38
テイラー, F.W. 11〜13, 16〜19, 21〜23, 32, 33, 93
ディール, T.E. 301
デシ, E.L. 79, 80, 193
『鉄の檻』 42
デボノ, E. 309

デュケリッチ, J. M.　334
『動作・時間研究』　15
『東大助手物語』　286
トンプソン, J. D.　26, 53, 96, 228～
　233, 238～251, 253～258, 260～
　267, 270～275, 278～281, 283,
　336, 344, 345, 352

〈 ナ行 〉

中井和夫　328
中島義道　286
『人間行動のモデル』　122, 130
「能率の基準」　348

〈 ハ行 〉

パウエル, W. W.　38
ハーズバーグ, F.　94
パーソン, H. S.　19
パーソンズ, T.　40～44, 240, 242,
　271
バックスター, R.　39
バーナード, C. I.　51, 52, 54～60, 62,
　63, 65, 68, 70, 75～85, 87～90, 93
　～97, 99, 101～108, 111～113,
　115, 118, 120, 135, 145, 149, 157
　～160, 169, 180, 181, 195, 241,
　268, 336～341, 343, 345, 352
パパンドレウ, A.　160
バベッジ, C.　213
ハメル, G.　255
林周二　59, 74
バーンズ, R. M.　15, 277
バーンズ, T.　276
ファヨール, H.　23, 25～27, 29, 30,
　32, 33, 55
フィードラー, F. E.　281, 282
フェッファー, J.　250
フォン・ノイマン, J.　141, 142, 156,
　157, 160, 204
フォン・ブラウン, W.　323
フォン・ベルタランフィ, L.　225, 226,

239
二村敏子　124
プラハラッド, C. K.　255, 267, 269
フルトン, R.　321
ブルーム, V. H.　93, 192, 193
『プロテスタンティズムの倫理と資本
　主義の精神』　38, 40～42
『米国機械学会誌』　11
ベティス, R. A.　267, 269
ベルヌ, J.　318, 319, 321, 323
ベレルソン, B.　178
ペンローズ, E. T.　256, 267～269
ポラック, J. F.　316

〈 マ行 〉

マーチ, J. G.　9, 11, 19～22, 26, 32,
　34, 35, 75, 76, 78, 99, 102～104,
　108, 118, 135, 148, 158, 170, 173,
　177, 178, 180, 182, 184, 191～193,
　195, 197, 199, 210, 211, 213, 216
　～219, 221, 231, 232, 245, 258,
　261, 265, 273, 336
松田武彦　124
マートン, R. K.　33～36, 180, 184～
　188
三井家初代高利　48
ミッツマン, A.　42
ミュラー, J. Z.　350
ミラー, J. G.　225
ミラー, N. E.　198～202
ミンツバーグ, H.　335
『メソッド・タイム設定法』　16
メンデル, G. J.　83
モーガン, T. H.　83
モークリー, J. W.　223
モルゲンシュテルン, O.　141, 142,
　156, 157, 160, 204

〈 ヤ行 〉

ヤスパース, K.　44
『野生の思考』　220

山之内靖　37
山本泰　184
山本安次郎　59
横田理博　44
『ヨハネの黙示録』　324, 326〜329, 331
ヨハンセン, W. L.　83
『夜と万年筆』　324

〈 ラ行 〉

『流通革命』　59
ルース, R. D.　203, 273
ルメルト, R. P.　269, 270
レイファ, H.　203, 273

レヴィストロース, C　219〜221
レビン, K.　198, 199, 201
ローシュ, J. W.　260, 277〜282
ローレンス, P. R.　25, 260, 277〜282

〈 ワ行 〉

ワイク, K. E.　26, 63, 107, 172, 240, 283, 284, 288, 293, 295, 297, 299, 300, 303〜306, 308, 309, 311, 313〜315, 331, 333, 335, 336, 339, 341, 344, 352
ワーグナー, W. R.　325
ワトソン, J. D.　83
「ワルキューレの騎行」　325

企業・組織索引

〈英数字〉

AT&T（米国電話電信会社）　54, 55
USX　10
USスチール　9, 10

〈ア行〉

イリノイ工科大学　154
イリノイ大学　281
インディアナ大学　281
ウェスティングハウス・エレクトリック　13
エール大学　154
大元方　48

〈カ行〉

カーネギー工科大学（現カーネギー・メロン大学）　108, 177
カーネギー製鋼　10
カーネギー・メロン大学　193
カリフォルニア大学バークレー校　153
コマントリ・フルシャンボー・ドゥカズヴィル鉱山会社　27
コマンボール　27, 28

〈サ行〉

シアーズ・ローバック　234
スタンダード石油　234
赤十字　9
ゼネラル・モーターズ（GM）　234, 261

〈タ行〉

デュポン　234

〈ナ行〉

ナショナル・スチール　10
ニュージャージー・ベル電話会社　54, 55
ニューヨーク州高速道路局　9

〈ハ行〉

ハイランド・パーク工場　247, 248
パデュー大学　14
パナソニック　234
ハーバード大学　54, 55, 90, 281
フェデラル・スチール　10
フォード　247, 248
米国機械学会　11
米国経済学会　162
米国国会図書館　154
ベル電話システム　244
ペンシルベニア大学　223

〈マ行〉

松下電器産業（現パナソニック）　234
ミシガン大学　225

〈ラ行〉

リバー・ルージュ工場　248
ローウェル研究所　55

【著者紹介】

高橋伸夫 （たかはし・のぶお）

東京理科大学経営学部経営学科教授、東京大学名誉教授

1957年　北海道小樽市生まれ
1980年　小樽商科大学商学部卒業
1984年　筑波大学大学院社会工学研究科退学、東京大学教養学部助手（統計学）
1987年　東北大学経済学部助教授（経営学総論）、学術博士（筑波大学）
1991年　東京大学教養学部助教授（統計学・経営政策科学）
1994年　東京大学経済学部助教授（経営学）
1996年　東京大学大学院経済学研究科助教授（経営学）を経て
1998年　東京大学大学院経済学研究科教授
2023年より現職

【主要著書】

Design of Adaptive Organizations: Models and Empirical Research. Springer-Verlag, 1987
（組織学会賞「高宮賞」受賞）
『ぬるま湯的経営の研究』東洋経済新報社、1993年（経営科学文献賞受賞）
『組織の中の決定理論』朝倉書店、1993年
『経営の再生：戦略の時代・組織の時代』有斐閣、1995年
『できる社員は「やり過ごす」』ネスコ／文藝春秋、1996年．日経ビジネス人文庫、2002年
『日本企業の意思決定原理』東京大学出版会、1997年
『鉄道経営と資金調達』有斐閣、2000年（交通図書賞受賞）
『虚妄の成果主義：日本型年功制復活のススメ』日経BP、2004年
『〈育てる経営〉の戦略：ポスト成果主義への道』講談社、2005年
『組織力：宿す、紡ぐ、磨く、繋ぐ』ちくま新書、2010年
『ダメになる会社：企業はなぜ転落するのか?』ちくま新書、2010年
『殻：脱じり貧の経営』ミネルヴァ書房、2013年
『経営学で考える』有斐閣、2015年

組織の思想史　知的探究のマイルストーン

2025年1月17日　1版1刷

著者 ——————— 高橋伸夫
　　　　　　　©Nobuo Takahashi, 2025

発行者 —————— 中川ヒロミ

発行 ——————— 株式会社日経BP

　　　　　　　日本経済新聞出版

発売 ——————— 株式会社日経BPマーケティング

　　　　　　　〒105-8308　東京都港区虎ノ門4-3-12

装丁 ——————— 野網雄太

DTP ——————— マーリンクレイン

印刷·製本 ———— シナノ印刷

本書の無断複写・複製（コピー等）は著作権法上の例外を除き、禁じられています。
購入者以外の第三者による電子データ化および電子書籍化は、
私的使用を含め一切認められておりません。
本書籍に関するお問い合わせ、ご連絡は下記にて承ります。
https://nkbp.jp/booksQA

Printed in Japan　ISBN978-4-296-11765-9